U0536442

作者简介

马金辉 男,管理学博士,海南医学院任教。拥有高级健康管理师、高级公共营养师、高级经济师、心理咨询师、律师、证券师资格。主要研究领域为卫生事业管理、健康服务与管理。出版专著四部,参编教材十部,发表论文五十篇,获省部级科研与教学奖项四项。

中国书籍·学术之星文库

资产管理与重组评价

基于健康管理视角下的药企并购研究

马金辉◎著

中国书籍出版社
China Book Press

图书在版编目（CIP）数据

资产管理与重组评价：基于健康管理视角下的药企并购研究/马金辉著.—北京：中国书籍出版社，2016.4
ISBN 978-7-5068-5507-5

Ⅰ.①资… Ⅱ.①马… Ⅲ.①制药工业—工业企业—企业合并–研究 Ⅳ.①F407.7

中国版本图书馆 CIP 数据核字（2016）第 073881 号

资产管理与重组评价：基于健康管理视角下的药企并购研究

马金辉 著

责任编辑	李雯璐
责任印制	孙马飞 马 芝
封面设计	中联华文
出版发行	中国书籍出版社
地 址	北京市丰台区三路居路 97 号（邮编：100073）
电 话	（010）52257143（总编室） （010）52257153（发行部）
电子邮箱	chinabp@vip.sina.com
经 销	全国新华书店
印 刷	北京彩虹伟业印刷有限公司
开 本	710 毫米×1000 毫米 1/16
字 数	201 千字
印 张	14.5
版 次	2019 年 1 月第 1 版第 2 次印刷
书 号	ISBN 978-7-5068-5507-5
定 价	68.00 元

版权所有 翻印必究

序 言

健康管理是"大健康"重要的一环。而医药产品的提供是核心，医药行业被称为"永远的朝阳行业"。据统计，过去十年我国药品市场总规模复合年增长率高达19%，中国已成为世界医药生产大国。而结构不合理、自主创新能力弱等问题也长期困扰着行业发展，运用并购重组手段推动医药行业做大做强，将成为我国医药行业未来持续健康发展的必由之路。

按照《医药工业"十三五"规划》，2020年前，全国要"形成5~10家年销售额过千亿元的全国性大型医药商业集团，20家年销售额过百亿元的区域性药品流通企业；药品批发百强企业年销售额占药品批发总额90%以上，药品零售连锁百强企业年销售额占药品零售企业销售总额80%以上；连锁药店占全部零售门店的比重提高到三分之二"。

在这种行业规划大背景下，并购重组是中国医药行业整合的重要手段之一，医药行业的并购整合已迎来又一个高峰期。2015年共披露涉及中国企业并购案例4500起，交易金额达8000亿美元。无论是并购数量还是交易金额，都达到历史最高水平。

虽然近年来医药行业中的并购重组此起彼伏，但是纵观整个医药产业结构，中小企业数量还是太多。现在中国有医药制造企业近6000家，大部分年销售额不到1个亿；有医药商业企业8000多家，大部分都是小公司；有医药零售连锁企业2000多家，它们的销售规模都不大，门店数量也不多。

与此同时，医药企业普遍存在产业结构不合理、经济质量不高、科技水平落后、市场开拓能力不强等问题。随着医药贸易全球一体化进程的加速，我们期待中国医药产业通过有效性的并购重组运作而更加健康发展，让这一"大健康"产业造福于民，普惠于民，为国人的健康管理提供服务与帮助。

目录 CONTENTS

第1章 导论 ... 1
1.1 研究的背景及目的与意义 / 1
1.2 国内外研究现状 / 3
1.2.1 国外研究的现状 / 3
1.2.2 国内研究的现状 / 11
1.2.3 国内外研究的评价 / 16
1.3 研究内容和研究方法 / 16
1.3.1 研究内容 / 16
1.3.2 研究方法 / 18
本章小结 / 20

第2章 医药企业资产重组的理论基础 ... 21
2.1 资产重组的理论概述 / 21
2.1.1 经济学的理论变迁推动资产重组理论的发展 / 21
2.1.2 对资产重组理论的研究应提倡实证研究方法 / 22
2.2 效率理论 / 23
2.2.1 效率理论的渊源 / 23
2.2.2 效率理论对医药企业资产重组的基础性支撑 / 24
2.3 委托代理理论 / 27
2.3.1 委托代理理论的渊源 / 27
2.3.2 委托代理理论对医药企业资产重组的基础性支撑 / 32
2.4 交易费用理论 / 33
2.4.1 交易费用理论的渊源 / 33

    2.4.2 交易费用理论对医药企业资产重组的基础性支撑 / 35
  2.5 价值低估与市场势力理论 / 36
    2.5.1 价值低估理论的渊源 / 36
    2.5.2 价值低估理论对医药企业资产重组的基础性支撑 / 37
    2.5.3 市场势力理论的渊源 / 37
    2.5.4 市场势力理论对医药企业资产重组的基础性支撑 / 38
  本章小结 / 38

第3章 企业资产重组的演变 / 40
  3.1 资产重组概念及企业资产重组含义 / 40
    3.1.1 资产重组概念 / 40
    3.1.2 企业资产重组含义 / 42
  3.2 国外企业资产重组的演变 / 43
  3.3 国内企业资产重组的演变 / 54
  本章小结 / 82

第4章 医药企业资产重组运作模式的风险管理 / 83
  4.1 医药上市公司资产重组运作模式 / 83
    4.1.1 医药上市公司运作模式的种类 / 83
    4.1.2 后股权分置时代的医药上市公司资产重组运作模式 / 88
    4.1.3 医药上市公司资产重组真假相模式的特征 / 91
    4.1.4 近年医药上市公司资产重组运作的案例及趋势 / 104
  4.2 非医药上市公司运作模式 / 109
    4.2.1 非医药上市公司运作模式的种类 / 109
    4.2.2 非上市国有医药企业资产重组的模式 / 116
    4.2.3 非上市医药企业资产重组运作时应注意的问题 / 120
  4.3 医药企业资产重组的风险类型及防范 / 123
    4.3.1 资产合并型风险及防范 / 125
    4.3.2 债务剥离型风险及防范 / 127

4.3.3　买壳上市型风险及防范　　　　　　　　　／129
　　4.3.4　其他存在的风险及防范　　　　　　　　　／132
　　4.3.5　几种化解风险的成功模式　　　　　　　　／134
4.4　构建医药企业重组风险管理决策模型　　　　　　／135
　　4.4.1　模型构建的理论依据　　　　　　　　　　／135
　　4.4.2　模型的构建　　　　　　　　　　　　　　／138
　　4.4.3　实施重组风险管理决策的方法　　　　　　／139
　　本章小结　　　　　　　　　　　　　　　　　　　／140

第5章　我国医药企业资产重组的绩效评价 …………… 142
5.1　西方企业资产重组绩效的实证研究　　　　　　　／142
　　5.1.1　实证研究的综述　　　　　　　　　　　　／142
　　5.1.2　简要的评述　　　　　　　　　　　　　　／145
5.2　国内医药企业资产重组绩效的实证研究　　　　　／146
　　5.2.1　国内医药企业资产重组绩效的理论研究综述／146
　　5.2.2　简要的评述　　　　　　　　　　　　　　／151
　　5.2.3　国内医药企业资产重组绩效实证研究的样本／152
　　5.2.4　国内医药企业资产重组绩效实证研究的方法／155
5.3　我国医药企业资产重组绩效的评价　　　　　　　／158
　　5.3.1　构建医药企业资产重组绩效评价模型　　　／158
　　5.3.2　提高医药企业资产重组绩效的改善对策　　／162
　　本章小结　　　　　　　　　　　　　　　　　　　／165

第6章　医药企业资产重组绩效的实证分析 …………… 167
6.1　太极集团重组案例实证分析　　　　　　　　　　／167
　　6.1.1　太极集团简介与桐君阁公司简况　　　　　／167
　　6.1.2　重组的环境分析　　　　　　　　　　　　／168
　　6.1.3　重组的实施过程　　　　　　　　　　　　／170
　　6.1.4　重组前的预期协同　　　　　　　　　　　／171

6.1.5 重组后的战略规划(X)系数 / 174
6.1.6 重组后的整合效应(Y)系数 / 175
6.1.7 重组后的品牌效应(B)系数 / 175
6.1.8 重组后的核心竞争力(C)系数 / 176
6.1.9 重组的法律环境(L)系数 / 177
6.1.10 重组后的价值(V_{AB}) / 178
6.1.11 实证分析结论 / 182
6.2 东盛集团重组案例实证分析 / 184
6.2.1 东盛公司简介与重组的动因 / 184
6.2.2 重组的实施 / 185
6.2.3 重组后的战略规划(X)系数 / 188
6.2.4 重组后的整合效应(Y)系数 / 188
6.2.5 重组后的品牌效应(B)系数 / 190
6.2.6 重组后的核心竞争力(C)系数 / 191
6.2.7 重组的法律环境(L)系数 / 192
6.2.8 重组后的价值(V_{AB}) / 194
6.2.9 实证分析结论 / 195
6.3 案例建议 / 203
本章小结 / 207

第7章 全书总结与研究展望 / 209
7.1 全书总结 / 209
7.2 本书创新点 / 212
7.3 研究展望 / 212

参考文献 / 215

后 记 / 222

第1章

导　论

1.1　研究的背景及目的与意义

医药产业是朝阳产业，是"大健康"产业的核心，是健康管理的保障。国民经济的快速发展又给我国医药企业提供了巨大的市场机会。然而，与国际医药行业发展现状相比，我国医药企业还普遍存在规模过小、产业结构不合理、科技水平落后、市场开拓能力不强等弱点。因此，以医药上市公司为核心，通过资产重组，对我国现有医药企业进行整合，是医药行业产业升级和发展的必然选择。从市场的角度来说，资产重组已经成为市场广泛认同的最佳手段之一，企业重组一旦得以进行，原有的法人主体就会被迅速激活，因而可以顺利实现资产增值。从政策的角度来看，政府在加大对资产重组的扶持力度，尤其在税收政策、土地价格、业务特许、债务本息减免甚至股权无偿划拨方面都营造了较大的选择空间，从而能够促成企业间实施资产重组运作的实现。另外，资产重组运作是与企业经营机制的转换相结合的，不但需要引入资金、市场，更需要引入先进企业的管理和文化，从而促进其公司治理结构的改善，达到脱胎换骨的效果，建立健全符合市场经济要求的法人治理结构。而引进的先进管理制度和管理模式，是建立健全科学的激励制度、培育企业核心竞争力、建立现代企业制度的关键。

随着国家"医养结合"制度改革的确立和医药体制改革的纵深推进,越来越多的已经成长起来的大型医药流通企业、制造企业以及外来行业企业纷纷进行市场购并和重组工作。购并和重组就意味着整个中国的医药商业所需资金得到充盈,这对当前整个医药企业摆脱从2008年开始由美国次贷危机引致的全球性金融风暴对实体经济的影响,从而走向集中化和使国有医药企业发展壮大成"医药航母"提供了机遇和挑战。

近年来世界医药巨头间的重组并购也愈演愈烈。有分析预测,到21世纪中期,全球前70家大医药企业将合并为15家,医药产业的集中度进一步提高。提高产业集中更加有利于跨国公司对包括中国市场在内的全球医药市场进行分割与控制。可以说,中国医药市场的发展趋势将与世界同步,国内前十强医药企业的市场集中度已达到40%以上。而这一目标的实现,资产重组的运作是功不可没的。

《全国医药流通行业"十三五"发展规划》已出台,规划提出,优化投资结构,吸引境外药品流通企业按照有关政策扩大在境内投资,参与药品流通企业兼并重组,拓展分销业务。同时,鼓励有条件的药品流通企业"走出去",通过新建、收购、境外上市等多种方式,到境外开展业务。该规划还指出了"十三五"期间医药流通领域的工作重点:鼓励药品流通企业兼并重组,鼓励零售连锁业态的发展,培育国家级、地市级龙头航母企业医药流通业。"鼓励和支持药品流通企业做大做强,通过收购、兼并、托管、参股、控股和强强联合等方式,实现规模化、集约化和国际化经营,延伸和完善供应链和价值链管理,促进企业的核心业务发展"等已被明确写入规划纲要,医药流通行业的兼并整合将进一步提速。

由于医药企业资产重组的运作模式不一,加之资产重组的信息披露制度尚待规范,就使得各种各样、或真或假的资产重组大量存在。当然,随着制度的完善、市场条件的改善,重组运作将更加趋于理性,虚假重组等短期行为将丧失存活空间,具有效率性的医药企业资产重组运作必将成主流。

综上，本课题研究的目的、意义在于对现有国内医药企业资产重组出现的模式进行特征研究，构建防范风险的决策模型，建立医药企业资产重组有效性的价值模型。通过这一研究，旨在找出导致医药企业资产重组运作失败的原因，为成功的医药企业资产重组的运作提供参考，降低医药企业资产重组操作的风险。我国建立现代医药企业制度和完善结构调整的要求已迫在眉睫，因而医药企业资产重组的有关理论与实践问题不仅有急迫的现实意义，也有着重要的理论研究价值。

1.2 国内外研究现状

1.2.1 国外研究的现状

医药企业资产重组研究的理论水平与企业资产重组的实践发展往往是一致的。国外理论界对企业资产重组作了大量的研究。由于理论出发点和关心的重点不同，这些研究者都提出并探讨了各自特有的中心议题，而随着时代及市场的发展，新的研究学者也形成了不同的理论假设和研究方法。

（1）企业资产重组能否创造价值的研究

从事资本市场研究的学者们一直是研究资产重组的主要学术力量。他们对资本市场的研究虽然没有直接研究资产重组问题本身，但它涉及了资产重组领域的最基本的课题：企业资产是否创造价值？如果创造价值，那么价值源自何处？当研究资本市场的学者们在对企业资产重组问题研究时，探讨的一个核心问题就是：重组是否创造价值？如果创造价值，那么将是为谁创造价值？根据 Ewing（1997）和 Jim Hamill（1991）对相关研究的综述，在美国，目标公司的股东一般能从并购重组中获得 20%~30% 的股票溢价，而并购重组公司的股东却只能获得 0~4% 的股票溢价。对其他国家的研究也得出了类似的结论,这些国家包括澳大利亚、比利时、法国和英国。从这些发现中,金融经济学家认为,企业能够通过资产重组创造财富、造福于社会。

他们在研究双方企业的股票价格在资产重组宣布前后的波动之后认为,一般情况下,目标企业的股东能从并购重组中获利,而并购重组企业的股东则不能。他们得出的结论是,并购重组创造价值,活跃的公司控制市场应该得到鼓励。

学者们用来研究并购重组效应的方法,是通过衡量股票价格在并购重组宣布前后的一个短暂时间内的变化,来判断股票价格波动产生的净利或损失。当并购重组企业和目标企业的市场价值在并购重组宣布后发生变化,并且净变化(提出了综合性市场波动影响后的变化)为正时,研究者就认为该项并购重组创造了价值或财富。

把考察的期间限定在并购重组宣布前后是基于有效率市场的假设。依据这一假设,一旦并购重组被宣布,标志着并购重组计划的预期收益的限制就会立即被吸收到并购重组企业或目标企业的股票价格中去。因此有学者认为,考察一项并购重组是否创造了价值,并不一定要等到交易完成后形成绩效结果或发生整合。

既然资产重组创造财富(或价值),那么财富源自何处呢?这是金融经济学家关心的另一核心课题。如果一方的盈利仅仅来自另一方(或几方)的损失(即价值转移),就不能说资产重组是为改进效率和创造财富而使资源得到了重新配置,也就不能说资产重组创造了价值。

第一种观点认为,股东的盈利来自债权人的损失。在他们看来,当并购重组企业用现金收购风险较高的目标企业时,这种情况就会发生。但是戴丽斯和麦克奈尔(Dennis and McConnell,1986)的一项较广泛的研究并没有支持这一观点。

第二种观点认为,盈利来自税收效应。有关并购重组的税收动机方面的证据是复杂的。Bagnoli(2002)在对 1988~1998 年间发生的 318 项并购重组案例的研究中发现,有近 20% 的并购重组主要是通过税收原因引起的。Baker（1995）则讨论了税收效应导致并购重组的条件。他们发现，由于存在税收偏好、信息成本和交易费用的困难，就很难断言税收利益的确就是并购重组的动因或者说并购重组就是企业用来获得一定税收优势的最好途径。另一项有关1980~1984年间杠杆收购的研究发现，潜在的税收利益与支付的溢价间具有一定的正相关关系。而Camerer和Vepsalainen（2008）在综合各方面的研究后认为，在最近20年里，相当多的资产重组都不是源自税收的原因。

第三种观点认为，目标企业股东增加的价值来自雇员、供应商的财富转移。当新的管理层打破企业与利益相关者间现有的隐含契约时，接管就会产生收益。这些收益源自改变聘用条件、薪金和采购价格所产生的财富从利益相关者（如雇员或供应商）的转出。

第四种观点认为，并购中的价值创造财富源自代理成本的节约。Shleifer和Vishny（2003）曾对有关并购重组与目标公司管理层业绩间关联性方面的研究成果进行了综述。根据他们的评论，公司并没有成功地阻止经理人员采取非最大化股东财富的行为，而且有关敌意并购重组的研究表明，这类并购重组经常发生在迅速衰退或变化的产业中那些经理人员不能及时采取行动收缩业务或作出其他调整的企业。这些发现支持了新的投资者相信他们能够降低现有代理成本的假设。

重组企业股东不能从接管中获利的发现带来了这样一个问题：既然并购重组企业不能从重组中获利，那么为什么还会有资产重组活动不断地发生呢？Lawrence White（1987）曾提出三种解释：①并购重组也许实际并不产生真实的利益，重组不断发生或者是因为经理人员错误地估计了被建议重组的价值，或者是因为经理人员以牺牲股东财富的代价来实现自身财富的最大化。②并购重组也许确实能产生真实的利益，但并购重组带来的管理上的困难可能抵销这些利益。③可能只有特定类型的重组战略才能使并购企业的股东获利。

Price（1998）则提出了另一种解释，即所谓的"自负假设"：如果并购重组实际上没有集中的利益，并购重组就产生于并购者自负地假设他们的评价是正确的。换言之，管理者一贯高估目标公司的价值。

这些以资本市场为载体的学者意识到了通过资源重新配置创造价值的意义，并且提醒管理者在进行资产重组决策时应充分考虑潜在的价值创造潜力，但它对并购整合问题研究不是明显的：第一，这些研究资本市场的学者们没有进一步的说明并购重组产生的价值是如何创造的。在上面提到的四种财富来源的解释中，前三种解释涉及的实际上都是价值的转移，而且并非价值的创造。只有 Price（1998）的解释与并购重组的价值创造有关，但它所涉及的只是公司控制市场对经理行为的一种约束和惩罚作用，并没有直接触及价值的创造过程。第二，所设定的市场效率方面的假设，没有反映管理世界的现实。例如，在市场效率方面，该理论假设股东能够了解和预见企业战略的演进，因此能够根据他们对战略风险的偏好评价企业的价值，而这种评价将实时地反映到企业的股票价格上。这个假设与我们现有的有关战略本身、战略如何制定以及如何演进的认识是不一致的。有关的战略研究指出，战略不是一个可预见的、宿命论的过程，而是关于企业如何与它的环境相适应的一系列演进的决策。即使它是完全可预见的，许多关于企业如何与它的环境相适应的管理决策也是部分人所"专有的"（Proprietary）。若将这些决策向投资者公开，就会削弱企业的竞争地位。第三，上述学者们所采用的衡量并购绩效的方法，其有效性是以有效率市场假设为条件的。如果有效率市场不成立（譬如中国的股票市场），那么以股票价格在并购重组宣布前后一个很短时间内的波动作为衡量企业并购对股东财富或企业价值影响的方法，就是值得怀疑的。第四，部分学者仅仅用经理人员的"自负"、机会主义或错误决策等来解释现实中企业并购重组的不断发生，至少是不全面的。第五，相当一部分学者研究的重点是并购对社会经济效率的影响而非企业个体的影响，因此也就很难对现实中企业的并购重组及其管理决策提供更有针对性的指导。

（2）企业资产重组的关联性对绩效影响的研究

西方有相当一部分学者感兴趣的不仅是并购重组对经济效率的影响

研究，而着重研究的更是并购重组对单个企业的影响。

Ramanujam 和 Varadarajan（1989）以及 Kim 等曾就多元化与企业绩效间的关系进行过综合性的评论。总体而言，这些研究者都认为，企业活动的关联性与绩效间存在着明显的相关关系，即使不一定是因果关系。

Rumelt（1974）在其早期研究中认为，紧密关联型（Related-constrained）的企业在资本生产率上要相对优于无关联型（Related-linked）的企业，Rumelt（1982）还在对自己早期研究的一次整理中提出了"产业影响"的概念（关联多角化企业一般存在于具有高进入、高退出障碍盈利水平较高的产业中）。

Christensen 和 Montgomery（1981）的研究进一步发现，市场结构降低了多角化与企业绩效间的相关关系。Bettis 和 Hall（1982）也使用 Rumelt 的样本分析了产业对企业并购绩效的影响。他们指出，药业公司是一种典型的紧密关联型企业，这个产业一向以它的高盈利水平而著称。大多数后来的研究也都支持了 Rumelt 的分类方法和他的基本结论。

Singh 和 Montgomery（1997）在对 1980 年至 1990 年间 203 家目标企业的案例研究中指出，关联性目标企业比无关联性目标企业具有更高的超额回报。Shelton（2001）在对 1992 年至 2000 年间的 218 项并购的研究中也得到了相似的结论，即横向并购重组和关联互补性并购重组（将相同的产品销售给新顾客）能获得巨额的回报，无关联并购重组则显示出对绩效虽说不重要却是负面的影响。然而，Lubatkin（1987）对 1948～1985 年间的 340 家目标企业的研究结论却是关联性并购重组并不比无关联并购重组能够创造更多的价值。

Elgers 和 Clark（1990）在一项样本涉及 439 家资产重组企业和 430 家目标企业的案例研究中发现，混合并购重组比非混合并购重组可以为并购重组双方的股东带来更多的财富。Chatterjee（1996）也报告了类似的发现。在他的结论中，无关联并购重组中的目标企业要比关联并购重组中的目标企业具有更好的绩效。

Kim（1999）和他的同事指出在多角化经营研究者所选择的样本中的大公司所从事的国际多角化经营具有非常不同的业务组合，而这些研究中没有一项研究对经营的国际化水平这一影响因素进行控制，但在国际多角化经营与企业绩效间可以观察到很强的关联性。

Haspeslagh（1998）指出的，关联性只是一个价值创造潜在来源的事前"指示器"，它并不能决定实际价值创造的性质、范围和可能性。这些研究者过度的强调了战略任务，而往往忽视了人际间、组织间和文化间的摩擦和冲突等这些价值创造的实际障碍，并且即使在意图通过"依存关系"管理开发关联性的价值创造潜力的情况下，并购重组的实际结果也会有非常大的差异。

另外，从事战略管理研究者和实践者讨论了更周详的并购重组前分析计划、并购重组后计划、执行并购重组的困难。这些讨论的共同之处是将并购重组过程从逻辑上划分为几个步骤，包括并购重组目标的确定、目标企业的搜寻和筛选（包括标准的选择、搜寻和筛选方法的设计）、战略评价、财务评价、谈判和交易以及并购重组后的管理。

实际上，战略计划方法的上述缺陷很早以前就已经引起了一些战略研究者的重视。他们认为，重组整合的重点涉及的是过程和组织的问题，而不是战略计划。整合是一个为实现并购重组的业绩目标而如何执行战略的问题。并购重组后的许多组织和战略的变化可能就产生于在被并购重组企业中执行一系列战略决策的努力。在这些认识的基础上，一些研究者还提出了一系列在被重组企业中如何执行战略的模式。如命令模式、变革模式、协作模式和文化模式，但是它们都隐含着一个基本假设，即并购重组双方企业具有共同的历史背景。

（3）企业资产重组整合的研究

有些学者关心的是并购对组织和个人的影响。他们的研究一般集中在资产重组对个人的影响。Birkinshaw 和 Bresman（2007）认为，应该把整合过程划分为两大块：任务整合与人员整合。他们的研究发现，任务整合不能迅速实现预期协同，但能在限制并购双方组织的交往范围上提供令人满意的解决方案。另外，Appelbaum 和 Gandell（2006）把离职看做并购重组公司股东获得财务受益的一种潜在来源，因为离职意味着以前无效率的管理层将被价值最大化的新管理层所取代。相比而言，Sherer（2008）倾向于把离职看作因为糟糕的整合管理造成的不断恶化的工作环境的最后征兆。

不仅如此，西方学者也研究了被收购公司的成员是否会接受和认同新的所有者和管理者的问题。这些研究的一个隐含假设是：识别重组中的主要人力资源问题将有助于更公平、冲突更少地解决执行问题。此外，在讨论资产重组对人力资源消极影响的基础上，他们也提出了大量可用于减少人力成本的管理措施，包括加强沟通、关心员工、心理咨询等。

也有学者的研究集中在被重组公司中个人的集体经验上。以组织危机理论为基础，这类研究把重组的消极影响至少在一定程度上看做一种必要的组织危机，并提出所谓的"重组危机"期间，被重组企业的成员将要经历震惊、防御性撤退、承认现实和最后适应等几个心理过程。

许多研究者把重组整合看做一种文化驱动的现象。在原有考察组织内和组织间文化差异的文献基础上，这些研究者认为，在进行资产重组决策时，应更多地考虑组织之间的文化兼容性。从文化冲突的观点看，重组行为是一个文化冲突的过程，其原因之一在于重组可能导致一个更强有力的群体单方面地强加自己的文化要素给别人，而不顾力量较弱群体的抵制。因此，企业重组在组织中引起的变化大小和范围是一个影响组织冲突和重组绩效的重要变量。

Neil（2000）提出了资产重组中的"文化适应"概念并指出了组织间的文化适应可能采取四种模式，包括文化的同化、整合、隔离和破坏。

除了公司文化之外，公司历史也被看做一个影响因素。在某种程度上，每个雇员群体的历史都会影响该群体的行为及其对周围环境的认识。那些有过冲突却被要求协作的群体可能已经形成了严重的障碍。

而被重组公司的担心主要集中在它将在多大程度上可以继续保留自己的个性。对此应采取的对策之一是增进对两个公司文化要素的了解和两个组织之间的互相尊重和理解；对策之二是就即将发生的变迁进行积极有效的沟通。

自从20世纪80年代中期以来，Jemison（1986）作为第一个把重组结果（竞争优势的改进）与实现结果的整合过程（导致战略能力转移的两个组织中成员的相互作用）联系起来的研究者，他明确提出重组的价值创造源自战略能力的转移，并详细讨论了此过程中的一些阻碍因素和促进因素。他提出，重组的价值创造源自战略能力的转移，竞争优势是通过重组双方的不同组织层次间的相互作用而形成的。然而，他没有在可转移、可流动、可模仿、非专用性能力与不完全可转移、不完全可流动、不完全可模仿、专用性能力，即一般能力与核心竞争能力间进行区分。因此，并购重组整合过程中的能力保护、积累、发展问题在他那里受到了忽视。而且在他的"战略能力转移"概念中，只涉及经营资源共享、职能技能转移、一般管理技能转移，而对作为企业能力主要来源的组织设计、流程再造、组织学习、优质企业文化的培育和保护、知识的积累等重要因素也没有给予应有的重视。

在 Jemison（1986）上述研究成果基础上，Haspeslagh（1991）第一次提出了一个综合考虑战略匹配与组织匹配的并购重组整合的随机架构。战略匹配（或战略关联性）是指目标企业在产业、市场和技术方面增进或补充母公司战略的程度。组织匹配（或组织关联性）是指目标企业与母公司间在管理、文化和员工上的匹配，它可能直接影响重组后两个企业间日常经营的整合。组织匹配与战略匹配有一定的联系，战略匹配决定着特定重组的价值创造力，组织匹配则决定着实现潜在价值创造的困难。换言之，战略匹配和组织匹配都是价值创造的必要条件。同时根据战略匹配和组织匹配的要求，并购重组者可以在三种整合模式中进行选择：①吸收模式。当重组双方企业间具有高度的相互依赖关系而对保持组织独立的要求不高时，宜采用此种模式。因为在这种条件下，企业重组所要追求的只是一定的战略任务，而不是文化的保护。在对目标企业进行吸收整合时，目标企业将被并入母公司的结构之中，整合管理的重点不在于是否需要整合，而在于何时、以何速度进行整合。②保护模式。当重组双方企业间的相互依存度低而对保持组织的独立具有较高要求时，宜采用此种模式。因为在这种条件下，首要的考虑应是保护与其的重组价值来源不受破坏。在采用保护模式进行整合时，母公司应尽可能少地干预目标企业的日常经营，将干预严格限制在依存关系所要求的范围之内。③共生模式。这是一种最有吸引力、对管理者来说也是最具有挑战性的一种整合模式。当重组双方企业间具有高度的依赖关系同时对保持组织之间的相互独立具有很高的要求时，宜采用共生模式。在这种条件下，价值创造的最大化既需要一定的边界保护，也需要有效的战略能力转移。在采用共生整合模式时，重组企业必须根据其在重组中寻求利益的文化载体，确定在哪些地方可以施加干预和文化影响，而在哪些地方则不能。同时考虑战略和组织的因素针对特定的重组选择适当的整合模式和方法。

（4）企业资产重组风险的研究

Tony Grundy（1999）从并购双方行业特征存在的差异角度研究，认为并购存在风险。Ralph（2000）和 Richard（2000）则是从财务风险角度研究失败的原因。这些学者均是从某个角度分析了企业资产重组风险因素和解决措施，但如何辨别因素的影响程度并没有深入地研究。

Scordis（2005）认为根据企业自身的风险管理实践，将整合组织核心资源来设计合适的风险集成模型，对并购行为进行集成风险决策管理，这样能够增加并购后的企业股东价值。

Hernandez（2006）认为将集成风险管理运用到并购过程中，是能够从战略视角来帮助并购企业进行风险识别、分析、评价及控制。

1.2.2 国内研究的现状

我国企业以现代企业为主要组织形式的资产重组始于1984年的河

北省保定市锅炉厂并购保定市风机厂,这次并购活动开创了我国现代企业的资产重组先河。1988~1989年,在政府积极倡导推动下,我国企业并购重组掀起了第一次浪潮。我国企业的第二次并购重组热潮是在1992年邓小平同志南方谈话后,在中央确定了以社会主义市场经济体制为改革目标的情况下,在激励和约束机制的双重压力下活跃起来的。从2002年起,出现了企业主动需求并购重组,国家从竞争性领域退出并鼓励并购重组,战略性并购重组初现端倪。

鉴于此,我国学者对企业并购重组的研究主要是在借鉴西方的并购研究成果的基础上,延续西方的研究思路与方向,并针对上述中国企业资产重组的具体情况,将西方的并购重组理论与中国的资产重组实践相结合,探索我国企业的重组问题。研究内容集中在西方的并购重组理论分析与评价、重组动因、重组效应、重组策略及政府政策选择、国外重组模式在中国的应用等方面,同时也对跨国并购重组、管理层收购、重组后整合管理等方面有所涉及。

(1) 企业资产重组基本理论的研究

陈冬 (1997) 对西方的资产重组理论进行全面综述,李必强 (2006) 对西方发达国家资产重组的历史经验进行了总结。王春、齐艳秋 (2007) 通过对企业并购重组动机理论的介绍和评价,归纳总结了研究企业资产重组动机理论的一般思路,认为企业重组具有时间性、空间性及多元性特征。

张维、齐安甜 (2002) 在分析相关文献的基础上,从一个独特的角度,将现有理论按照重组事件的先后顺序分为重组动因研究、重组过程研究、重组效应研究三个方面,详细论述了企业资产重组理论研究的现状,并提出了若干研究前沿问题。

宋华岭 (2005) 应用熵理论的基本原理,给出了管理熵理论的基本概念、定义、基本原理;定义了熵函数和构造了数学模型,界定了不同性质熵的量化方法和应用范围;给出了用熵评价管理复杂性的基本方法;提出了初步建立了广义和狭义管理熵的理论体系。侯汉坡 (2007)

利用熵的理论体系，提出熵的决策应用于中国企业战略并购重组的理论研究。

（2）企业资产重组的动机研究

何新宇、陈宏民（2000）研究了寡头垄断的情况下，技术差距对企业并购重组动机的影响，研究结果表明，企业间的技术差距是影响企业重组动机的因素之一。程国平（2010）在分析经营者股票期权激励背景下，企业对并购重组存在冲动性。余光、唐国兴（2006）通过构建企业重组动因模型和企业重组博弈模型，从理论上探讨了企业并购重组的动因，提出了企业并购重组的防御假说，同时分析了重组盈余的分配方式。

叶勤（2005）认为跨国并购重组是企业并购重组跨越国界的发展，从多个方面介绍了西方学者对跨国并购重组动因的研究成果，并进行了简要的评述。在此基础上总结出跨国并购重组是多动因推动、综合平衡的结果。

孙秋伯、孙耀唯（2007）从企业兼并与收购的利益效应角度，研究重组行为的产生；从企业外部扩张优势、规模经济、交易费用及经营多样化的角度，分析效率因素、投资风险因素、市场开发因素、成本与效益因素等对企业兼并与收购行为的影响；从复杂多变的兼并与收购的动因中，归纳出具有普遍影响的动因，并对各种动因的利益效应进行了具体的分析。

秦远建、胡继灵、林根祥（2009）在分析企业并购重组的动机是多元化的同时，对企业并购重组的动因进行了归纳。

吴建中、汤澄（1997）对企业横向控股兼并重组行为作了经济学方面的分析，解决了横向兼并规模和企业横向控股兼并效益评估的问题。周隆斌、岳金桂（2002）尝试从规模经济与管理协同效应、交易成本理论、金融经济学理论以及信息与信号理论、管理主义假说等方面进行综述，并结合一些实证研究的结论对部分理论作出评价。

贺小刚（2004）介绍国外研究管理者收购现象的理论研究前沿，

特别是在管理者收购的理论假设、管理者收购的检验、管理者收购的持久性等方面。刘建江、喻晓宏、赵伟（2009）介绍国外理论的"效率提高论"和"财富转移论"学派，就学者们存在分歧的 MBO 的作用与问题，结合我国国情进行深入分析。

(3) 企业资产重组的整合研究

徐全军（2006）指出，不能有效整合是重组失败的主要原因，他对并购双方在有形资源和无形资源上发生冲突的原因进行了剖析。杨大楷（2002）针对中国企业并购后存在的问题，提出了注重企业文化的整合、调整人力资源政策、加强声誉管理意识、完善信用监控体系、形成整合经理体制、开拓风险投资退出渠道、建立危机预警系统的建设性建议。

姚水洪（2004）认为企业并购重组的管理整合受并购重组过程的影响，又影响并购重组的交易过程，并购重组目的能否实现和达到，直接受并购重组后的管理整合有效性的影响，建立了整合系统并给出了系统特性。焦长勇、项保华（2005）认为并购可从特性、途径和目标等方面区分为财务并购和战略并购，从战略并购的整合前提出发，阐明战略并购决策的系列原则和流程特征，提出并阐述了并购整合的三维体系和六种模式。

在对并购重组失败原因的剖析中，张衡和贾晓松、朱智清的研究颇有代表性。张衡（2006）认为企业并购重组效果不佳的原因是过高地估计了市场潜力和协同效应，忽视了某些关键问题，并购重组后整合不力。贾晓松、朱智清（2006）认为我国企业并购重组失败的原因是：并购重组目的不明确；政府干预过多；盲目追求多元化经营；缺乏对重组对象的了解；系统运作不规范；忽视重组后的管理整合。

郑海龙、李树丞（2006）对企业并购中的整合管理进行了深入的探讨，对整合模式、如何对整合本身进行项目管理、整合内容与整合的方法等问题阐述了作者的观点。同时，我国学者（李安民，2006）也对企业并购整合的文化整合模式及其类型、企业并购中的文化整合

(谢文辉，2005)、企业并购重组中的资源协同（周琳，2007）等问题进行了有益的研究。

（4）企业资产重组的风险研究

吕筱萍（2005）、张建华（2006）和张志强（2007）分别用层次分析法、灰色系统、博弈论等方法间接地探讨了企业并购风险的定量分析问题，而面对企业实际操作的直接指导作用并不是很大。而张建华（2007）提出并购行为的风险种类为政策风险、财务风险、整合风险、体制风险、法律风险、委托—代理关系失控风险、产业风险、反并购风险、投机风险、信息不对称风险。这对资产重组风险管理具有一定的理论价值。

朱启超等（2008）阐述了风险矩阵方法用于识别风险。风险矩阵方法是识别风险（风险集）重要性及对其潜在影响进行评估的一种结构性方法，这在操作层面上有一定的实际可操作性。

谢科范、袁明鹏、彭华涛（2007）系统阐述企业并购重组风险管理，对并购重组中的风险识别、风险评价、风险控制进行了较为详细论述。侯汉坡（2007）运用熵决策理论对基于熵权的战略并购集成风险管理进行了创新研究。

（5）企业资产重组的绩效研究

陆国庆（2005）认为重组能增进企业绩效，尤其是战略性重组，其依据是：一是规模经济效应，二是范围经济效应，三是协同效应。魏江等人（2006）指出，现阶段我国企业重组行为中存在的一个关键问题是缺乏长期发展的战略思考，由此提出了企业在重组时应把核心能力构筑作为关键动机，企业重组应关注对持续竞争能力的培育。

邱明（2006）对提高企业并购重组有效性问题进行了全方位、多视角的系统研究，尤其是提出的重组中整合和协同工作对组建新企业的价值起到至关重要的作用。其研究成果对提高我国企业并购重组的效率，具有一定的理论价值和现实可操作性。

1.2.3 国内外研究的评价

国内外对并购重组的研究存在一些共性特征：一是理论研究滞后于实践探索。二是学者和企业界的主流普遍认为资产重组虽然并不完善，但它仍然是当今最优的促进企业发展壮大的方式之一。三是中国的学者普遍认为，目前国内真正意义的企业资产重组与西方成熟的市场经济体国家相比，存在巨大的差异。四是多数学者认为，企业并购重组的失败并不能归罪于重组本身，并购重组后的绩效往往与协同整合密不可分。

由此可以看出，加强而不是放弃对企业资产重组理论和实践的研究及探索，是积极应对资产重组模式的正确策略。需要不断深入地、多侧面地摸索资产重组的运动规律和实践特性，使企业资产重组能够扬长避短，为我国的经济转轨时期再创辉煌。对企业资产重组的模式有待于在三个方面进一步探究：一是企业资产重组理论本身在实践中需要不断地完善；二是在国内实施资产重组的环境建设研究；三是企业资产重组模式有效性和国内环境研究。这里很可能有西方学者未发现的深层次的问题，也可能有发现后仍未能很好解决的问题。

1.3 研究内容和研究方法

1.3.1 研究内容

本书的主要研究内容是：在阐述企业资产重组理论基础的基础之上，进一步分析研究医药企业资产重组的运作机理，继而对我国医药企业资产重组的模式进行分类，以及对医药企业资产重组运作的风险进行分析并构建风险管理决策模型。设计医药企业资产重组的有效性价值模型，并对企业资产重组相关典型案例进行实证分析。研究的思路与框架结构如图1-1所示。其具体研究内容可以分为五部分共包括七章。

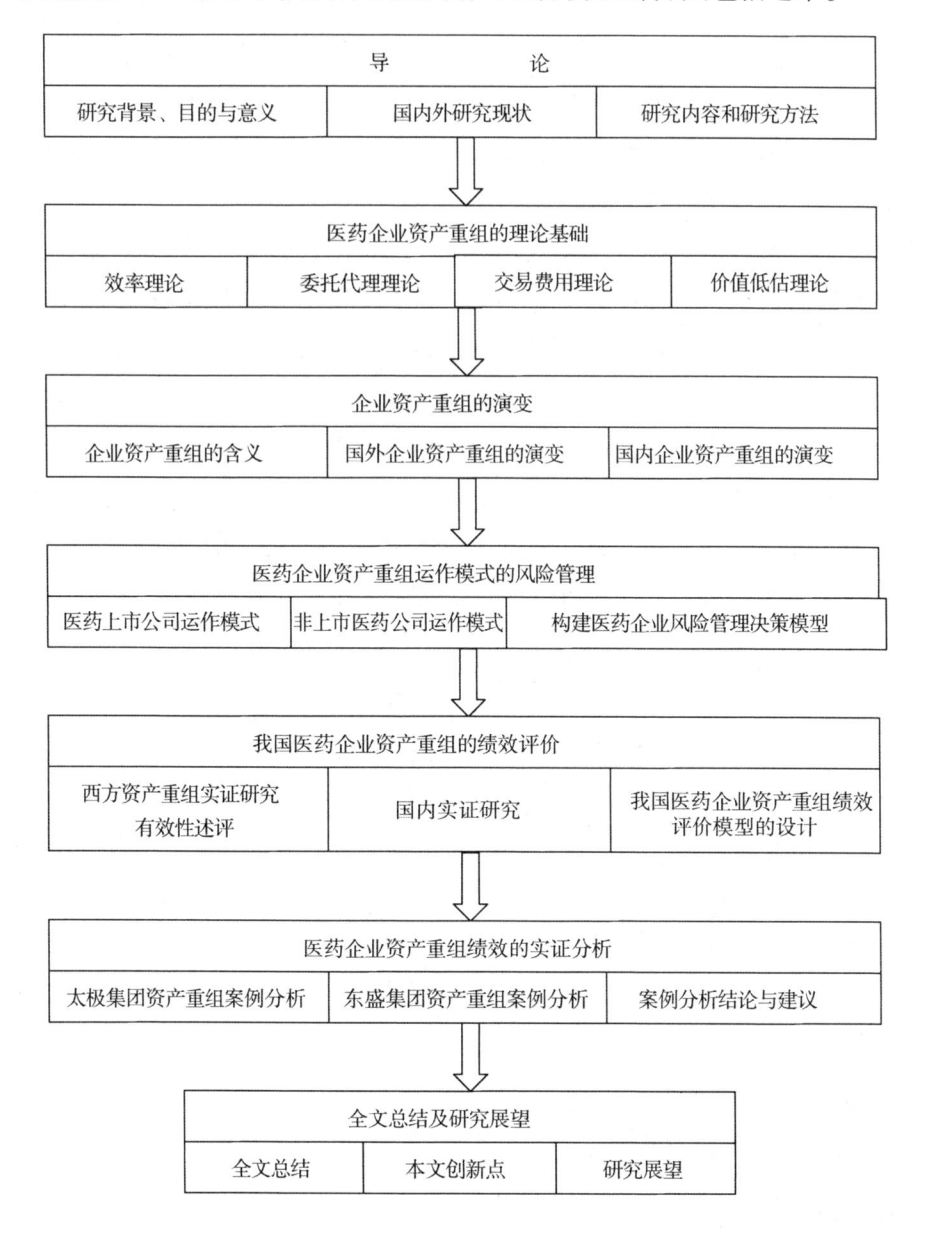

```
┌─────────────────────────────────────────────────┐
│                   导      论                      │
├──────────────┬──────────────┬───────────────────┤
│研究背景、目的与意义│ 国内外研究现状 │ 研究内容和研究方法 │
└──────────────┴──────────────┴───────────────────┘
                        ↓
┌─────────────────────────────────────────────────┐
│            医药企业资产重组的理论基础               │
├──────────┬──────────┬──────────┬───────────────┤
│ 效率理论  │委托代理理论│交易费用理论│  价值低估理论  │
└──────────┴──────────┴──────────┴───────────────┘
                        ↓
┌─────────────────────────────────────────────────┐
│               企业资产重组的演变                   │
├──────────────┬──────────────┬───────────────────┤
│企业资产重组的含义│国外企业资产重组的演变│国内企业资产重组的演变│
└──────────────┴──────────────┴───────────────────┘
                        ↓
┌─────────────────────────────────────────────────┐
│         医药企业资产重组运作模式的风险管理          │
├──────────────┬──────────────┬───────────────────┤
│医药上市公司运作模式│非上市医药公司运作模式│构建医药企业风险管理决策模型│
└──────────────┴──────────────┴───────────────────┘
                        ↓
┌─────────────────────────────────────────────────┐
│           我国医药企业资产重组的绩效评价            │
├──────────────┬──────────────┬───────────────────┤
│西方资产重组实证研究│ 国内实证研究 │我国医药企业资产重组绩效│
│   有效性述评    │              │   评价模型的设计    │
└──────────────┴──────────────┴───────────────────┘
                        ↓
┌─────────────────────────────────────────────────┐
│           医药企业资产重组绩效的实证分析            │
├──────────────┬──────────────┬───────────────────┤
│太极集团资产重组案例分析│东盛集团资产重组案例分析│案例分析结论与建议│
└──────────────┴──────────────┴───────────────────┘
                        ↓
┌─────────────────────────────────────────────────┐
│             全文总结及研究展望                     │
├──────────────┬──────────────┬───────────────────┤
│   全文总结    │  本文创新点   │     研究展望       │
└──────────────┴──────────────┴───────────────────┘
```

图1-1 研究思路与框架结构

第一部分为第1章。是对全书内容及其章节结构的整体性介绍，阐述国内外专家学者对研究的现有水平、存在的问题，以及进一步研究企业资产重组的动因和方法。

第二部分为第2章。从较为宽广的角度和理论上的深度，分析论述资产重组机制的理论基础，为进一步研究企业资产重组的模式和有效性构建必要的经济学理论铺垫。

第三部分包括两章（第3~4章）。这部分在对资产重组、企业资产重组的概念进行阐述的基础上，回顾了国外尤其是在以美国为主的市场经济国家，企业资产重组的发展过程主要经历了五次浪潮。介绍了国内企业资产重组的运作历程。在对医药企业上市公司和非上市公司资产重组的模式进行分类基础上，对医药企业上市公司资产重组"真假相"模式的特征进行研究。在对国内医药企业资产重组运作模式的风险及防范进行了研究分析的同时，利用风险管理理论对资产重组风险管理进行了阐述，继而建立了战略重组集成风险管理决策模型，以增强医药企业资产重组的有效性。

第四部分包括两章（第5~6章）。该部分是在医药企业资产重组的模式研究及风险决策管理基础上，对国内外企业资产重组运作模式有效性分析借鉴的同时，设计出我国医药企业资产重组的有效性价值模型。

利用重组的模式研究风险决策及价值模型，对重庆太极实业股份有限公司资产重组案例进行了实证分析，得出相应的分析结论与建议。

第五部分即第7章。对全书的主要研究内容和研究结论进行概括和归纳，阐述研究主要创新点，指出不足及今后有待进一步研究的问题。

1.3.2 研究方法

（1）历史和现实相结合

经济制度以社会需要的变化而发展变化，企业资产重组作为一种历史范畴的出现乃是社会经济动态发展的结果。20世纪90年代的股票市场牛市行情对企业资产重组在西方国家的兴盛起到了推波助澜的作用，基于历史背景研究并购重组，充分考虑资产重组本身的波动规律，考虑企业资产重组所需要的现实经济社会的法律环境、文化环境和企业治理环境，全面认识和研究我国建立企业资产重组规范制度的现实需要和可行性，用动态分析的方法把握企业资产重组行为，在我国经济体制的全面转轨时期，建立、发展和完善企业资产重组机制。

（2）实证和规范相结合

企业资产重组是个实际操作性很强的资产重新配置方式，必须紧密联系其应用环境和实施经验，在实践中实施和认证，使其符合和适应我国经济体制改革的实践。通过实证和规范相结合的方法，在既有研究成果的基础上，运用信息经济学、概率论、经济理论推演、案例分析等方法，对企业资产重组模式的正负效应作全面、深入的分析，尝试建立更为合理的理论模型。

（3）假说和检验相结合

采用假说和检验相结合的研究方法。通过梳理归纳，建立资产重组机制发挥理想作用的组合假设。运用数学模型和物理模型，进行理性分析，综合应用信息经济学、管理学、博弈论、系统科学等现代理论，尝试建立企业资产重组有效性的分析模型，以期从新的视角完善资产重组研究的体系，在此基础上，将企业资产重组的理论模型与实践的检验相结合。

（4）理论分析和实践应用相结合

以效率理论、委托代理理论、交易费用理论、价值低估理论、市场势力理论为资产重组机制的逻辑基础，深入分析和研究企业资产重组的一般规律，针对医药企业资产重组在实践过程中实施后出现的偏差现象，在理论的指导下提出纠偏措施。研究各种资产重组类型的适用性以及资产重组的构成要素问题。试图运用基础理论解释现实和指导实践。医药企业资产重组的实施从微观看，表现为单个企业的并购重组行为；从宏观看，表现为受国家宏观经济政策及资本市场的影响。所以本文从医药企业资产重组的微观应用效果和宏观应用效果两个方面进行了研究。采用理论研究与实施研究相结合的方法，以现有理论为指导去探讨实际问题，通过调研提出问题，提出新的观点和解决问题的方法。

(5) 定性分析和定量分析相结合

一般而言，定性分析是定量分析的基础，而定量分析是定性分析的深化，经济学的科学性和优势在很大程度上体现为它能够用数学的语言来精确地表达变量之间的关系。在本文的研究中，综合应用定性分析和定量分析的方法，但主要采用定性分析为主。在定性研究中尽可能探求企业资产重组的内在逻辑层次和内在联系，归纳出逻辑表达式。研究资料参考了大量的国外研究成果，但由于受我国现有并购重组市场信息采集与披露制度的限制，以及我国市场经济建立较短的限制和企业实施资产重组的样本限制，使分析力度有所欠缺。在定量分析工具的采用方面，尽可能从数学解析式、图像表达式、列表式多个视角对企业资产重组机理进行剖析研究，力图做到殊途同归，相互印证和加强。

本章小结

(1) 我国企业并购重组模式的研究课题，乃因中国的改革实践而提出，对我国建立现代企业制度和优化企业的资源配置，具有急迫的现实意义和重要的理论研究价值。

(2) 将国内外学者对企业并购重组的研究现状进行了阐述和评价。

(3) 研究内容：本书在阐述企业重组理论基础之上，分析研究了医药企业资产重组的模式特征，继而深入分析和研究企业资产重组运行所必需的企业外部环境、内部环境。特别是分析企业资产重组的风险及防范，建立基于战略重组集成风险的管理决策模型。提出了设计医药企业资产重组有效性模型构成要素的原则与一般方法，对有效性的医药企业资产重组运作进行了案例实证分析。

研究方法：①历史和现实相结合；②实证和规范相结合；③假说和检验相结合；④理论分析和实践应用相结合；⑤定性分析和定量分析相结合。

第 2 章

医药企业资产重组的理论基础

2.1 资产重组的理论概述

2.1.1 经济学的理论变迁推动资产重组理论的发展

对西方企业资产重组理论的归纳可以发现,这些观点主要依托经济学的基本理论:新古典综合理论、X-效率理论、委托代理理论和新制度经济学理论等。新古典综合理论假定企业以利润最大化或成本最小化为目标,并强调股东利益的唯一性和管理层利益的从属性,而规模经济理论、股东财富最大化理论、技术决定论、市场势力和垄断利润论等理论正是建立在新古典综合理论的假设基础之上。

20世纪50年代,一些经济学家对利润最大化理论提出质疑。鲍莫尔(Baumol)1959年提出销售收入最大化的厂商模型;马里斯(Marris)1963年提出以资产增长为目标的厂商模型;威廉姆森(Williamson)1964年提出经理对工薪感兴趣的厂商模型。对企业可能不按照利润最大化为目标的系统解释主要是由来宾斯坦于20世纪60年代中期提出的X-效率理论。根据该理论,经理在缺乏监督的情况下追求的是自身效用最大化,加上工人怠工等因素,从而导致企业的低效率和各个企业效率的差异。由此,管理协同假说或差别效率理论便应运而生。

现实生活中以损害股东利益为代价的企业并购时有发生，委托代理理论对此做出了解释。管理者主义论、杠杆交易和垃圾债券理论、自由现金流假说和过于自信假说等理论，实际上就是委托代理理论的运用和延伸。

20世纪70年代中后期新制度经济学的兴起，开辟了从交易费用的角度对并购动机进行解释的途径。交易费用、合同及资产专用性理论贯彻了这一思想。

当然，企业资产重组的公共政策演变也是建立在经济学理论变迁的基础之上的。

另外，各种资产重组理论相互之间具有互补性。一是造成各种资产重组理论赖以存在的经济学基础理论相互之间有差异。例如以委托代理理论为基础的管理者主义论、自由现金流假说、杠杆交易和垃圾债券理论和过于自信假说，以新古典综合理论为基础的规模经济理论、股东财富最大化理论、技术决定论、市场势力和垄断利润论等理论就有内在的矛盾。二是因为有些理论与实际的并购行为联系不紧密，从而出现理论与实证结果的不一致。例如，根据传统的规模经济理论、市场势力和垄断利润论，并购公司在重组行为完成后，应出现较大的业绩增长；但实证结果却证明并购公司股东的收益往往是零，甚至为负数。再如，由于对杠杆收购与其他收购引起的并购公司经济效益的检验结果不一致，从而导致杠杆收购理论中的财富分配说同其他资产重组理论中的过度支付说和过于自信假设产生了不一致。正是在这种矛盾的背景下，不断产生新的资产重组理论，并使各种理论相互补充。

2.1.2 对资产重组理论的研究应提倡实证研究方法

西方资产重组理论之所以不断发展，除了经济学基础理论提供的动力外，还与其开展的实证研究紧密相关。为了使资产重组理论和实证研究的结果相一致，不断产生新的并购理论，原有的并购理论也在不断修正。

就中国企业资产重组的研究来说，除了要借鉴西方的资产重组理论来研究中国企业资产重组的动机和有关资产重组政策之外，也要通过实证分析方法来检验资产重组的效率和福利效应。目前，中国研究者对资产重组绩效的研究主要有两种方法：一是利用股票市场价格来检验。这种方法是建立在中国股市满足市场弱型效率的基础之上的。二是以财务数据为指标进行研究。持这种观点的人认为中国股市不是有效的。由于目前对中国股市的有效性仍然有争议，因此对企业资产重组的相关实证研究还需进一步展开、深入。

企业资产重组作为一种市场经济下的企业行为，在西方发达资本主义国家 100 多年的发展史上经久不衰，其身后必然有着深刻的企业经济动力和驱动力。对于企业重组的深层动因，西方经济学者从多个角度进行了解释，提出了多种理论和假说。当然，企业重组的动机是多元化的，而且每种理论也仅仅是从某一角度分析，具有一定的片面性。所以，针对现实中的医药企业资产重组行为，往往要结合多种理论来同时分析其产生的内在原因。

2.2 效率理论

2.2.1 效率理论的渊源

效率理论（Efficiency Theory）认为并购重组活动能够提高企业经营绩效，同时增加社会福利。20 世纪 70 年代以来，随着对企业集中度和生产效率研究的深入，芝加哥学派的代表人德姆塞茨、斯蒂格勒和波斯纳等人，提出了大企业高利润来自于效率而不是市场垄断力量的观点。其中德姆塞茨（Harold Demsetz，1973）作出了重要的学术贡献。他的主要观点是：①高效率企业可以占有较大的市场份额，提高产业集中度并从高效率中获得高额利润；②大小企业在产品相同的情况下，由于市场价格是相同的，小企业也可以从垄断价格中获得好处；③优秀企业的高额利润源自于效率而不是市场垄断力量。他的观点得到了其他经济学家的实证支持。该理论认为，企业不同的利润率是内部经营差异造成的，因而也就扩大了企业的作用，企业的市场份额比产业集中度更能反映企业的效率。因此，经济学家们认为，政府抑制合并的政策也许减少了市场垄断，但可能带来对高效率企业的惩罚，从而产生更低的效率并使社会福利受到损失。经济学家们的效率理论对美国的企业并购政策产生较大影响。1984年美国司法部的《合并指南》修正了《克莱顿法》的传统观点，支持经济效率理论。自此，企业的并购政策由单纯地关注市场垄断转到更加注重企业效率上，对企业并购重组也就采取更加宽容的政策。

2.2.2 效率理论对医药企业资产重组的基础性支撑

（1）规模经济理论

规模经济理论认为企业可以通过并购重组扩大经营规模、降低平均成本、提高利润率，从而实现规模经济。这里所说的规模经济，既包括"工厂规模经济"，也包括"企业规模经济"。

"工厂规模经济"主要是指由于生产活动的不可任意分割性而带来的工厂大规模生产在经济上的有利性。在此层面上，企业可以通过并购重组对工厂的资产进行补充和调整，以达到最佳经济规模的要求；有时并购重组还可以有效解决由于专业化引起的各生产流程的分离，将其纳入统一工厂，减少生产过程中的损失，充分利用生产能力。

"企业规模经济"主要是指由企业经营规模扩大给企业带来的经济上的有利性。这种规模的扩大又主要表现为联合在一个企业中的生产同样产品的若干生产线（或工厂），或者是出于生产工艺过程不同阶段的若干生产线（或工厂），在数量上的增加或在生产能力上的扩大。在此层面上,通过并购可以节省管理费用;各个企业可以对不同顾客或市场进行专门化的生产和服务,极大地节省市场营销费用;大型企业还可以集中足够的经费进行技术创新,研发新产品,采用新技术。总之,并购重组使企业有更大的能力控制它的成本费用,在生产经营、行政管理、资金来源、材料采购和产品销售等方面统一协调,减少重复的固定成本,提高企业生存和发展的能力。

经济学家的研究结果表明,企业主要不是靠增大工厂的规模,而是靠增加工厂的数量来发展的。理由是:在大部分行业中,一个工厂在建造时其规模设计已经接近长期成本曲线的最低点了。因此,并购重组中主要考虑的是企业规模经济,以及被并购重组企业作为一个整体继续运行的价值。而要获取规模经济,采用横向并购重组效果最佳。另外,获取规模经济的前提是,产业中的确存在规模经济,而且在并购重组之前企业没有营运在规模经济水平上。

(2) 管理协同效应理论

管理协同效应理论认为企业之间管理效率的差别是企业并购重组的主要动力。即如果 A 企业的管理效率高于 B 企业,而且 A 企业具有剩余管理资源,则 A 企业并购重组 B 企业后,一方面可以将 B 企业的管理效率提升到 A 企业的水平,另一方面 A 企业也释放出了多余的管理能力。而这不仅会给单个企业带来效率,也会给整个社会带来福利的增加,这是一种帕累托改进。但是,这一理论应有两个假设前提:①收购企业具有剩余管理资源,而且这种剩余只能在规模效应中得以释放。②被收购企业的低效管理应以外部介入得到改善。总之,优势企业的"管理溢出"将劣势企业的非效率资本与有效管理结合在一起,就达成了一种协同作用。但需要指出的是,企业之间管理效率的可比性在于并购双方必须出于同一个行业,因为管理资源的使用价值只能在特定的行业中得以发挥。所以,我们只能将该理论视为横向并购的理论依据之一。

(3) 经营协同效应理论

经营协同是指由于企业之间存在着生产要素和企业职能等方面的互

补性，而且当两个或两个以上的企业合并为一家企业时，可以共同利用对方优势而产生"1+1＞2"的协同效应。如果 A 企业在研究和开发方面实力较强，但在管理和市场营销方面实力较弱，而 B 企业则恰恰相反，故 A、B 两个企业的合并能够克服它们各自经营的瓶颈，互为补充，从而提高企业的总体效率，带来企业价值的额外增加。

(4) 财务协同效应理论

财务协同效应理论认为并购重组的财务协同效应是企业并购的主要动机。所谓并购的财务协同效应，是指由于并购使企业所有有价证券持有者的财富得以增加。财务协同作用主要体现在：降低企业资本成本、提高企业负债能力、合理减免税收等。

第一，企业并购重组可以降低企业资本成本。一旦某一企业意识到自己有剩余能力（即剩余资金），在其自身现有的经营范围内难以找到合适的投资机会时，就会以并购重组企业的身份提供较低成本的内部资金去收购目标企业，这可是资金低成本地在并购后的整体企业内部流动，节约了外部筹资成本和交易费用，从而降低企业资本成本。同时，这种并购重组也是对企业资源的财务重新配置，是企业财务资源由低速增长的行业转移到高速增长的行业。因为企业欲通过并购重组进行资本扩张时，往往是由于所在行业的投资机会减少，整体处于低速增长的姿态，而被并购重组的目标企业在其所属行业里都有着较高的期望增长率，但是需要有大量的资本投入，而其本身所缺乏的恰恰就是剩余的现金流量。这样有多余现金流量的低增长的企业去并购重组缺乏现金流量却可以有较高增长的企业，就是在实现企业财务资源的转移。

第二，企业并购重组可以提高企业的负债能力。财务效应的一种表现形式就是能产生共同担保（Co-insurance）作用。假设有两家企业的现金流量不完全相关，两家企业的资产风险具有相同的概率分布，两家企业都具有固定索取权的发行在外的债务 D，若从单个企业来说，每家企业都有不能清偿债权人要求的可能。市场上所反映的这种不能清偿的概率的债务价值为 VD，此时每家企业的普通股的价值为 $VS = V - VD$

(其中 V 为每家企业资产的整体市场价值)。现假定这两家企业合并，合并后的债券持有者的要求为 $2D$。然而，企业并不完全正相关，所以合并后概率分布的方差要比单个企业的 2 倍要低。因此，合并后违约的概率比合并前的要低。从这方面看，如果并购后的企业维持并购前企业资产的概率分布的方差对企业的价值没有影响，则并购企业可以发行更多的债券，因而提高了企业的负债能力。

第三，企业并购重组可进行一定的税收筹划。税收对于企业的财务决策有重大影响。许多国家的税法和会计制度可以使那些具有不同纳税义务的企业仅仅通过并购便可获利。因为不同类型的资产所征收的税率是不同的，如股息收入不同于利息收入，营业收益也有别于资本收益等。所以，企业利用并购可进行一定的税收筹划。例如，当企业有过多的账面盈余时，通过并购另一企业，在有关税法允许并购支出可以减免税的情况下，就可以减轻所得税税负；再如，某一家企业并购重组另一家企业时，不用现金支付，而是用一定的股权比例转换股票，只要该国政府规定该项目应税，则该企业可实现资产的转移或流转，资产所有者能实现追加投资和资产多样化的目的。还有，如果并购企业不是将目标企业的股票直接转化成本企业的股票，而是转化成可转化债券，一段时间后再将其转换成普通股票，由于企业付给债券持有者的利息可以计进成本，因而此种并购方式可冲减应税利润。另外，企业还可以利用相关国家税法中的亏损递延弥补条款，通过并购重组一个有累计税收损失的企业，节省自身的一大笔税收。

2.3 委托代理理论

2.3.1 委托代理理论的渊源

委托代理概念是一个历史范畴，是社会经济发展到一定历史阶段的产物。在传统资本主义企业里，企业的所有者与经营者重合，因此不存在委托代理关系。只有当企业的所有者与经营者分离后，才会出现委托代理关系现象。

现代企业制度的典型特征就是企业所有权与经营权的分离。在两权分离、企业股权高度分散的情况下，股东往往很难参与企业的高层经营决策，甚至不具有任何影响力。同时股权高度分散的个人股东也缺乏足够的激励而花费一定的资源去监督经理的行为。这样，企业的实际控制权便会旁落到管理者手中，企业股东与管理者本是授权经营关系，却成为委托代理关系。这种情况下，购并重组行为并不是由股东发起的，而是由企业的董事或经理代表股东完成的，造成董事或经理是购并的决策者，而股东却是购并风险的承担者。如图 2-1、2-2、2-3 所示。

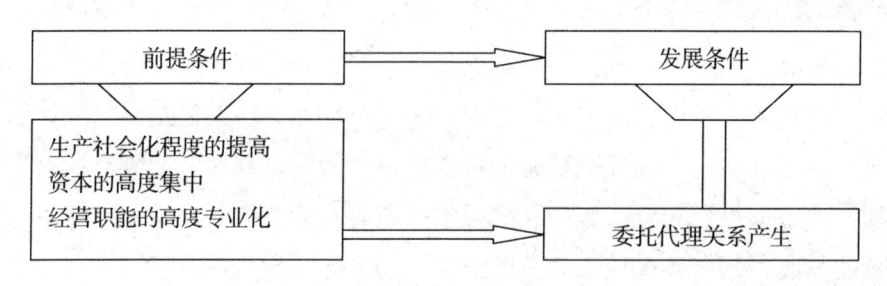

图 2-1 委托代理关系产生的前提条件

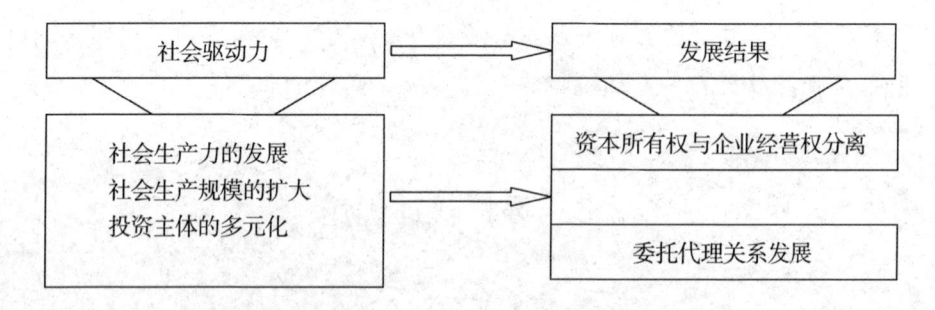

图 2-2 委托代理关系的发展动力

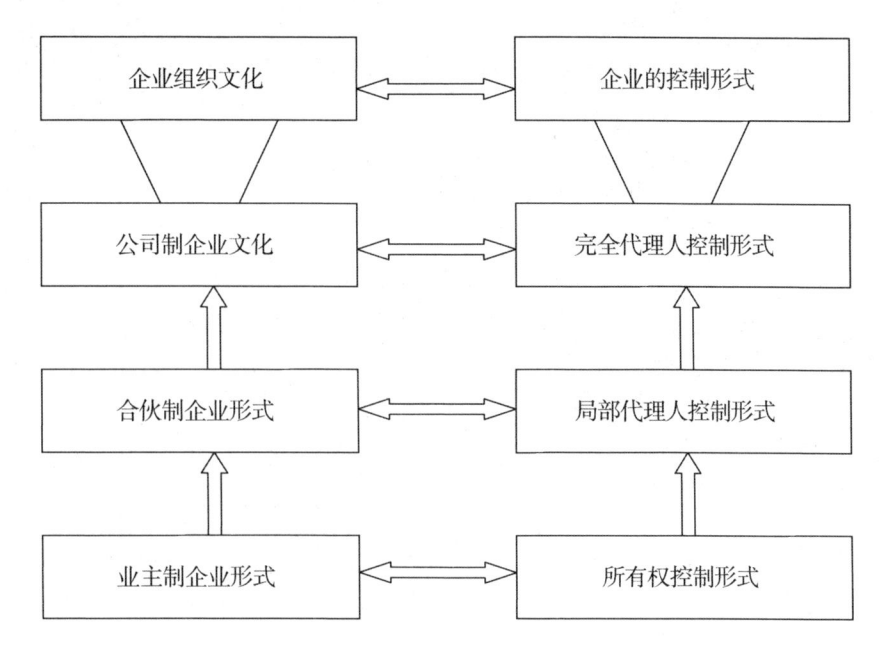

```
┌─────────────┐         ┌─────────────┐
│ 企业组织文化 │ ←——→   │ 企业的控制形式│
└─────────────┘         └─────────────┘
      ↓                       ↓
┌─────────────┐         ┌─────────────┐
│公司制企业文化│ ←——→   │完全代理人控制形式│
└─────────────┘         └─────────────┘
      ↑                       ↑
┌─────────────┐         ┌─────────────┐
│合伙制企业形式│ ←——→   │局部代理人控制形式│
└─────────────┘         └─────────────┘
      ↑                       ↑
┌─────────────┐         ┌─────────────┐
│业主制企业形式│ ←——→   │ 所有权控制形式│
└─────────────┘         └─────────────┘
```

图 2-3　企业组织形式和企业控制形式的发展过程

代理问题最早是詹森和麦克林在 1976 年提出的，即当管理这支拥有企业所有股份的一小部分时，便会产生代理问题。这一小部分的股权可能会导致管理者工作缺乏积极性，或进行奢侈的消费如豪华办公室、高档轿车等，而这些消费将由所有股份持有者共同承担。在代理过程中，由于存在道德风险、逆向选择、不确定性等因素的作用而产生代理成本，他们把这种成本概括为以下几个方面：①所有人与代理人的签约成本；②监督与控制代理人的成本；③限定代理人执行最佳决策成本；④剩余利润的损失，即由于代理人的决策与委托人福利最大化的决策间发生偏差而使委托人遭受的损失。如图 2-4 所示。

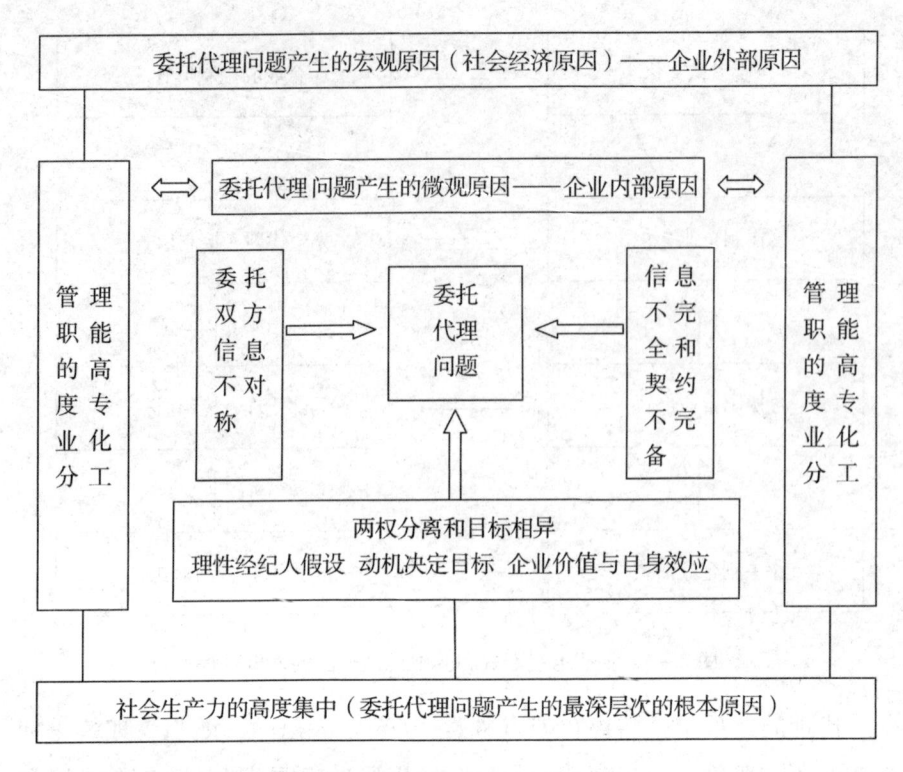

图2-4 委托代理问题产生的原因

解决代理问题，降低代理成本，一般有两种途径：一是通过组织制度方面的安排，二是通过市场制度方面的安排。法马与詹森认为，在企业的所有权与控制权分离的情况下，将企业的决策执行权（如拟定与执行）与决策控制权（如批准与监督）相分离，可以从组织上限制和防止代理人侵蚀股东利益行为发生的可能性。通过市场制度的安排也可以降低代理成本。首先，通过报酬安排和经理市场可以减缓代理问题，如通过设立奖金和股票期权的办法，将经理的报酬与企业目前或未来的业绩挂钩，可以调动经理人员为提高企业绩效而努力工作；其次，股票市场的发展为企业经理提供了一个良好的外部评价机制，因为股票价格集中体现了经理决策的合理与否，较低的股价水平会给经理带来压力，促使其改变经营策略进而增加股东财富；最后，当上述两种机制都不足以解决代理问题时，并购市场的存在就为股东限定经理的行为提供了一个更加有效的外部约束机制：如果企业由于管理低效或代理问题严重致使企业经营业绩不佳，股东可以采取"用脚投票"的方式转让股权，而那些通过并购方式取得控制权的外部接管者将会改选董事会和经理班子，重新选择更有效率的代理人。如图2-5所示。

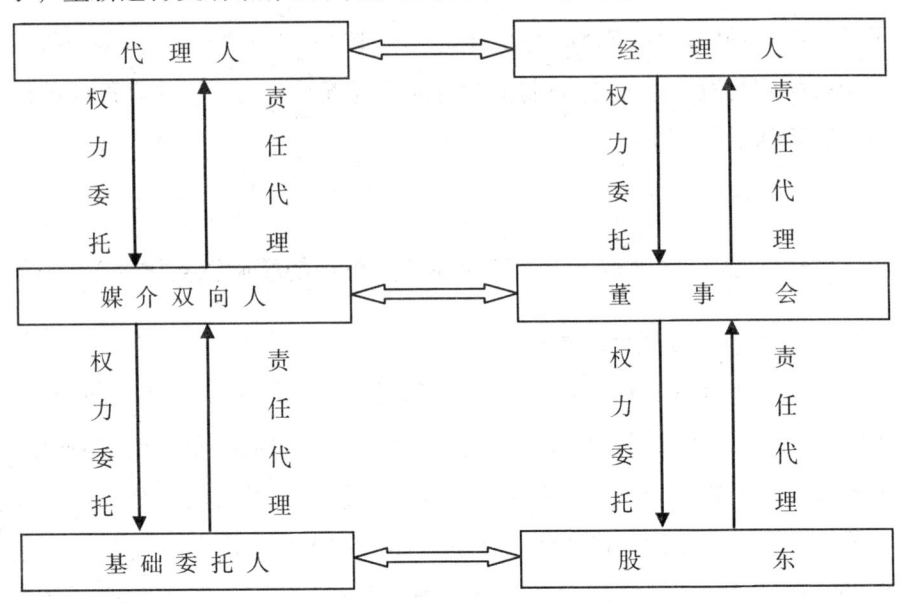

```
┌─────────────┐           ┌─────────────┐
│   代理人    │ ←————————→│   经理人    │
└─────────────┘           └─────────────┘
  权    责                   权    责
  力    任                   力    任
  委    代                   委    代
  托    理                   托    理
┌─────────────┐           ┌─────────────┐
│  媒介双向人 │ ←————————→│   董事会    │
└─────────────┘           └─────────────┘
  权    责                   权    责
  力    任                   力    任
  委    代                   委    代
  托    理                   托    理
┌─────────────┐           ┌─────────────┐
│  基础委托人 │ ←————————→│    股东     │
└─────────────┘           └─────────────┘
```

图2-5　委托代理过程的逻辑关系

代理理论从公司内部、外部治理结构入手研究并购问题，认为并购机制下的接管威胁可以更为有效地降低代理成本。但企业并购重组的目的并不仅是为了降低目标企业的代理成本，因为企业成本至少还有生产成本、组织成本等，这些成本如何降低也是企业资产重组所应重点考虑的问题。如果代理成本得到降低而其他成本却明显增加，也将导致并购重组的不经济。

并购重组动因在委托代理理论中体现得最为充分。该理论认为，经理人员与企业所有者之间的代理合约不可能无成本地签订和执行。在代理过程中，鉴于存在着道德风险、逆向选择、不确定性等因素的影响，继而产生了代理成本的问题。这种成本可概括如下：所有者与代理人签订契约的成本、对代理人进行监督和控制的成本、限定代理人执行最好决策的成本、剥夺求偿损失等。企业所有者一般通过组织机制和市场机制两方面的制度安排，尽可能地降低代理成本。其中，企业并购重组提供了解决代理问题的一个外部控制机制，即通过公开的收购等代理权争夺活动将会改组现任经理和董事会，撤换不称职的经理和董事。如果由于低效或代理问题而使企业的经营业绩不佳，那么并购重组机制使得接管的威胁始终存在。这种威胁有助于约束管理层，产生经营管理的激励，进而降低代理成本。

2.3.2 委托代理理论对医药企业资产重组的基础性支撑

（1）收购降低代理成本说

法马和詹森（1983）认为，公司的代理问题可经由适当的组织设计解决，当公司的经营权与所有权分离时，决策的拟定和执行与决策的评估和控制应加以分离，前者是代理人的职权，后者归所有者管理，这是通过内部机制设计来控制代理问题。而并购重组事实上可以提供一种控制代理问题的外部机制，当目标公司代理人有代理问题产生时，收购或代理权的竞争可以降低代理成本。

（2）管理者主义

穆勒（Muller）于1969年提出假说，认为代理人的报酬决定于公司的规模，因此代理人有动机通过收购使公司规模扩大，而忽视公司的实际投资收益率。但里魏仑（Lewellen）、汉斯曼（Huntsman）在70年的实证分析表明，代理人的报酬与公司的投资收益率有关而与公司规模无关，此结果与上述假设相反。持反对意见者则认为并购本身实际就是代理问题的产生。

（3）自由现金流量假说

自由现金流量假说源于代理成本问题。在公司并购重组活动中，自由现金流量的减少有助于化解经理人与股东间的冲突。所谓自由现金流量是指公司的现金在支付了所有净现值（Net Present Value，NPV）为正的投资计划后所剩余的现金量。詹森在1986年认为,自由现金流量应完全交付股东,此举降低经理人的权力,避免代理问题的产生,同时再度进行投资所需的资金由于将在资本市场上重新筹集而再度受到监控。

除了减少自由现金流量外,詹森认为适度的债权由于在未来必须用现金支付,比管理者采用现金股利发放来得有效,更容易降低代理成本。他强调,尤其是在已面临低速成长而规模逐渐缩小,但仍有大量现金流量产生的组织中,控制财务上的债权是重要的。也就是说,公司可通过并购重组活动,适当地提高负债比例,可减少代理成本,增加公司的价值。

2.4 交易费用理论

2.4.1 交易费用理论的渊源

1937年,美国经济学家科斯在《经济学》杂志上发表了一篇论文——《企业的性质》,成为交易费用理论的经典文献。该理论认为:市场与企业是两种可以相互替代的资源配置机制;两种机制作用的发挥都是有成本的;运用市场机制存在交易成本,而运用企业机制存在组织成本。将该理论应用于企业并购重组之中可解释为:如果一个企业为一项交易并购另外一个企业,所引起的内部组织成本大于市场机制组织这项交易的交易成本时,则这项并购重组行为就不应该发生,否则,相反。

交易费用不但包括搜索、谈判、签约、监督合约执行等费用,而且人的有限理性、机会主义倾向、资产专用性以及交易条件的不确定性(价格、供求关系、交易对象等)都使得交易费用更加高昂。纵向并购就是为了节约交易费用而产生的。当处于同一产品链条上的不同生产环节所在企业之间通过纵向并购，将其上下游交易关系以企业内部组织协调替代市场协调时，不但可以节约交易费用，而且还可以获取较为稳定的经营环境，消除企业外部环境中的不确定性因素。

20世纪70年代后，该理论逐步兴起开始，它更多研究的是企业纵向并购的深层动因。既然科斯定理认为，企业并购之所以存在，是由于可以减少用作市场交易而产生的交易费用，企业之间经常需要进行生产要素的购置或产品的销售，于是会产生大量的交易成本，如选择交易伙伴的费用、选择交易方式的费用和监督交易进行的费用等。然而，不论是对上游企业还是对下游企业的并购，都会使上述交易环节减少，进而节约交易费用，同时也能运用企业内部的行政力量重新配置资源。换句话说，如果并购企业与目标企业之间在生产、销售等连续性过程中属于互为购买者或销售者的关系，通过并购重组这样一些成熟企业，一方面，可以组织专业化生产和实现产供销一体化，节约购买成本、订货成本和储存成本；另一方面，当上、下游企业试图利用合同的不完善性谋取额外利益，表现出机会主义行为选择倾向时，降低交易成本就会成为企业并购重组的主要动因。再者，通过购买成熟目标企业，还可以节约并购企业新设创新类似部门所需花费的时间，进而加快抢占新市场或增大市场份额的节奏。必须强调的是，交易费用理论关键在于"资产的特定性"，即某一资产对市场的依赖程度。一般而言，资产的特定性越高，市场交易的潜在费用越大，企业纵向并购重组的可能性就越大。当资产的特定性达到一定程度，市场交易的潜在费用就会阻止企业继续依赖市场，这时纵向并购重组就会实现。为了节约费用，可以采用新的交易方式——企业来代替市场交易。节省交易费用则成为企业并购重组的重要动因之一。

交易费用理论为企业并购重组提供了一个全新的研究方法，但交易费用的分析只是关于一个企业组织运转费用的分析，并未对企业组织结构变动加以关注。而并购重组作为企业对市场的替代，实际上也意味着企业组织形式的变动，这一变动无疑又会产生新的风险，例如管理不力。当这种风险可能造成的损失大于所节约的交易费用时，则会给并购重组后的企业带来无法弥补的损失。此外，随着网络技术引发的电子商务迅猛发展，交易费用有逐步减少的趋势，因此，如何在网络时代减少交易过程中的不确定性，又成为摆在我们面前的新的课题。

2.4.2 交易费用理论对医药企业资产重组的基础性支撑

交易费用理论在解释并购重组活动的同时，认为并购重组的目的在于节约交易费用。通过并购节约交易费用，有以下几个方面。

（1）企业通过研究和开发的投入获得产品、知识。在市场存在信息不对称和不确定性的情况下，知识的市场价值难以实现，即便得以实现，也需要付出高昂的搜寻成本和监督成本。这时可通过并购重组使专门的知识在同一企业内运用，达到节省交易费用的目的。

（2）企业的商誉为无形资产，其运用也会遇到外部性问题。因为某一商标使用而降低其产品质量，可以获得成本下降的大部分好处，而商誉损失则由所有商标使用者共同承担。解决这一问题的办法有两条：一是增加监督，保证合同规定商品最低质量，但会使监督成本大大地增加；二是通过并购重组将商标使用者变为企业内部成员。作为内部成员，降低质量只会承受损失而得不到利益，消除了机会主义动机。

（3）有些企业的生产需要大量的专门中间产品投入。而这些中间产品市场常存在供给的不确定性、质量难以控制和机会主义行为等问题。这时，企业常通过制定固定交易条件，但这种合约会约束企业自身的适应能力。当这一矛盾难以解决时，通过并购重组将合作者变为内部机构就可以消除上述问题。

（4）一些生产企业，为开拓市场，需要大量的促销投资，这种投资由于专用于一企业的某一产品，会有很强的资产专用性。同时销售企业具有显著的规模优势，一定程度上形成进入壁垒，限制竞争者加入，形成市场中的少数问题。当市场中存在少数问题时，一旦投入较强专用性资本,就要承担对方违约造成的巨大损失。为减少这种风险,要付出高额的谈判成本和监督成本。在这种成本高到一定程度时,并购重组成为最佳选择。

(5) 企业通过并购重组形成规模庞大的组织,使组织内部的职能相分离,形成一种以管理为基础的内部市场体系。一般认为,用企业内的行政指令来协调内部组织活动所需的管理成本较市场运作的交易成本要低。内部化理论在对并购重组活动的解释上有较强的说服力。但由于其分析方法和所用概念的高度抽象,使其难以得到系统检验;又由于分析过程及所得结论过于一致,使其很难在管理领域得到应用。

2.5 价值低估与市场势力理论

2.5.1 价值低估理论的渊源

1969 年,美国企业专家托宾用 Q 比率来反映企业收购出现的可能性。他强调,Q 是目标企业的股票市价同企业重置成本之比,当 $Q>1$ 时,出现并购的可能性较小;当 $Q<1$ 时,出现并购的可能性较大。美国 20 世纪 80 年代并购重组高涨期间,企业的 Q 值一般在 0.5~0.6。另外,当某企业投标某目标企业时,后者的股票行情会形成溢价,通常溢价幅度在 50% 左右。如果目标企业的 Q 值为 0.6,而该企业的股票溢价为 50% 时,那么并购总成本是资产重置成本的 0.9 倍,即收购目标企业还是比新建一家同样的企业要有利可图。

后来有学者将这一理论进行了扩展。$Q = R/C$,其中 R 为企业的盈利率,C 为所筹资本的利率。该公式表示,如果目标企业的盈利率大于新建一个与该企业同样规模的企业所筹资本的利率时,那么收购该企业比建立一个新企业更为合算,否则,不如另建一个新企业。

2.5.2 价值低估理论对医药企业资产重组的基础性支撑

这一理论认为，并购活动的发生主要是因为目标公司的价值被低估。当一家公司对另一公司的估价比后者对自己的估价更高时，前者有可能投标买下后者。目标公司的价值被低估一般有下列几种情况：①公司的经营管理未能充分发挥既有之潜能。②收购公司拥有外部市场所没有的有关目标公司真实价值的内部信息。③由于通货膨胀造成资产的市场价值与重置成本的差异而出现公司价值被低估的现象。

但在具体并购重组实践中，并非所有价值低估的企业都会被并购重组，也并非只有被低估了价值的企业才会成为并购重组目标，说明在企业并购过程中，除考虑目标企业价值是否低估之外，还有其他一些重要因素值得考虑。例如目前世界上许多具有网络概念的高科技上市公司和拥有巨大品牌价值的企业其 Q 系数远远高于其他企业，却成为众多企业竞相并购重组的目标，说明该理论也遇到了重大挑战。

2.5.3 市场势力理论的渊源

20 世纪 80 年代初，惠廷顿发现大企业在利润方面的变动要比小企业小得多。他以此证明，大企业因为市场势力比较强，不易受到市场环境因素变动的干扰。显然，企业规模、市场势力和稳定性三者似乎密切相关、相辅相成。所以，市场势力理论也即"垄断利润假说"，当企业并购造成市场控制力达到一定程度时，优势企业便可以产生垄断利润，这便成了企业资产重组的又一深层动因。企业主要是借助并购重组活动来减少竞争，以此增强对企业经营环境的控制，提高市场占有率，并且增加企业获得利益的机会。

2.5.4 市场势力理论对医药企业资产重组的基础性支撑

这一理论认为，并购重组活动的主要动因，是因为可以借并购活动达到减少竞争对手来增强对企业经营环境控制的目的，提高市场占有率，并增加长期的获利机会。下列三种情况可能导致以增强市场势力为目标的并购重组活动。①在需求下降、生产能力过剩和削价竞争的情况下，几家企业合并起来，以取得实现本产业合理化比较有利的地位。②在国际竞争使国内市场遭受外商势力的强烈渗透和冲击的情况下，企业间通过联合组成大规模联合企业，对抗外来竞争。③由于法律变得更为严格，使企业间包括合谋等在内的多种联系成为非法。在这种情况下，通过合并可以使一些非法的做法"内部化"，达到继续控制市场的目的。

事实上，由于美国等发达国家信奉自由竞争市场的哲学立场，因而企业资产重组活动会受到垄断法的强硬约束。当并购重组产生过度集中现象时，常借由法庭控诉和管制手段来干预并购重组活动。

本章小结

（1）效率理论可以分为规模经济理论、管理协同效应理论、经营协同效应理论和财务协同效应理论。效率理论认为并购重组活动能够提高企业经营绩效，同时增加社会福利。

（2）委托代理理论认为，在代理过程中，鉴于存在着道德风险、逆向选择、不确定性等因素的影响而产生了代理成本的问题。这种成本可概括如下：所有者与代理人签订契约的成本、对代理人进行监督和控制的成本、限定代理人执行最好决策的成本、剥夺求偿损失等。并购重组动因在委托代理理论中的运用最为广泛。

（3）交易费用理论也称内部化理论，它更多研究的是企业纵向并购重组的深层动因。为了节约费用，可以采用新的交易方式——企业来代替市场交易。节省交易费用则成为企业并购重组的重要动因之一。

（4）价值低估理论认为，并购企业以低于目标企业经营价值的价格获得目标企业，以便从中获利，这也是企业并购重组的深层动因之一。美国企业专家托宾用 Q 比率来反映企业收购出现的可能性。

（5）市场势力理论认为，当企业并购重组造成市场控制力达到一定程度时，优势企业便可以产生垄断利润，这便成了企业并购重组的又一深层动因。

第 3 章

企业资产重组的演变

3.1 资产重组概念及企业资产重组含义

3.1.1 资产重组概念

到目前为止,学术界对资产重组这一概念还没有一个公认的定义。在我国,资产重组一词最初的含意是对国有资产或国有企业的资产进行重组。由于国有经济中国有企业终极产权的一致性,因而单纯附属性的资产转移、分化和组合成为重组的全部内容,这种非市场化的以物为主要调整对象的重组不能称为完整意义上的企业重组,因为它的着眼点是国有经济整体结构优化,在操作上表现为国有经济体系内部国有资产的配置和管理方式的行政性调整。总体上看,不涉及国有资产和国有企业终极产权的改变。因此,国有资产的重组不是单纯意义上某一个企业的资产重组,不是完全意义上的某一个企业的重组,也不是纯粹微观的企业自主的市场行为,而是整个国有的资产重组。随着非公有制经济的发育和成长,国有企业的股份制改造、企业产权的多元化、企业用人机制的改革,"重组"的内涵方才从单纯"资产重组"过渡到企业的全部要素重组,重组方式的行政性才逐渐淡化。而在中国证券市场上,资产重组又是一个与兼并、收购相关联的概念,可以看成有关兼并、收购、托管、资产置换、借壳、买壳等行为的总称。上市公司明晰的多元化产权结构，规范的法人治理结构，更使重组成为创新企业制度、调整企业要素配置、提高企业效率的重要手段。上市公司资产重组的内容早已超越了资产的范畴，还包括国有股的无偿划拨、无资产注入的公司控制权的变化以及债务重组等。可见，我国证券市场常用的资产重组也并不是一个定义清楚的概念。

随着企业生存环境市场化程度的提高，企业之间作为不同利益主体之间的竞争关系的确立并日益激烈化，已经使企业之间的资产调整超越了传统的单纯的"资产"层面的重组。多元化的产权结构以及资本市场的发育提供了产权重组的可能，以资本增值为目的的经营理念使资产形态的变换及业务构架的调整日趋频繁，而市场化的用人机制，使人力资源配置及配置机制的调整更加便利。企业为获得和强化竞争优势而不断对自身的每一个层面，每一个构成要素进行调整。面对如此多层面的企业要素调整，以及调整方式和手段的变迁，再单纯来概括"资产重组"是不全面的。"资产重组"，它所要表达的是"资源的优化配置"这样一个经济学概念。资产是构成企业的一个要件，但资产并不是企业的全部内容，因而资产重组与企业重组在实践上有相当的不同点。可见，市场所常用的"资产重组"不是一个边界较为分明的经济概念，而是已被市场约定俗成为一个边界模糊的、表述一切有关企业重大非经营性或非正常性变化的总称，概念的模糊在引起歧义的同时，更带来了重组运作的不规范。因此对"资产重组"有必要缩小其概念边界，回归到其描述企业内部资源的调整，或是企业之间单纯地位于资产负债表左侧的项目的调整、买卖、置换的行为上来。资产一般理解为企业拥有和控制的、能以货币计量的经济资源的总称。它既包括有形资产，也包括无形资产，既包括各种单一资产，也包括一组具有获利能力的资产综合体，即整体资产。

综上，本书将资产重组定义为是指通过不同企业之间或同一企业内部的经济资源进行符合资产最大增值目的的相互调整与改变，是对实业资本、金融资本、产权资本和无形资本的重新组合。其内涵构成如图 3-1 所示。

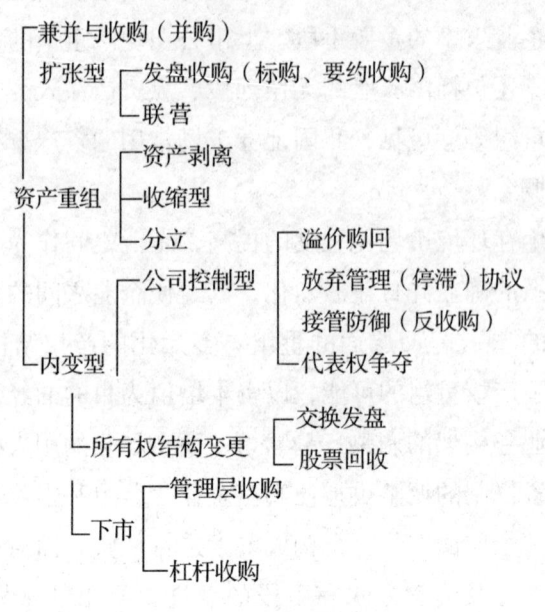

```
                    ┌─ 兼并与收购（并购）
            ┌ 扩张型 ┼─ 发盘收购（标购、要约收购）
            │       └─ 联营
            │       ┌─ 资产剥离
            │ 收缩型 ┤
            │       └─ 分立
资产重组 ┤       ┌─ 溢价购回
            │ 公司控制型 ┼─ 放弃管理（停滞）协议
            │           ├─ 接管防御（反收购）
            │           └─ 代表权争夺
            └ 内变型 ┬ 所有权结构变更 ┬─ 交换发盘
                    │                └─ 股票回收
                    │       ┌─ 管理层收购
                    └ 下市 ┤
                            └─ 杠杆收购
```

图 3-1 资产重组内涵的构成

3.1.2 企业资产重组含义

企业资产重组含义更广泛，"企业"是为降低市场交易成本而构建的一系列契约的联结，即企业以一定的契约方式代替了市场价格机制对要素的配置，企业是一个小范围的计划经济。企业是契约关系的联结，具体到某一企业身上就表现为：企业的所有者与企业的关系；企业与其拥有资产的关系；企业与雇员的关系；企业与其债权人及债务人的关系；企业与其客户的业务关系等。当"企业"方式配置资源的效率与市场方式配置资源效率出现动态变化时，就可能也有必要对上述这些契约关系进行再调整，这一调整过程就是企业资产重组。具体在实践中，企业资产重组运作表现为构成企业的各种契约关系的重组，在市场经济条件下，这些契约关系以法律的形式具体体现，因而企业的资产重组又表现为这些法律关系的调整。

公司作为依据《公司法》而设立的企业，其重组在体现一般企业重组的经济意义的同时，更多的是一种法律范畴的概念，这也是在许多场合下，人们使用兼并、收购等相对明确的有一定法律边界的词汇来具体描述重组的原因。但实际上，在大多数情况下，企业"资产重组"的内容早已超越了"资产"的范围，如企业控股权的变化，只要不发生资产的注入和剥离，对企业本身来讲并不会导致资产的重组，而只是公司所有权结构的变化。而在典型的重组方式即"净资产"置换中，它不仅涉及公司所拥有的资产的重组，还涉及债务的重组。

企业资产重组的最高形式即是其产权关系的调整。从近年的实践看，企业兼并、企业收购、企业公司化改制、股份制改组、企业优化组合、国有资产的授权经营、企业集团的资产调整、企业的拆整、企业的破产处置等，都属于企业资产重组运作的范畴。

由此看来，本书将企业资产重组定义为是一个较资产重组更为宽泛的概念，即企业的所有权、资产、负债、雇员、业务等要素的重新组合和配置以及这些要素之间互相组合和作用方式的调整行为。

3.2 国外企业资产重组的演变

企业的资产重组是市场经济的产物，并随着市场经济的发展而发展起来，经历了一个由初级到高级的发展过程。在以美国为主的西方市场经济国家，企业资产重组的运作模式主要显现在五次并购浪潮中，每次浪潮都促进了垄断资本的发展，同时也给资产重组的发展带来了新的模式。美国著名经济学家乔治·斯蒂格勒甚至认为，没有一家美国大公司不是通过某种程度、某种方式的并购重组而主要是靠内部扩张成长起来的。企业间的并购重组使产业资本由一个企业流动到另一个企业，由一个行业流动到另一个行业，能够有效实现企业产权结构的调整，使社会生产要素得到最优配置，从而使产业结构走上合理化调整的轨道。

(1) 第一次并购浪潮（20世纪初叶）的回顾

第一次企业并购浪潮发生在19世纪与20世纪的世纪之交，其高峰时期为1898~1903年。这次企业并购浪潮可以说是历次企业并购浪潮中最重要的一次，因为它造就了企业垄断，使西方国家工业逐渐形成了自己的现代工业结构。

19世纪开始的产业革命以蒸汽机和各种机器的发明创造使世界进入了大机器工业时代。随着科学技术的进步，到了19世纪下半叶，由于电力的发明和广泛使用产生了第二次工业革命，使世界跨进了电气时代，进一步解放了生产力，也进一步促进了科学技术的进步。由于大资本可以采用先进的机器设备和技术，大大提高了劳动生产率，降低了产品生产的必要劳动时间，同时也更有力量在产品销售和市场占有方面进行竞争。应该说，社会化大生产的发展，要求集中化的大资本，然而单靠个别企业内部的资本积累，不能满足当时社会化大生产发展的要求。正如马克思所说："假如必须等待积累去使某些单个资本增长到能够修建铁路的程度，那么恐怕直到今天世界上也没有铁路。"所以资本间的相互吞没就形成大资本以适应生产社会化和科学技术进步要求的必然产物。19世纪末20世纪初，西方主要市场经济国家中的企业并购浪潮正是在这样的历史背景下掀起的。到1917年时，美国大部分工业都已具备了自己的现代结构。此后，大企业继续集中在一些早在1907年就已集中于其内的相同的工业之中优势地位，在并购的高峰时期1898~1903年，美国被并购企业总数达2653家，其中仅1899年一年因并购而消失的企业数就达1028家。在这五年中并购的资本总额达到63亿多美元，美国的工业结构出现了永久性变化，100家最大公司的规模增长了4倍，并控制了全国工业资本的40%。这次并购产生了一些巨型公司，其中有爱理斯·查默斯公司、阿纳康达铜业公司、玉米产品公司、杜邦公司、美国烟草公司、美国钢铁公司和美国冶炼公司。这些公司的出现，标志着美国现代化大公司第一次大量出现。其中美国钢铁公司是美国第一家资本超过10亿美元的大公司。并购浪潮遍及整个工业部门，尤其在金融、原料、食品生产、石油、化工制品、运输设备、金属制品加工和烟草等行业更为猛烈。20世纪50年代一位美国经济学家在谈论这次并购浪潮的意义时指出："在这个时期,兼并把近71年重要的、本来属于寡头垄断或接近于完全竞争的行业,转变为接近于垄断的行业,这对美国经济结构的影响是十分深远的,即使过了50年,这种影响仍然没有消失。"

与英、法等国相比,德国当时虽属后起资本主义国家,但在这一时期也发生了大规模的企业并购,并导致垄断组织卡特尔的大量产生。到第一次世界大战前,德国已有各种卡特尔近600个,出现了一些著名的大公司,如西门子公司。从生产集中程度来看也有了很大提高,1882年雇佣50人以上的企业只占企业总数的0.3%,到1907年已增加到0.9%。这0.9%的大企业拥有工人总数的39.4%,占有的蒸汽马力和电力分别高达75.3%和77.2%。

与此同时,英国、法国,甚至资本主义生产关系发展相对落后的俄国,企业并购也都在大规模进行,并导致了资本集中、生产集中。如俄国,19世纪末雇佣500人以上的大企业已拥有工人总数的45%。在英国1880～1918年有655家中小型公司通过并购组成74家大型公司,垄断了主要工业部门。

第一次并购浪潮是资本主义从自由竞争时期走向垄断时期的转折点,企业的资产重组具有以下特点:

一是 横向并购模式。这一时期的企业并购重组是一种横向的并购,即资本在同一生产领域部门集中,优势企业吞并劣势企业,组成横向托拉斯,扩大生产规模以达到新技术条件下的最佳经济规模,以及它们对其所在行业产量和市场占有率的控制。并购企业一方面获得了巨大的规模经济效益;另一方面获得了巨额垄断利润。所以,我们可以说在范围广泛的各行业中追求垄断势力,追求规模经济,是第一次并购浪潮兴起的一个重要刺激因素。

二是 单一领域并购模式。这一时期的企业并购虽然波及各个生产领域，也波及了金融业，但基本上还是同行业的并购，即较少有工业企业并购金融企业或金融企业并购工业企业。

三是 以本国并购为主模式。尽管当时市场经济国家已有资本输出，并且占领了很多的殖民地，但这一时期的企业并购、重组主要还是在本国企业间进行，即资本或资产存量的流动还仅局限于本国内。

四是 非规范性并购模式。由于第一次并购浪潮政府未能制定规范加以引导，并购的无序性导致并购非规范性很强。造成这种不规范并购的原因，首先是并购促办人的产生，并购促办人是一类以促进企业间并购为手段，从并购过程中牟取暴利的投机者。并购的非规范性强，造成极大的社会动荡、破产和失业并发。其次是并购的交易方式不正常，许多并购的背后是巧取豪夺、威逼利诱，因而形成了被人们称为"大鱼吃小鱼，小鱼吃虾米"的残酷现象。

五是 出现中介机构介入并购模式。据统计，在此期间，大约1/4的企业并购是由银行促成的，尤其以投资银行最为活跃。它们为企业并购提供资金，同时充当中介，为企业并购"牵线搭桥"。随着证券市场的成熟和完善，工业股票的上市为企业并购大开方便之门，证券化并购使企业并构更加简易、方便。统计数字表明：60%的并购事件是在纽约股票交易所完成的。股票交易所承受与支持了这次企业并购浪潮。对证券的过度需求和疯狂的投机，是这次并购浪潮的动力之源。股市上平均股票价格指数由1897年第二季度的40点增加到1899年第四季度的80点，从而使许多企业得以在经纪人的操纵下，通过向公众发行股票而筹集，使并购后企业的未来收益转换为资本，完成了巨型企业的组建。

从总体上看，第一次企业并购浪潮是为了形成大企业，以取得垄断地位和规模效益。这次并购浪潮不仅进一步促成了交通运输和邮电事业的发展，还为全国统一市场的发展及企业之间开展竞争创造了极为有利的条件，国民经济集中的程度大大提高了，从而使社会化大生产在更高的层次上得以实现。

(2) 第二次并购浪潮（20世纪20年代）的回顾

第二次并购浪潮是以大公司为主导的产业重组，发生于20世纪20年代。这时期，第一次世界大战结束不久，资本主义国家在经历了经济危机之后，进入了一个相对稳定的时期。在整个20年代，各西方主要资本主义国家的经济都有比较大的发展，出现了新的工业高涨，许多新兴产业如运输产业、化工、机电行业迅速增长。美国从1919年至1930年，并购企业近12000家，比第一次并购浪潮时期多两倍多，1929年的工业生产水平比1920年提高了39%以上，而同期法国的工业生产水平提高了近77%，即使是受战争破坏最大的德国，到1927年工业生产水平也接近战前水平。这一时期的经济增长，在很大程度上归因于科学技术的发展和实行"产业合理化"的结果。科学技术的发展，导致了一批新兴工业部门的产生，如汽车工业、化学工业、电气工业、化学纤维工业等。这些产业很快成为对国民经济发展具有举足轻重作用的部门。产业合理化尽可能采取各种新式的机器设备，采用自动传送装置，实行标准化大生产，而这些必然要求资本的进一步集中。诸如汽车工业、化学工业、电气工业、化学纤维工业等都是资金密集型工业，这些工业的发展没有超大规模的资本是无法进行的。而自动化装置、标准化生产的标准也迫使企业大规模更新设备，从而需要大量资本的补充。第二次世界大战前夕，西方各国为了加强本国垄断资产阶级的地位，政府采用了一系列的措施，鼓励大批中小企业并入垄断组织，到了20世纪30年代末，各国垄断组织控制了本国资本总额的85%，而为数众多的小企业则沦于破产或被并购。

第二次并购浪潮中的企业资产重组具有以下特点：

一是纵向并购模式。当时人们普遍认为，纵向并购对经济发展有利。如前所述，所谓纵向并购，是指优势企业将与本企业生产紧密相关的非本企业所有的前后道生产工序、工艺过程的生产企业吞并过来，从而形成纵向生产一体化。这种并购有助于形以纵向并购为主。第二次并构浪潮中主要使用的就是这种方式，这种方式被公认为保持生产的连续性、减少商品流通的中间环节、节约销售费用等。

二是产业与金融业相互渗透模式。随着垄断的进一步发展，以生产资本与金融资本相互渗透为特征的并购也开始产生，投资银行家再次起了主要作用。产业资本与银行资本的融合产生了一种新的资本即金融资本，其规模、数量之大，前所未有。由于金融资本实力雄厚，使之更有力量并购或控制其他企业。

三是国家出面并购模式。即国家出面投以巨资并购一些关系国家经济命脉的企业或投资控股从而改造一些企业的形式。这种形式的发展，使资本进入国家垄断资本主义时期。

从第二次并购浪潮的后果来讲，尽管这一时期极度旺盛的证券需求使企业并购活动蓬勃发展，但对公众却无明显影响。但它加强了第一次浪潮所形成的集中。大量寡头垄断的产生，也加剧了市场上的竞争程度。同时由于并购形成及管理技术的改进，第二次浪潮中并购的成功率也高于第一次。第二次浪潮以20世纪30年代"大危机"的出现而告结束。

(3) 第三次并购浪潮（20世纪60年代）的回顾

第三次企业并购浪潮发生于1954~1969年，其中以20世纪60年代后期为高潮。这次并购浪潮迎合了战后新一轮产业结构调整和企业多元化发展战略的需要。第二次世界大战以后，市场经济国家的政治、经济出现了一个相对稳定的时期，加上战后重建等因素，刺激了这些国家的经济增长。另外，这一时期科学技术也有了突飞猛进的发展，新兴的现代产业正在兴起，产业结构面临新一轮调整，即由重工业化向高加工度化方向发展。作为资本集中、资产存量调整形成的企业并购自然也再次掀起浪潮。

这次企业并购是以跨国公司为特征的品牌重组，并购浪潮比第二次要猛烈得多。尤其是"二战"后的50~60年代，美国已经成为世界霸主，其经济发展达到顶点，大公司实力得到充分扩展，仅1967~1969年三年高峰期就完成并购1058起。资产在1000万美元以上的大公司被并购的，1960年有51家，1965年增加为62家，1968年高达173家，不到 10 年时间猛增了两倍以上。

60 年代，欧洲国家也同样掀起了企业并购高潮。英国许多工业部门中较大的独资或合伙企业，纷纷改组为股份公司，并进行联合和并购活动，从而加速了生产的集中。这一时期，由于受到关贸总协定有关消减关税规定的影响，为了同海外制造商进行竞争，政府也加入了企业并购的行列。1967 年英国通过钢铁公司国有化成立了大英钢铁公司。

德国在第二次世界大战以前，企业并购重组规模较小，一般都是垄断公司并购中小企业，而"战后"，不仅有大垄断公司吞并中小垄断公司，还出现了大垄断之间的相互并购。对于一些本已十分庞大的垄断组织，仅仅吞并中小企业，已不足以改变它们之间的力量对比和竞争地位，因而它们开始酝酿具有战略意义的大型并购交易。在法国，从 1900～1945 年，平均每年被并购企业有 18 家；1950～1960 年，则共发生 843 起，平均每年近 85 家；到了 60 年代，被并购企业高达 1850 家，平均每年有 185 家，相当于"二战"前的 10 倍以上。

后起之秀的资本主义国家日本，在此期间也开始了大规模的企业并购行为，优势企业不断地排挤和并购中小企业，企业倒闭数逐年上升。1955 年，倒闭的企业有 600 家，1965 年高达 6141 家，猛增 10 倍，1968 年则超过 1 万家。

第三次企业并购浪潮的掀起除了企业有无限扩张的动力趋势外，客观上也配合了"二战"后新一轮产业发展对资本规模的要求，并且配合了新一轮产业结构的调整。

第三次并购浪潮中的企业资产重组具有以下特点：

一是混合并购模式。产业发展成为企业并购的主流，被并购企业不限于小企业，横向并购少，而混合并购的数目则大大增加。

二是跨国界并购模式。出现了国与国之间产业发展国际化的趋势，于是有了企业跨越国界的并购活动。

三是品牌并购模式。企业的全球性发展靠品牌效应进行全方位竞争，于是有了企业以品牌跨越国界进行相关领域的并购活动。

据统计，第二次并购浪潮期间，混合并购占全部并购次数的27.6%，而1966~1968年，横向并购占全部并购次数的7.7%，混合并购则高达81.6%。企业并购形式的这种变化不仅仅是反托拉斯法的结果，还由于在这个时期，管理科学得到了迅速发展，计算机在企业中逐渐得到广泛应用，这使得经理人员对大型混合企业的有效管理成为可能。

(4) 第四次并购浪潮（20世纪80年代）的回顾

第四次并购浪潮自20世纪70年代中期开始，特别是进入80年代后，西方市场经济国家又开始了新一轮企业并购浪潮，其中以1985年为最高潮。这次并购浪潮相对稳定，并购数量变化不大。美国1975年并购总数为2297起，1985年为3000多起。并购资产的规模则达到一个新的水平和空前程度。1978年以前，10亿美元以上的特大型企业并购非常罕见。但1979年以后，此类交易开始增长。到1984年已达18起。1985底，通用电器公司以60亿美元买下了美国无线电公司，为当年大企业并购之最。

英国企业并购和美国一样，无论并购规模和速度，都是"二战"前无法比拟的。80年代以来，在欧洲共同体内部，各成员国出于为欧洲统一市场做积极准备而刮起了企业并购和联合之风，其中英国处于主体地位，并购数目及金额都居首位。1988年在欧洲共同体内发生的26起并购中，23起发生在英国，且规模都很大。1989年英国航空公司的并购活动涉及并购金额达数亿美元。

西欧其他国家企业并购的情况与英国大致相同，不过出现了许多私人企业并购国有企业的现象。联邦德国1984年把巴费公司的政府股份从43.7%减少至30%，而大众汽车公司、汉莎航空公司、德国工业装备公司、联合工业企业股份公司等均被私人企业主并购。意大利私营企业主以控股方式取得中南银行24%的股份。这些私人企业主并购国有企业的现象，成为当时西欧并购浪潮的一个特色。

第四次企业并购浪潮中的企业资产重组具有以下特点：

一是 并购规模大，范围广泛。并购对象从上市公司、国内及海外企业延伸到各企业的营业部门或子公司；并购活动从食品、烟草、汽车、化学、医药、石油、钢铁等传统产业跨越到航空、太空、通信等高科技产业。

二是 并购形式多样。在第四次企业并购浪潮中，横向、纵向和混合并购三种形式互补，并购形式趋于多样化，以调整资产存量、优化资源配置、促进生产力发展。

三是 "小鱼吃大鱼"模式。在以往几次并购浪潮中，主要是大企业并购小企业，而这次则出现了大量的小企业并购大企业的现象，即"小鱼吃大鱼"，也称"杠杆并购"。"杠杆并购"是指并购方企业以目标企业的资产和未来收益作为抵押，通过大量的债务融资作为并购资金的来源。如1985年年销售额仅为3亿美元，经营超级市场和杂货店的班特雷·善来得公司，以17.6亿美元价格并购了年销售额高达24亿美元经营药品和化妆品的雷夫隆公司。这种负债式并购在很大程度上得益于金融中介的支持。

四是 金融界为并购筹资提供方便。金融界为并购筹资的主要形式就是"垃圾债券"。杠杆收购中，债务融资手段之一是发行大量债券，这种债券以目标企业的资产作为抵押甚至无资产抵押，因而债券资信低、风险大，但利润高，这种债券又称"垃圾债券"。例如，美国的著名财务并购公司刻尔伯格·克莱维斯·罗伯兹公司（Kohlberg Kravis Roberts & Co. 简称KKR公司），在1988年用杠杆并购方式以246亿美元并购了雷诺·纳比斯科公司，KKR公司共融资220亿美元，其中150亿美元为银行辛迪加贷款，50亿美元为"垃圾债券"。"垃圾债券"于20世纪70年代由马克尔·米尔肯首创。由于这种债券的出现，使得并购者的并购能力大大膨胀，受到大量中、小企业和投机者的青睐。美国第四次并购浪潮在1988年达到全盛，全年并购金额达3500亿美元。现今美国次贷引起的危机也缘于此债券。

(5) 第五次并购浪潮（20 世纪 90 年代末）的回顾

进入 20 世纪 90 年代后，科学技术的迅猛发展，如电子通信技术、互联网技术使社会经济生活发生了前所未有的变革，也使经济全球一体化进程加快，世界市场竞争加剧，各国政府相应放松了对企业并购的管制，因此，并购浪潮汹涌澎湃，西方企业又掀起了一百年来的第五次企业并购浪潮。与前四次并购浪潮相比较，此次并购大战从数量、规模和垄断程度上都创出了历史最高水平。

以欧美国家为例，在 1997 年初至 2010 年底的重大医药并购案如表 3 - 1 所示。

表 3 - 1 1997 年初至 2010 年底欧美重大医药并购案

兼并双方	资本金额（亿美元）	并购时间（年）	所属行业
Zurichvers/BAT	355	1997	医药
威廉/史克必成医药	760	1998	医药
AHP/孟山都	400	1999	医药
法玛西亚公司/汉达药业	320	2000	医药
斯洛文尼亚/赛诺菲	260	2001	医药
辉瑞公司/惠氏制药	626	2002	医药
诺华公司/查尔斯河	616	2003	医药
拜耳公司/宝洁公司	480	2006	医药
罗氏药品/泰克公司	450	2007	医药
雅培制药/苏威制药	411	2008	医药
那逊药业默克/先灵葆雅	360	2009	医药
葛兰素史克/史克	603	2010	医药

这次并购对制药业产生了巨大的影响并在这个行业形成了规模空前的跨国公司。如：美国辉瑞公司购并法玛西亚公司，诺华公司收购了斯洛文尼亚的 LEK，赛诺菲 - 希乐宝公司收购了安万特公司，美国辉瑞收购了 Esperion 和澳大利亚的 CSL 动物保健品公司，TEVA 公司收购了 Sicor，德国拜耳公司收购了瑞士罗氏大众药品部，瑞士诺华公司收购了

加拿大的Sabex和丹麦的Durascan，诺华公司收购了德国赫素公司，辉瑞公司与Warner-Lambert的成功兼并使辉瑞公司迅速跃升为全球制药企业的先锋力量。类似的，日本山之内（Yamanouchi）公司与藤泽制药公司（Fujisawa）的兼并，产生了日本第二大制药集团stellas公司。

第五次并购浪潮中的企业资产重组具有以下特点：

一是　强强联合模式。此次并购重组浪潮中惊世的并购消息不时传出，上千亿美元的并购时有发生，超百亿美元的并购案比比皆是，而且并购基本上都是各行业"巨型航母"之间的整合。1997~1998年间世界十大并购案金额最高一单为埃克森并购美孚，并购金额达860亿美元。而2000年伊始便出现了美国在线以1550亿美元收购时代华纳和沃达丰以1850亿美元收购曼内斯曼这样如此巨额的并购。

二是　新兴产业与传统行业融合模式。所有的行业都正在经历并购的洗礼。并购主要集中在电信、金融、汽车、制药、传媒及互联网行业，新兴产业与传统行业的并购的融合也是本轮并购的亮点之一。随着知识经济的发展，传统产业开始积极向新兴产业进军，以实现企业生产经营转型。而新兴产业同样需要传统行业作为依托，二者的兼并、融合也成为必然。

三是　并购方式更新模式。在20世纪80年的并购中，盛行以融资方式并购被并购企业。而在第五次并购浪潮中，敌意收购明显减少，很多企业都是双方自愿组合，强强合作。在支付方式上也改变了前四次并购浪潮中大量发行债券的形式，以股票交换和自筹资金居多。合作使得并购成本大大降低，缩短了并购企业的整合期，为并购企业的后续运营打下了良好的基础。

四是　跨越国界模式。美国与欧洲之间、欧洲内部，美欧联手拉美、亚洲内部，并购已经成为世界性的潮流。但并购仍主要发生在发达国家之间，同时成为发达国家之间乃至世界范围内直接投资的主导形式。1995~1999年发达国家不论作为跨国并购的母国还是东道国，其并购额均接近或超过了全球并购总额的90%，同时，并购作为国际直接投资（FDI）的主导方式，1999年全球跨国并购总值与FDI总流量的比例达到了4∶5，其中，发达国家这一比例超过了90%。

五是　融资方式创新模式跨国银行的迅速成长（这种成长本身也是在很大程度上靠并购实现的）以及相关融资规则的变动，不仅满足了跨国并购的巨额资金需求，而且还不断创造出新的融资方式，降低了并购风险。

3.3　国内企业资产重组的演变

我国企业间的资产重组从萌芽到发展，历经沧桑。由于种种原因，这一战略在我国企业的现代化发展道路中才逐步显现出强大的力量。

（1）新中国成立前企业资产重组的模式

第一次世界大战期间，中国的民族工业得到了较快的发展，但由于市场条件的恶劣和外国资本的压迫，民族工业举步维艰，为了在竞争中生存，走上了兼并之路。如荣宗敬兄弟于1915年创办了上海中新纱厂，1923年购入了上海德大纱厂，1924年租入常州纱厂，1927年以控股方式控制了上海恒大隆记纱厂，1929年又收购了英商东方纱厂，1931年收购了上海厚生纱厂和三新纱厂。通过这一系列并购重组活动，荣氏兄弟增强了实力，提高了企业地位，此后在同外国企业的竞争中，取得了绝对的优势。同时，荣氏兄弟还通过并购涉足其他行业，分散经营风险，收购了三家面粉厂，加大了对中国银行业和上海商业储蓄银行的投资，如上海商业储蓄银行的资本总额为100万元，其中荣氏兄弟占45万元，成为该银行的第一大股东。1931年，中华、鸿生、裕生、荣昌四家火柴企业合并成为大中华火柴公司，并继续进行并购重组活动，于1934年收购杭州光华火柴厂，资本总额由191万元增至365万元，年产火柴15万箱，占华中地区全部火柴市场的一半，成为当时全国最大的一家火柴公司。1936年中汇银行控股浙江商业储蓄银行，1937年国华银行控股太平银行；四川商业银行、川庚置业商业银行、重庆平民银行三家合并成川庚平民商业银行；广东实业银行、丝业银行合并成广东省银行，银行业内部相互持股日益增多。而在国民政府地位确定以后，官僚资本开始登上并购重组舞台。1935年6月，正值上海金融危机四起之时，南京政府以加入官股的形式，控制了中国通商银行、中国实业银行、四明商业储蓄银行以及新华信托银行。此外，官僚资本还控制了号称"北四行"的金城、大陆、中南、盐业四家银行和称为"南三行"的上海商业储蓄银行、浙江兴业银行等。

新中国成立前，中国工商业和金融业的企业并购重组，基本上是由经济原因引起的，对当时的经济发展起到了积极的促进作用，代表了并购主体的经济利益。但由于当时中国民族资本很不发达，并购重组的目的和形式比较单一，企业并购重组一半采取直接购买的形式，目的也只限于扩大经营规模。而且由于当时金融市场发育不健全，通过证券市场以协议并购和公开并购的方式进行的并购重组活动也较少。

(2) 改革前企业资产重组的模式

改革前的企业并购重组是指1949年新中国成立到党的十一届三中全会启动经济体制改革之前，从大的方面来看，这一时期又可以分为两个阶段：第一阶段是1949年10月到1956年，这是我国从旧的半殖民地半封建的经济形态向社会主义经济形态过渡的时期；第二阶段是从1957年到1978年，这是我国实行高度计划经济时期。这两个阶段的企业资产重组，相应地表现出不同的特点：前一阶段企业资产重组的主要内容，是对工商企业的社会主义改造；而后一阶段在高度计划的经济体制下，企业资产重组主要表现为对工商企业的关、停、并、转。在1949~1952年的国民经济恢复时期，实行公私合营，1952年底，公私合营的企业达1000家，产值约占全国工商总产值的5%。1954年，公私合营企业达1746户，产值占到全部私营和公私合营企业的33%。大企业和有关国计民生的重要企业如上海的大中华橡胶厂、大隆机器厂、安达纱厂、三友实业、正泰橡胶等都实行了公私合营。总的来说，过渡时期国家对私有工商企业，通过公私合营实现了事实上的兼并和控制。

1958年，由于重工业在"大跃进"中的过度膨胀，造成了经济比例关系的严重失调。调整工业内部结构的一个主要方面就是缩短工业战线，压缩过大的工业生产规模。据统计，1962年企业关、停、并、转比例最高的是冶金、水泥、化工和机械工业。在这些行业中的企业数量分别减少了70.5%、50.7%、42.2%和31.6%。

改革前的企业资产重组的一个显著特点是政府指令性。在高度集中的计划经济体制下，企业是政府的附属机构，没有生产自主权，更谈不上有市场，企业的资产重组是采取政府指令下的划拨方式进行的。其中的"重组"是针对那些生产能力没有充分运用的、原材料供应不上的、计划任务不足的企业进行合并，这种合并通常是一种行政性合并，不能算是真正的重组，企业的产权归国家所有，不存在现代市场经济意义上的企业资产重组。

(3) 改革后企业资产重组的模式

1978年以后，随着一些理论问题研究特别是企业所有权与经营权相分离理论的突破，通过企业产权转让即通过企业并购重组来促进国有企业经营机制转换、合理配置社会资源的做法，越来越受到人们的广泛重视。从1978年至今，我国企业资产重组的时间性界限虽然难以严格划分清楚，但大致可分为三个阶段。

第一，起步阶段（1984～1991年）。

1984～1991年，是我国企业并购重组的起步阶段。这期间人们还在谨慎而又试探性地向前探索。

1984年7月5日，在保定市政府的参与下，保定纺织机械厂以"资产无偿转让、债务全部承担"的方式并购了保定市针织器材厂和保定市风机厂，开创了我国国有企业间并购的先河。同年9月，保定市钢窗厂又以出资110万元的形式，购买了保定市煤灰砖厂的产权，这是我国集体企业并购重组国有企业的最早记录。同年12月，武汉市牛奶公司出资12万元购买了汉口体育餐馆的产权，这是国有企业有偿并购重组集体企业的较早案例。

1984年仅限见于保定、武汉等少数城市的上述现象，到1987年有了进一步发展。保定市和武汉市各有20多家企业实行了不同形式的产权有偿转让，从而形成了中国企业并购重组的最初两种模式："保定模式"和"武汉模式"，这两种模式对中国企业资产重组及以后的发展产生了深远的影响。此后，在其他城市如北京、沈阳、重庆、郑州、南京、无锡、成都、深圳、洛阳等地也相继有一批企业进行了并购重组。从1988年起，我国企业资产重组活动逐步由少数城市向全国推进，形成了第一次并购重组浪潮。

1987年以来，党和国家出台了下列鼓励企业企业资产重组的政策法规，如党的十三大报告明确小型国有企业产权可以有偿转让给集体或个人；1988年3月，七届人大一次会议明确把"鼓励企业承包企业，企业租赁企业"和"实行企业产权有条件的有偿转让"作为深化改革的重要措施；1989年2月19日，国家体改委、国家计委、财政部和国家国有资产管理局联合颁布《关于企业兼并的暂行办法》等。这些促成了第一次并购重组浪潮的形成。据有关部门统计，80年代全国25个省、市、自治区和13个计划单列市共有6226家企业兼并了6966家企业，共转移资产82.25亿元，减少亏损企业4095户，减少亏损金额5.25亿元。其中仅1989年一年，就有2315家企业并购了2559家企业，共转移资产20亿元，减少亏损企业1204家，减少亏损金额1.3亿元。

1989年下半年开始，由于国家采取紧缩型宏观经济调控政策，企业资金短缺，整个国民经济进入了全面的治理整顿阶段，企业资产重组的势头也因此有所减缓。此后的一段时期，由于随着治理整顿的展开，亏损企业增加，政府加大了在产权转让中的作用，一些地区出现了同地区、同部门内部无偿划转方式的强制性企业合并重组。

我国这个时期的企业资产重组有如下特点：

①数量少、规模小，企业并购重组行为仅限于全国少数城市的少数企业。

②交易的自发性与政府的引导并存。"保定模式"就是自上而下由政府引导和牵线搭桥，促成并购重组。

③并购重组的形式主要是承担债务式或出资购买式。

④企业并购重组的主要目的不是向外扩张、投资，而是为了卸掉财政包袱、减少企业亏损，有的地方企业资产重组还出现了"拉郎配"现象。

这一时期我国企业资产重组状况，可以用"摸着石头过河"来概括，因为从几个方面来看，它都显示出在探索中前进、发展的特色。

第二，逐步完善发展阶段（1992~2000年）

从邓小平1992年南方视察谈话到党的十四届三中全会《中共中央关于建立社会主义市场经济体制若干问题的决定》，基本勾画出了我国改革与发展的目标和框架。随着现代企业制度改革的深入，产权制度改革成为企业改革与发展的重头戏，而产权改革中的重要组成部分——产权市场，即企业并购市场，获得了前所未有的发展。这一阶段，伴随着产权市场和股票市场的发育，我国企业资产重组形式更加丰富，出现了上市公司、外商并购国有企业以及其他非国有企业的跨国并购现象。

但是，这一时期企业资产重组迅猛发展的同时也出现了两种倾向，一种倾向是企业交易由拆细交易向证券化交易发展的倾向，如把酒店拆细成一间一间的客房，把工厂拆细成一个一个产权单位，然后在产权交易中进行炒作，试图通过这种炒作，在上海和深圳之外把当地的产权交易机构办成第三个、第四个证券交易所，这种做法严重扰乱了国家金融秩序。另一种倾向是企业交易运作不规范，在执行产业决策、被并购方和并购方主体的资质审查、资质评估和作价、企业职工的安置、债权债务的处理、被并购企业收入的归属和使用等方面存在着混乱现象，如不及时加以规范，就有可能导致国有资产的流失。因此，国务院办公厅1994年4月22日以发文方式禁止国有企业产权的非法交易，暂停各地新建的产权市场，并要求立即加强对国有资产产权交易的管理，此次刹住了各地一哄而起的企业并购重组之风。政府的干预，为正在不断升温的企业并购重组下了一剂退烧药，各地的产权市场开始进入调整、处理的阶段。

1995年是我国企业资产重组进行阶段性调整并寻求突破的一年，理论界在对我国前几年企业并购的孕育和发展的总结和反思中见仁见智，对于理解和把握我国企业资产重组的现状与走向都是有一定价值的。如将我国企业并购类型归纳为：国有企业之间交易的"保定模式"（地方政府推动）、"武汉模式"（地方银行推动）及北京的"退二进三模式"（处于第二产业或二环路之内的企业退出第二产业或二环路，进入第三产业）等。

1995年，对我国企业资产重组而言，最大的进展在于反思中统一思想，坚定了方向。贯穿全年的国企改革的主题从年初的"建立现代企业制度"变为年底的"抓大放小"方针，即重点抓好一大批大型国有企业，放活其他中小型企业。不难体会到，在这一过程中，我国的企业并购和产权市场也必将逐渐实现自身的定位，经过10多年的孕育、成长，我国企业资产重组已经基本成形，并且正沿着一条独特的道路前进。1995年，我国企业并购交易具备了一定的规模，形成了几种有代表性的企业并购重组类型和方式，为我国企业改革开创了一条高效率的捷径。据统计，1993年上海、武汉、成都等16个城市有2900多家企业被并购重组，转移存量资产60多亿元，重新安置职工40多万人。1996年1~9月，56个试点城市并购重组企业517家，被并购重组的企业资产总额达198.7亿元，涉及职工28.7万人。1997~1999年三年间，上市公司并购重组数量累计为187家，上市公司并购重组的交易规模也进一步提高。同时，外商和中国香港、澳门、台湾企业大量收购国有企业，推动了我国第二次企业并购重组的浪潮。

这一时期的中国医药产业从无到有，特别是经过多年高速发展，已具备了相当大的规模与实力，成了世界医药市场上举足轻重的医药大国，特别是原料药的生产。但长期以来重原料轻制剂、重仿制轻创新，以及管理混乱、政出多头而造成的盲目发展等结构性弊端已对中国医药产业的发展产生了很大的制约。1998年共有40多家非医药上市公司涉足医药领域，其中有3/4与生物制药有关。医药企业的申请开办有其特殊性，政府对其有严格的限制。因此，一家三证齐全的医药企业，即使经营状况一般，但相对其他行业来讲，也具有较高的含金量。另一方面，中国医药"多、小、散、乱、低"的问题比较突出，为了提高国有医药经济的质量与效益，减少工商企业数量，扩大医药产业的相对集中度，政府在重点抓好医药工业50强、股票上市公司和已形成的大型企业集团的基础上，在法规及行业政策允许的条件下，1998年国家开始鼓励跨地区、跨行业、跨所有制的兼并。如云南白药通过收购大理和文山制药厂，实行云南白药的三统一，使企业赢得了很好的生存空间。这一时期的丽珠集团股权争夺战无疑拉开了国内医药企业并购重组的序幕，并集中展现了这一阶段医药行业资产重组的特征。

从2000年开始，中国医药行业改革的步伐明显加快，推出了一系列的改革措施，包括国家医药产业政策，药品降价与招标采购，医疗制度改革，国家基本药物和基本医疗保险目录的推行，药品分类管理制度，医疗保险制度改革，强制推行GMP认证等。所有这些政策的出台，使得医药市场竞争更加激烈，行业平均利润率更低，使得一些医药企业面临"关、停、并、转"，这一系列政策措施有力推动了医药行业的战略并购。

从我国企业资产重组发展的历程中可以看到，这一阶段企业资产重组呈现出以下几个特点。

一是　产权交易市场在企业资产重组中发挥了重要的作用。据有关部门统计，1994年6月，全国共有各种产权交易机构174家，其中省级14家，地市级104家，县级56家，企业可以通过这些产权交易市场，进行以实物形态为基本特征的财产权益的全部或部分交易。

二是　上市公司资产重组兴起并逐渐成为热点。进入20世纪90年代，随着中国企业股份制改革的推进和证券市场的逐步发展，出现了利用证券市场进行企业并购重组的案例。1993年9月，"宝延风波"拉开了中国证券市场收购与反收购的序幕,宝安集团在上海证券交易所通过购买股票方式,收购了上海延中实业公司16%的上市流通股票,从而控制了该公司。"宝延风波"之后,又相继发生了深圳万科集团试图控股上海申华实业,深圳无极股份有限公司试图控股上海飞乐音响公司,珠海恒通置业控股收购上海棱光实业,中国光大国际信托投资公司收购广西玉柴实业,以及一汽集团收购沈阳金杯汽车股份有限公司等事件。从这些案例中可以看出,上市公司并购重组活动已呈现出强大的生命力,并且将会成为企业产权交易的重要形式之一。

三是 企业资产重组的"强强合并"开始出现。如1997年一年内兼并破产的国有企业就有近3000家,涉及资金总额4155亿元,这在我国改革开放以来的经济发展史上是创纪录的。新中国成立以来最大的强强联合之一,南京企业"五鹤齐飞"和山东企业"三碟连放"都发生在这一年。

四是 外资并购重组来势凶猛。20世纪80年代的企业并购主体基本上是产权单一的国有企业,然而进入90年代,伴随着公司产权的确立,一些国外资本和中国香港、澳门、台湾资本开始进入中国内地的产权市场,最引人注目的是所谓"中策现象"。在1992~1993年短短的两年时间内,香港中策公司在内地接连收购了百家国有企业,并成批改组成立了35家由中策控股的合资公司,之后又有其中两家企业在美国注册成立一家由中策全资控股的公司,并于1993年7月在纽约上市,获利9400万美元。

五是 跨国并购重组开始出现。中国企业资产重组开始与国际市场接轨,一批有实力的国有企业开始到国外并购重组来实现跨国经营,如1992年武汉医药公司为实现企业长远目标收购了泰国药厂,1998年美国雅来制药收购广州佛山宝康顺药业等。跨国经营作为一种较高形式的经营方式,占据着不可忽视的地位。埃及的32%、阿根廷的50%、印度的70%、巴西的78%、厄瓜多尔的90%以至许多非洲国家的100%的市场份额都被跨国医药公司所占领。跨国医药公司经过多年的激烈竞争和疯狂购并，已经形成了少数跨国医药公司统治着国际医药市场的局面。前100家世界性的医药企业供应着全世界的80%药品。而且全世界近90%的药物生产是来自发达国家，美国30%，日本24%，德国13%，法国9%，英国6.4%，瑞典4%。可见，医药企业通过跨国经营，可以实现规模经济，降低成本费用，实现利润最大化，从而提高其竞争力，占据更大的市场份额。

中国医药企业虽然数量多，但与世界大型医药企业相比，无论在规模、技术与产品、效益及管理等方面均有较大差距，很难参与国际市场竞争，同时在国内市场也面临着激烈的竞争和较大的挑战。提高国内医药企业的竞争力、加快医药企业的发展在现今的WTO环境下显得十分重要。因此，调整国内医药产业结构，实施企业并购是国内医药企业迎接挑战、寻求生存及发展的需要，是医药业的大势所趋，也是客观经济规律的要求。并购重组是中国医药企业发展的必然。

第三，同国际接轨阶段（2001年至今）

中国加入WTO成为这一阶段的标志性事件。加入WTO后，逐步放宽资本进入中国市场的限制，国际资本与国内资本的融合已是必然趋势，外资参与企业资产重组将会有更大的空间。2002年10月8日，中国证监会颁布了《上市公司收购管理办法》，标志着以充分信息披露为基础、保障投资者权益及规范、促进上市公司收购的法律框架基本形成。2002年11月1日，中国证监会、财政部和国家经贸委联合发布《关于向外商转让上市公司国有股和法人股有关问题的通知》，允许向外商转让上市公司国有股和法人股。这一举措，不仅为外资进入我国资本市场开辟了新领域和新途径，在推进资本市场对外开放、改善上市公司治理、提升上市公司国际竞争力、激活资本市场活力等方面也将发挥长远的作用。

2005年全面推开的上市公司股份分置改革成为推动我国并购重组市场发展的又一重要力量。股权分置改革解决了交易产品单一、金融手段有限、金融安排比较困难等问题。同时继股改之后，2006年1月1日实施了修改后的《公司法》和《证券法》，在很多根本性制度上做了改动，比如公司资本制度的修改，《证券法》对强制全面要约制度的修改等，这都为市场并购重组的发展创新提供了基本的法律保障。

从2001年至2010年底的十年中，中国医药企业并购的数量持续上升（表3-2），2010年在亚洲国家的企业并购重组交易数量上，中国内地医药企业并购重组数量是1476家，居亚洲第一位。中国医药企业资产重组开始成为全球关注的一个热点。

2010年，我国外资、合资医药企业数量约占我国医药企业总数的30.0%，销售额约占整个医药销售额的26.5%，2010年我国实际利用外资金额19.11亿美元，同比增长33.7%。2010年以来，外企在华掀起了一轮投资和并购的小高潮，先是赛诺菲—安万特宣布以5.026亿美元收购了美华太阳石公司的全部股份，然后是瑞士奈科明斥资2.10亿美元收购广东天普生化医药公司51.34%股权。除了并购之外，外企还纷纷将研发基地放在中国，例如，礼来在11月份宣布投资1.00亿美元用以扩建北京研发中心、诺和诺德宣布在北京建立糖尿病研发中心等。外企巨头的加速进入，在带来先进技术和产品的同时，也将与国内医药制造企业争夺医疗资源。具有渠道垄断优势的商业企业，其渠道的稀缺性将更加明显，估值有望提升。外企大规模的并购和投资必然将加速国内医疗产业的整合进程。

中国经济30年的增长产业链条与全球经济同步接轨。中国经济增长带动了包括美国、欧洲和日本的贸易、就业和经济复苏，更推动了越来越多的贸易伙伴宣布承认中国的市场经济地位。卧虎藏龙的全球公司逐渐扩大在中国的并购重组，而中国企业也在寻找海外的资产并购重组机会。

医药行业的另一个显著特征就是新药的研究与开发是其发展的核心。制药企业的生存和发展，在很大程度上取决于企业能否持续开发出新药，这样企业才能在新药的专利保护期内，获取较多的利润以弥补研发的开支。医药研发的特点是周期长和投入大，显然，高昂的研发投入和巨大的研发风险是众多的中小型制药企业难以承担。这样，并购就成了国际范围内制药企业常采用的手段。并购不仅扩大企业规模，增强新产品开发能力，避免重复生产与开发，合理调整产品结构，还能增强跨国市场经营网络，增强国际市场竞争力。

表3-2　2006~2010年中国医药并购市场总体统计

年度	案例数	案例数（金）	并购总额（US$M）	平均并购金额（US$M）
2006	6	6	463.56	92.52
2007	18	15	607.93	493.94
2008	17	13	296.21	308.53
2009	10	8	166.93	192.90
2010	41	36	728.31	20.23

说明：案例数（金）：指披露金额的案例数；

并购总额：指披露金额的所有并购案例的交易金额总和；

平均并购金额：指披露金额并购案例的平均金额；下同。

资料来源：清科研究中心 2011.01　　　　www.zero2ipo.com.cn

医药行业在成熟市场的行业集中度很高。在世界范围内，前100家全球医药企业供应着全世界80.0%的药品。并且，全世界近90.0%的药物生产是来自发达国家：美国占30.0%，日本24.0%，德国13.0%，法国9.0%，英国6.4%，瑞典4.0%。全球前十强的制药企业已经占有国际药品市场份额的50.0%，而中国医药工业前十强只占有国内市场的25.0%，相对而言，中国医药市场的集中度严重偏低，束缚了整个医药产业的发展，调整医药产业结构及产业特征已迫在眉睫。而并购重组是加快产业集中进程的有效手段。只有通过大刀阔斧的结构性调整和整体产业化的升级，通过并购重组优胜劣汰等方式进行产业链的整合，才能解决产业集中度偏低的问题，推动行业的快速发展。如图3-2所示。

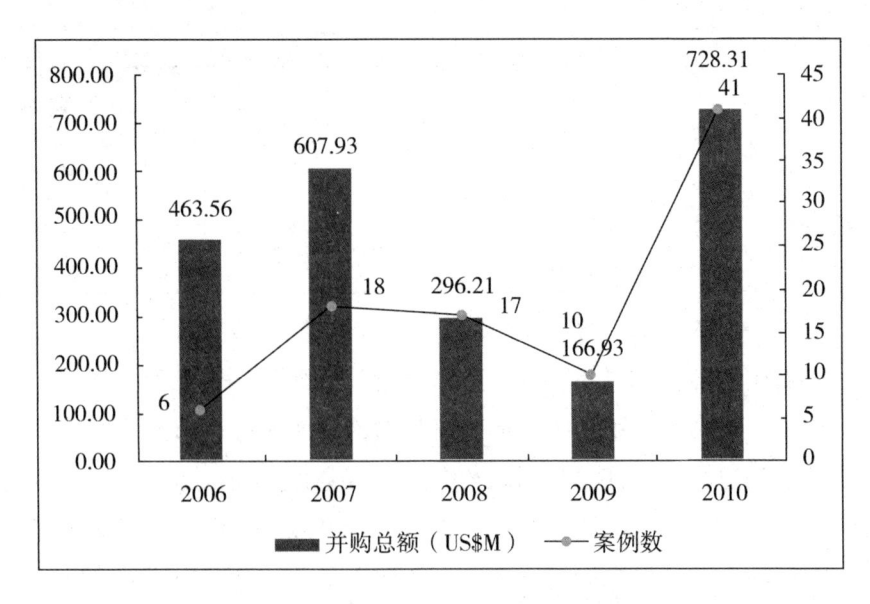

图 3-2 2006~2010 年中国医药并购市场

医药需求的世界性和医药经营的跨国性是医药行业的又一特征。医药产品是国际贸易最广泛的产品之一，使少数发达国家和部分发展中国家在全球医药市场上实现了跨国经营。根据南方医药经济研究所的数据显示，埃及的 32.0%、阿根廷的 50.0%、印度的 70.0%、巴西的 78.0%、厄瓜多尔的 90.0% 以至许多非洲国家的 100.0% 的市场份额都被跨国医药公司所占领。跨国医药公司经过多年的激烈竞争和疯狂购并，已经形成了少数跨国医药公司统治着国际医药市场的局面。医药企业通过跨国经营，可以实现规模经济，降低成本费用，实现利润最大化，从而提高其竞争力，占据更大的市场份额。如表 3-3 所示。

表 3-3 2010 年中国医药并购市场并购类型统计

并购类型	案例数	比例	案例数（金）	并购总额（US$M）	比例	平均并购金额（US$M）
国内并购	34	82.9%	30	290.24	39.9%	9.67
海外并购	2	4.9%	2	70.00	9.6%	35.00

续表

并购类型	案例数	比例	案例数（金）	并购总额（US＄M）	比例	平均并购金额（US＄M）
外资并购	5	12.2%	4	368.07	50.5%	92.02
合计	41	100.0%	36	728.31	100.0%	20.23

资料来源：清科研究中心，2011年1月。

随着中国药企的日益壮大，有市场价值的药品和企业的涌现，中国这个极富吸引力的大市场必然成为世界医药巨头争夺的目标。目前外企在华并购加速增长，许多跨国制药企业已经直接或间接通过独资、合资等方式，进入了我国医药市场，相当一部分已经在国内站稳脚跟，正稳步扩大市场份额。根据清科研究中心的数据显示，从2006年到2010年的五年间，医药行业外资并购共发生10起，交易金额达7.55亿美元。随着跨国制药企业在国内市场的扩张，我国制药企业将面临着巨大的竞争压力。与跨国制药巨头相比，我国制药企业在资本实力、销售收入上相距太远，巨大的差距与激烈的市场竞争迫使企业的快速兼并，寻求并购的渠道。中国医药集团无论是联合抵抗还是加盟世界制药巨头提升层次，都会带来国内医药行业格局的变化。

国内著名研究机构清科研究中心报告显示，2006~2010年，中国医药并购市场共完成92起案例，其中披露具体金额的并购案例共有78起，并购总额为22.63亿美元。2006年医药行业并购规模较小，仅发生了6起案例，并购总额为4.64亿美元。2007年以来，医药并购市场维持在较高的水平，2007年全年完成18起案例，并购总额高达6.08亿美元。2008年和2009年在金融危机的冲击下，医药行业的并购放缓了步伐，并购案例数和金额都有所下降，分别发生了17起和10起案例，披露金额的案例涉及金额分别为2.96亿美元和1.67亿美元。2010年中国医药并购市场共完成41起并购交易，同比增长高达310.0%；披露金额的36起并购案例涉及金额7.28亿美元，同比增长达336.3%，不论并购案例数量还是并购金额都创造了新的历史纪录。

表 3-4　2006~2010 年中国医药并购市场 VC/PE 相关并购趋势

年度	案例数	案例数（金）	并购总额（US $ M）	平均并购金额（US $ M）
2006	0	0	—	—
2007	1	1	1.78	1.78
2008	1	1	58.57	58.57
2009	3	3	114.63	38.21
2010	6	6	297.35	49.56

资料来源：清科研究中心，2011 年 1 月。

在清科研究中心研究范围内，2006~2010 年，中国医药并购市场共完成 11 起 VC/PE 相关的并购案例（表 3-4），其中披露具体金额的并购案例共有 11 起，并购总额为 4.72 亿美元。2006 年医药行业整体并购规模较小，未发生与 VC/PE 相关的并购案例。2007 年和 2008 年分别发生 1 起，并购总额分别为 178.09 万美元和 5857.00 万美元。2009 年以来，医药并购市场 VC/PE 相关的并购维持在较高的水平，2009 年全年完成 3 起案例，并购总额高达 1.15 亿美元。2010 年 VC/PE 相关并购更是突破了历史新高，共完成 6 起案例，披露价格的并购有 6 起，并购总金额为 2.97 亿美元，平均并购金额为 4955.86 万美元。与去年同期相比，2010 年并购案例数增加 3 起，同比增加 100.0%；并购金额增加 159.4%。如图 3-3 所示。

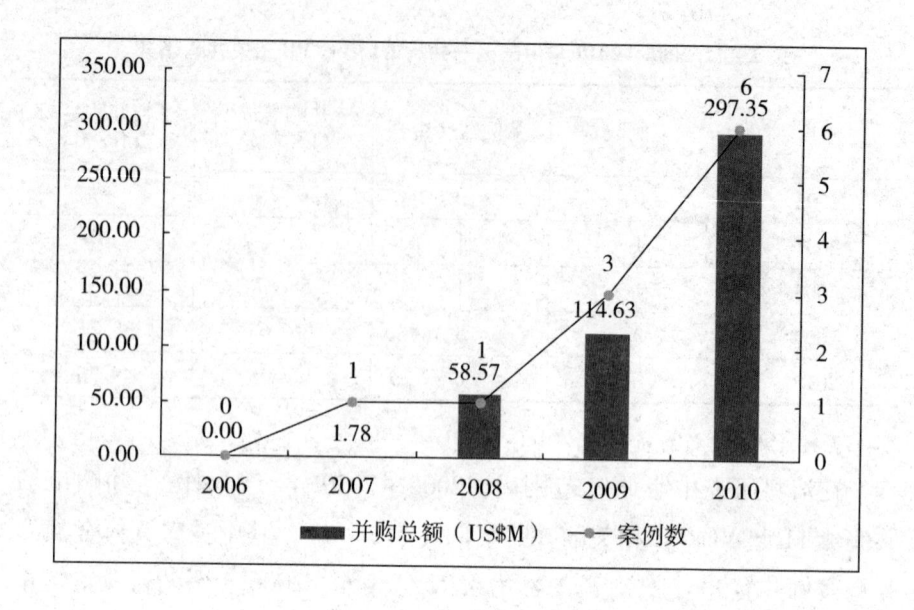

图 3-3　2006~2010 年中国医药并购市场走势

资料来源：清科研究中心，2011 年 1 月

这一阶段企业并购重组浪潮的特点主要有以下五点。

一是跨国并购走向深入，单项并购交易规模不断扩大。

随着我国加入 WTO，汇率制度改革、股权分置改革的顺利进行，为跨国并购重组提供了越来越好的平台。越来越多的跨国公司参与到中国的并购重组浪潮之中，而同时，中国的企业也开始在海外并购重组市场大展拳脚。

2001 年以来，我国企业掀起了海外并购浪潮，海外并购在中国不断深入。尤其是医药行业从 2004 年开始，中信资本投资有限公司和美国华平投资集团出资 20.35 亿元对哈药集团进行增资扩股；荷兰帝斯曼公司参股华北制药；2005 年美国雅来制药收购广州佛山宝康顺药业；2007 年日本山井制药收购大连药厂；2008 年英国制药巨头葛兰素史克（GlaxoSmithKline）也分别收购国内药企；汇丰银行集团以 17 亿美元收购交通银行 19.9% 的股权；2009 年法国制药商赛诺菲—安万特宣布，以 5.206 亿美元（约合 34.73 亿元人民币）收购中国药品生产商兼分销商美华太阳石集团公司，这是外资医药巨头对中国本土 OTC（非处方药）药企有史以来规模最大的一笔并购案；2010年瑞士医药公司奈科明以2.1亿美元的价格收购中国民营生物制药公司广州天普的控股权，同时宣布，与杭州民生药业有限公司成立的合资公司杭州赛诺菲民生健康药业有限公司；这些跨国并购不仅规模巨大，而且对我国医药产业的影响都是巨大的。

二是生物制药领域备受并购重组青睐。

生物制药行业是一个高盈利高增长的行业。2009年中国生物医药产业规模达到850.00亿元，同比增长24.6%。并且随着越来越多的生物药品进入医保目录，以及国家加快创新药品研发的步伐，可以预计未来生物制药业的工业总产值将持续上涨。

目前国家努力通过加大投入来壮大整个生物制药行业的研发和创新能力从而推动生物产业的发展。在"十三五"规划中，我国将进一步

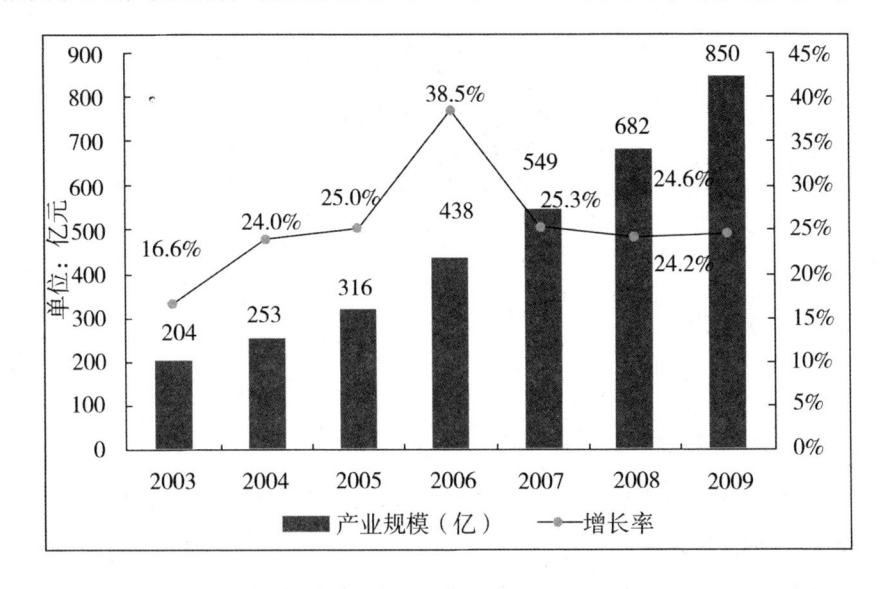

图3-4　2003~2009年中国生物医药产业走势

来源：赛迪顾问，清科研究中心整理，2011年1月。

推动具有自主知识产权的生物技术产业化，促进生物产业集群化和国际化发展。生物制药安全制造标准不断提高，监管力度也逐步加大，这必

将导致整个行业的政策性洗牌加速,行业的集中程度逐渐提高。随着生物制药领域在全世界的蓬勃发展,使越来越多的跨国制药公司将目光和精力投入到了这个领域,并开始进一步发掘中国生物制药市场的巨大潜力。如图3-4所示。

生物制药新产品的研究和开发需要投入大量的资金,新产品的开发存在较大的不确定因素,但是一个成功的产品往往能给投资者带来巨额的利润。生物制药企业在创业阶段以创业投资资本为主,随着企业的发展成熟,普通权益性资本开始增加,达到生产销售的规模经济以后,开始吸收债务性资金如企业债券和银行贷款。如图3-5所示。

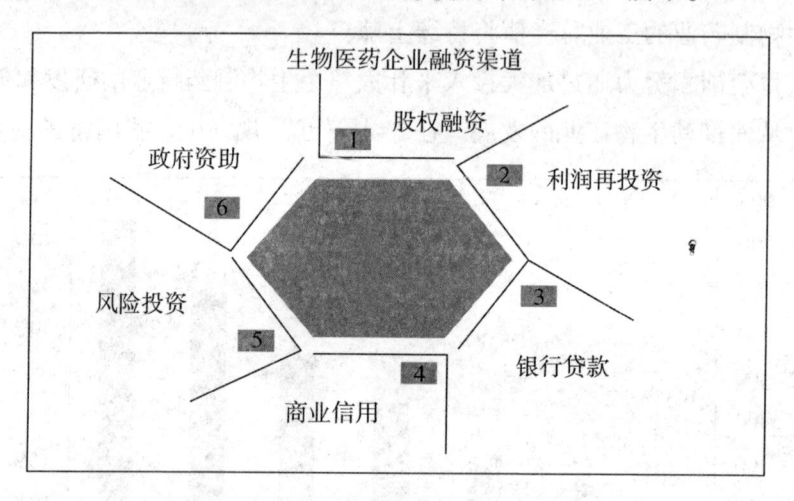

图3-5 中国生物医药企业融资状况

来源:清科研究中心,2011年1月。

针对生物制药高投入、高风险、高科技、开发时间长的特点,通过收购可以节约开发投入、降低投资风险、利用现成的科技人员和设备、缩短投资回收期,经过兼并收购,收购者可以利用被收购企业的市场地位,如现成的行销网络,及其与当地客户及供应商多年以来建立的信用,使企业能马上在当地市场占有一席之地。

三是医药流通进一步提高集中度,并购重组加速。

近年来,大型医药流通企业受惠于行业并购重组,市场份额已呈现上升趋势，市场集中度也在不断提升。根据中国医药商业协会的统计资料，2003～2008年，我国三大医药流通企业，中国医药集团总公司、上海市医药有限公司和九州通医药集团股份有限公司的合并市场份额由12.7%增至20.0%；前十大医药流通企业的总市场份额由26.1%增至34.6%，行业集中度已大幅提升。我国超过50.00亿的企业个数也由6个增至11个；超过20.00亿的企业个数由17个增至42个，行业规模化也在逐步形成。如表3-5所示。

表3-5 2008年全国医药流通企业前十强

排名	企业名称	销售额（亿元）	市场份额
1	中国医药集团总公司	529.68	11.27%
2	上海市医药股份有限公司	223.65	4.76%
3	九州通集团有限公司	190.41	4.05%
4	南京医药股份有限公司	147.8	3.15%
5	广州医药有限公司	126.28	2.69%
6	安徽华源医药股份有限公司	121.55	2.59%
7	北京医药股份有限公司	80.81	1.72%
8	重庆医药股份有限公司	79.03	1.68%
9	重庆桐君阁股份有限公司	71.24	1.52%
10	四川科伦医药贸易有限公司	55.2	1.17%

资料来源：渤海证券研究所，2011年1月。

对比发达国家情况，其药品流通市场已比较成熟，批发环节的集中度高，"规模化、集约化"特征比较明显。美国药品销售额占世界药品市场的份额40.0%以上，但药品批发商总共只有75家，排在前三位的高达96.0%；欧盟排在前三位的药品分销企业，其市场占有率为65.0%；法国8家药品批发企业中，排在前三位的市场份额高达95.0%；德国仅保留了10个大型药品批发商，排在前三位的市场份额达60.0%～70.0%；而像丹麦、挪威、瑞典等小国，全国只剩下2～3家医药批发企业，集中度很高；日本药品销售额占世界药品市场的

12.0%，仅有147家药品分销企业，排在前三位的为74.0%。由于药品市场的集中度相当高，这些发达国家不仅可以对药品市场进行非常有效的监管，而且有效降低了监管成本。发达国家医药市场发展的历史告诉我们，我国医药商业领域的集中度仍有巨大提升空间，在未来一段时间，行业集中度将有一个加速形成期，医药商业企业的未来竞争的大格局是集中度将大幅提高。如图3-6所示。

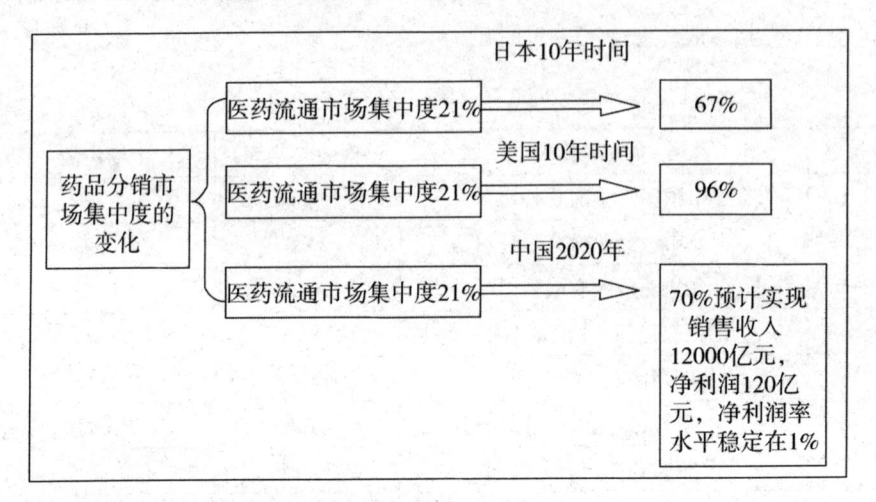

图3-6　中美日三国药品分销市场状况对比

来源：南方所，清科研究中心，2011年1月。

四是医药外包领域的并购重组迅速崛起。

医药外包（简称CRO，Contract Research Organization，合同研究组织）始于欧美，指大型制药企业将一些非核心的研发环节外包，在提高效率的同时，节省30.0%～50.0%的成本。专业的医药研发外包机构由此应运而生，并逐渐形成可观的市场规模。2009年，世界领先的医药研发外包公司如昆泰（QUINTILES，Nasdaq：QTRN）、科文斯（COVANCE，NYSE：CVD）、PPD（Nasdaq：PPDI）等，各自的年营收均超过10.00亿美元。中国的CRO行业则相对年轻，若以2000年药明康德成立为行业元年，则本土CRO企业至今不过10年历史。在国际CRO企业的带动下和中国鼓励新药研发政策的大环境下，中国CRO行业得到了迅速发展。在短短的五六年时间内，中国已涌现出了100多家从事 CRO 的企业，从事在化合物研究外包、原料药研究外包、制剂临床前研究外包和临床研究外包等细分领域的研发外包工作。如图3-7所示。

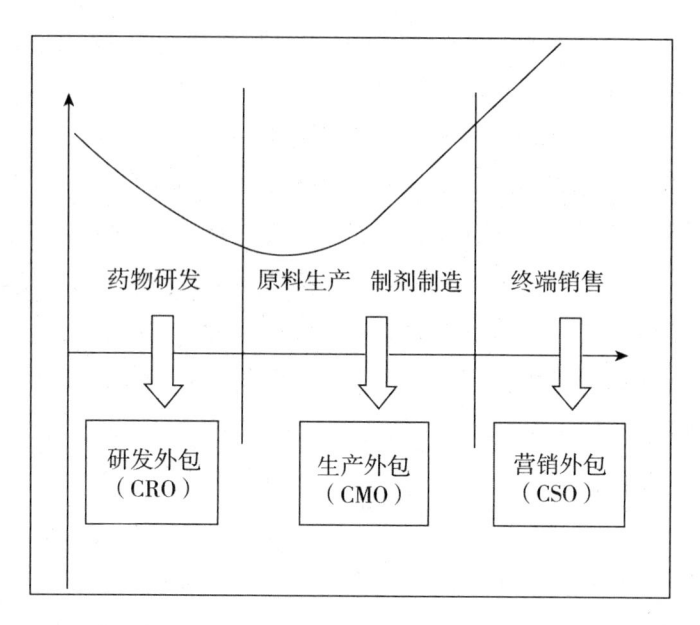

图3-7 欧美医药外包价值链

来源：渤海证券研究所，清科研究中心，2011年1月。

CRO 这个年轻的行业在中国发展势头非常迅猛，获得了地方政府的大力支持，例如：北京亦庄、上海张江高科技园区已形成 CRO 产业集群。其更以"高附加值、高利润率"的行业特征吸引了创投资本的青睐。启明创投投资了临床试验 CRO 泰格；华平、泛大西洋资本、富达亚洲、大华投资、天地基金和富达生物先后投资了药明康德。2007年，药明康德在纽交所的成功上市点亮了整个行业的前途。

对中国本土的 CRO 企业来说，通过并购实现纵向一体化，既能通过并购一步到位，也可基于自身成长延长产业链，或是以联盟重组形式携手合作。

五是我国并购市场政策环境、法律环境逐渐趋于完善。

2005年7月，中国人民银行发布了新的汇率制度，整个人民币汇率改革实际上包含三个方面的问题：汇率水平是不是合理；汇率形成机制需不需要改革；资本管制是不是需要放松。目前我国的改革已经走出了第一步，在这种条件下，有利于中国企业贯彻"走出去"的战略，有利于实现对外的并购重组行为。

2005年，全面股权分置改革开始。以往资本市场对并购重组提供的支持受到一定的制约，很多大型企业并购重组是在资本市场之外进行的。在股权分置改革完成以后，资本市场有条件对并购重组起到更大的推动作用。一方面，更多的工具和并购方式会出现，比如定向增发和私有化、换股合并等；另一方面，资本市场将为并购提供更有效率的评价方式，并购增加股东价值还是损害股东价值将有直观的评价标准。

2006~2010年实施的包括《公司法》和《证券法》的修改，比如公司资本制度的修改、对强制全面要约制度的修改、并购重组相关法规等，这都为市场并购重组的创新提供了基本的法律保障。由于基本法律环境的改变以及资本市场的根本性的转折，再加上实践当中并购活动的蓬勃发展，直接凸显出原有配套并购法律的滞后和缺失，而这些新法规的出台和完善给并购市场的发展提供了保障。如表3-6所示。

表3-6　2010年医药行业重大政策回顾

时间	部门	相关文件
1月21日	卫生部	印发《中国国家处方集〈化学药品和生物制品卷〉（2010年版）》，其指导和规范临床合理用药的目的非常明确
2月1日	卫生部	出台《关于改进公立医院服务管理方便群众看病就医的若干意见》，专门强调了要在公立三级医院实行预约诊疗的基础上，稳步向二级医院扩展的目标
2月2日	国务院常务会议	原则通过《关于公立医院改革试点的指导意见》，决定按照先行试点、逐步推开的原则，由各省（区、市）分别选择1~2个城市或城区开展公立医院改革试点

续表

时间	部门	相关文件
2月10日	卫生部	印发《医院处方点评管理规范（试行）》，对如何有效组织开展处方点评、发现不合理处方如何干预作出具体规定
2月11日	卫生部等五部委	联合发布《关于公立医院改革试点的指导意见》，明确提出：以公益性为核心，逐步取消药品加成
4月6日	国务院办公厅	印发《医药卫生体制五项重点改革2010年度主要工作安排》，围绕五项重点改革三年目标，提出了2010年度的16项主要工作任务，明确了牵头部门
5月11日	国药监局	明确对基础药物实行全品种电子监管工作相关事宜，规定凡生产基础药物品种的中标企业，应在2011年3月31日前加入药品电子监管网
6月3日	卫生部	《医疗卫生服务单位信息公开管理办法（试行）》于8月1日起正式实施，要求向社会主动公开三类信息，提高医疗卫生服务的透明度，保障患者的就医知情权
6月17日	国药监局	进一步明确做好基本药物全品种电子监管实施工作的具体要求
9月28日	卫生部	印发电子病历试点工作方案，要求利用1年左右的时间，开展试点工作
10月9日	工信部等三部	制定了《关于加快医药行业结构调整的指导意见》，明确了结构调整目标和措施，重点内容是扶持创新及技术提升、推进并购重组、提升行业集中度
10月28日	十七届五中全会	通过了《中共中央关于制定国民经济和社会发展第十二个五年规划的建议》。"十二五规划建议"勾勒医药行业未来发展蓝图
11月19日	国务院办公厅	印发《建立和规范政府办基层医疗卫生机构基本药物采购机制的指导意见》，将基本药物的采购权统一回收到省级卫生行政部门
11月26日	国务院办公厅	国务院办公厅转发《关于进一步鼓励和引导社会资本举办医疗机构意见的通知》，放宽了社会资本的准入范围，鼓励多元化办医格局
12月10日	国务院办公厅	国务院办公厅发布关于建立健全基层医疗卫生机构补偿机制的意见，明确基层医疗卫生机构补偿政策

资料来源：据清科研究中心（www.zero2ipo.com.cn）整理，2011年1月。

(4) 我国企业资产重组存在的问题及发展趋势

①我国企业资产重组存在的问题

在前面分别介绍了西方国家企业资产重组的历史和现状以及我国企业资产重组的发展过程，可以说，中国的企业资产重组走过了一条不同于西方企业的道路。尽管从目前重组现状来看，我国的企业资产重组正逐步与国际惯例接轨，包括并购原因与动机的多样化、并购手段与方式的现代化、并购市场与中介组织的成熟化以及并购监管的健全化与制度化等，但是与西方国家的企业资产重组相比，我国企业的重组仍存在一些问题，亟须解决和规范。

a. 我国企业资产重组动机不符合战略投资原则

在市场经济比较成熟的发达国家，并购通常是企业为了在激烈的市场竞争中寻求生存与发展而选择的一种战略行为，这从西方企业并购的五次浪潮中都可以明显感受到。毫无疑问，并购重组活动是企业着眼于未来的一种战略投资。但在中国，企业资产重组的出现与兴起恰恰走了一条与市场经济发达国家相反的道路。简单地说，并购的出现是与国有企业长期亏损紧密相连的。有人说，并购是作为一把解决国有企业困难的"多功能钥匙"而出现的，是企业在严重亏损、失去竞争力、面临被市场淘汰的窘境时被迫采取的一种措施。

由于当时国有企业处境困难、负债累累、产品无销路、转产无资金、改造无条件，已无法靠自身的经营维持生存，随着近20多年来的国家搞活国有企业措施陆续出台，一些经营良好的企业有了为谋求自身发展而寻求扩张的机会。于是，以优势企业并购劣势企业的并购悄然兴起。虽然部分企业为追求市场的扩张与企业的发展而采取并购策略，但总的来说，资产重组在中国的出现，是从替困难的国有企业寻找出路而开始的。

b. 有些企业资产重组带有政府行为的色彩

与我国的企业资产重组是为减少亏损、走出困境相联系，我国企业资产重组的另一显著特征就是政府干预问题。市场经济比较发达的国家普遍认为,并购是企业自身的行为,政府部门不宜进行行政性干预。从市场经济发达国家的并购来看,并购重组活动大多是企业出于竞争或发展而采取的战略举措,政府在其间不参与组织与安排。但在我国,相当于一部分并购重组是由政府部门"牵线搭桥"或具体组织实施的,政府在并购重组的过程中扮演着重要角色,并购重组带有浓厚的政府行为色彩。当然,我们说并购重组是企业行为,并非说所有的政府行为都是不必要的。政府应该制定法律,完善产权交易市场,加强对并购重组的法律监管,为企业并购重组创造良好的外部环境。如果政府是企业的所有者,在产权清晰的前提下,也可以以所有者的身份,对企业的并购重组决策施加影响,但这并不是政府对并购重组的任意行政干预。目前,有些政府部门出于政绩等方面的考虑,往往劝说一些经营效益较好的企业并购那些扭亏无望、濒临破产的企业,结果通常是"死的更加死,活的也变死",好企业活活被拖垮。政府在企业资产重组中的角色定位是中西企业资产重组的一个重要区别。

但我们也看到,随着市场经济的推进,科学发展观的深入,我国重组市场也在逐步地走向规范和成熟,更多的企业根据自身经营和发展战略,参与到重组市场中来,政府干预的色彩逐步淡化。

c. 我国企业资产重组形式相对单一

由于西方企业的金融市场发展较早且相对更完善,故并购形式多样。而在我国,由于受到诸如所有制、部门、地区、行业以及地方保护主义的限制,跨行业、跨地区的大规模企业并购受到一定程度的制约,致使具有优势的技术、产品、管理、市场、人才、设备等要素分散在不同企业内,难以集中起来形成规模。此外,由于我国金融市场正处于发展当中,金融市场的资源配置功能不能被充分利用,所以企业资产重组可以采取的形式还很有限。随着汇率制度改革和股权分置改革的完成,新的《公司法》和《证券法》的实施,我国金融市场和制度层面都在一步一步得到完善,为重组市场提供了更好的平台和保障,企业资产重组的形式也在不断创新和增加。

d. 中介组织在我国企业资产重组中的作用还没发挥主导作用

资产重组并购是一项涉及面广、专业要求高的工作,需要专业中介机构的密切配合。参与企业资产重组的中介组织通常有投资银行、并购经纪人与顾问公司、会计师事务所、律师事务所等。与西方发达的中介服务形成鲜明对比的是,我国企业资产重组的中介组织并不成熟。

投资银行是并购重组过程中最活跃的一个角色。投资银行并非一般意义上的银行,它不办理一般的存、贷款业务,而是负责证券的承销及有关咨询业务。它在并购企业与被并购企业之间牵线撮合,从策划并购企业的战略、选定评估被并购企业,到并购资金的筹集,以及谈判交涉等,为并购双方提供咨询与服务。国内券商和投资银行开始将目光放得更长远,不仅仅将业务集中在一级市场的发行业务,而且利用丰富的信息资源和专业知识开展新的投资银行业务也包括并购重组业务。国泰君安证券是较早涉足并购领域的国内券商,其他一些券商也都成立了类似产权服务的部门机构。投资银行业务随着我国企业并购的发展而逐步发展起来,为并购的进行发挥了巨大的作用。

在并购过程中提供中介服务的还有会计师事务所和律师事务所。其中会计师事务所重点提供有关并购审计和税收方面的服务。所谓并购审计,是在并购双方确定并购条件,制定并购准协议后进行的审计查账工作,包括营业绩效、设备状况、详细的财务分析等。而律师事务所在并购过程中的作用主要是:解答法律咨询,进行法律策划,从法律角度设计并购的最佳方案;整理谈判基础资料,使谈判内容均符合法律规定;协调、参考所有相关的调查报告和分析结果,及时提出法律意见,就并购中的主要问题作出法律评价;起草包括并购协议在内的主要法律文件,办理有关变更登记手续,为并购提供诉讼服务。在我国企业并购实践中,由于会计师事务所和律师事务所的发展时间较短、规模较小,上述作用还未得到充分的发挥。

除以上中介机构外,并购重组过程中还可能涉及并购经纪人和顾问公司等机构。国际著名的 W. T. 格里姆公司就专门收集并购方面的资料，并以积累的资料为基础，进行企业并购的各种情报服务。1993年在我国的"宝延风波"中，香港的宝源投资顾问公司就为延中公司的反收购充当了参谋。由于我国企业之间的并购历史不长，且市场化程度不高，这类并购经纪人和顾问公司还不多见。但像深圳经纬股权信息交流中心这类专门汇集海内外企业股权转让或购买信息，并提供给投资者、券商的机构已在不断发展壮大。

e. 我国企业资产重组缺乏一个健全完善的法律环境

西方企业资产重组的历史悠久，与之相适应的法律制度也比较完善。在英国，对并购重组的监管是政府竞争政策的重要组成部分，其目的就在于对各种产品市场均维持有效的竞争，以防止垄断的产生。1965年英国版本的《垄断和兼并法》正式通过了一条对并购控制的条款，即授权垄断和兼并委员会调查涉嫌垄断的兼并与收购。此外，英国政府还规定，如果并购涉及的被并购企业是上市公司，则要受到根据《城市兼并与收购规则》成立的城市兼并与收购委员会的监管。在美国，国会通过的反托拉斯法就有《谢尔曼法》《联邦贸易委员会法》《罗宾逊—帕特曼法》和《塞勒—凯弗维尔反兼并法》等，以防止兼并与收购过程中的不公平竞争或欺骗性行为。

我国并购立法的工作已经开始展开，且与企业并购有关的现有法规主要有《公司法》《破产法》《证券法》《股份发行与交易管理暂行行为暂行办法》《关于企业兼并的暂行办法》《关于加强企业国有资产产权转让监督管理工作的通知》《关于出售国有中小型企业若干问题意见的通知》《国有资产评估管理办法》《上市公司收购管理办法》《关于外国投资者并购境内企业的规定》《关于向外商转让上市公司国有股和法人股有关问题的通知》和《利用外资改组国有企业暂行规定》等。与西方国家相比，我国在完全针对企业资产重组方面的法律、法规还不够完善。我国尚缺少像《并购法》这样专门规范企业资产重组活动的法规，更没有像西方国家有关的法律那样规定得系统、严密。随着我国企业资产重组的发展，有关此方面的立法工作将逐步走向成熟和完善。

②我国企业资产重组的发展趋势

尽管我国的企业资产重组在很多方面还不尽完善与科学，还存在一些问题，与西方发达国家尚有一段距离。但是，随着我国经济体制的完善，我国企业资产重组正在逐步发展，日益成熟，并呈现出以下几种趋势。

a. 资产重组的动力化

企业资产重组将不再是替困难的国有企业寻找出路，一批懂经营管理、有魄力的企业家将不甘心于政府的"拉郎配"，而是自己"找婆家"，将其扩张雄心通过资产重组实现外延拓展。

b. 资产重组的市场化

自1988年武汉率先建立了国内第一个企业并购市场以来，全国各地先后建立了产权交易市场。产权交易逐步走向规范化、市场化，企业并购重组严格按照自愿登记、可行性论证、资产评估、公证等程序规范进行，并遵守"自愿、有偿、公开、公平"的原则。例如，截至2010年底，上海市共促成6550对企业之间的并购，转移存量资产1116830万元，消化亏损115677万元，安置职工1116921人；为扩大并购市场的规模和功能，武汉市成立了武汉市产权交易中心；自1987年以来，四川已有4400多家企业发生并购行为，其中2000多家亏损企业通过产权转让"起死回生"，共转移存量资产30多亿元，搞活呆滞资产23亿元；1993年以来，河南组建产权交易及闲置资产调节市场20多个，促成企业并购3200多对，盘活存量资产13亿多元；自1993年9月湖南省在长沙举办全国首次产权交易洽谈会以来，共推出1620家企业通过市场实行有偿并购，公开拍卖。

c. 资产重组的代理化

企业资产重组活动的发展促进了中介机构的迅猛发展，而中介机构的迅猛发展为企业资产重组实行代理化提供了条件。在我国的企业资产重组过程中，中介机构的服务范围已从尽职调查、资产评估、财务审计等前期服务，延伸到重组方案的设计、参与谈判、融资安排等高层次的服务，大大促进了资产重组代理化趋势的发展。

　　d. 资产重组的法制化

　　目前，我国正在全面制定市场经济规范化的法律和法规。从党的十四届三中全会制定的《中共中央关于建立社会主义市场经济体制若干问题的决定》以来，已经实施的《关于企业兼并的暂行办法》《关于出售国有小型企业产权的暂行办法》《全民所有制工业企业转换经营机制条例》《中华人民共和国企业破产法》《国有资产评估管理办法》《国有资产评估管理办法实施细则》《公司法》《证券法》《反不正当竞争法》《银行法》《劳动法》《国有企业职工待业保险规定》《企业财务通则》《企业会计准则》《上市公司收购管理办法》《关于外国投资者并购境内企业的规定》《反垄断法》等法律、法规使企业并购有法可依、有章可循，促使企业并购向着法制化方向发展。

　　e. 资产重组的多样化

　　证券市场的逐步完善、中介组织的逐步发达与资产重组法规的逐步健全将使企业资产重组的形式与种类更加繁多，企业资产重组可以采取的方式更加灵活多样。多元化、多层次、主体型的市场网络协作系统的形成是我国企业资产重组的又一发展趋向。网络化的并购重组市场为跨行业、跨地区、跨国界的企业重组活动提供了基本的条件和更有力的支持，也必将带动资产重组市场操作手段和方式的现代化。

　　f. 资产重组的国际化

　　我国加入 WTO 后，跨国并购逐渐成为企业资产重组的重要形式之一。其主要原因在于，对于国外许多寻求进入中国市场的企业来说，并购是一种快捷而有效的形式，而我国的企业意欲扩大生存空间与发展领域，参与国际市场竞争，并购也是一条切实可行的途径。目前我国跨国并购的数量日益增大、涉及面更加广泛，一次又一次实现了我国并购史上的突破。企业并购的国际化发展趋势，更加要求企业并购行为的合法化、规范化和市场化，同时，也预示着中国的企业并购正在向国际惯例靠拢，中国并购重组市场正在与国际并购重组市场接轨。

本章小结

（1）资产重组是指通过不同企业之间或同一企业内部的经济资源进行符合资产最大增值目的的相互调整与改变，是对实业资本、金融资本、产权资本和无形资本的重新组合。而企业资产重组是一个较资产重组更为宽泛的概念，即企业的所有权、资产、负债、雇员、业务等要素的重新组合和配置以及这些要素之间互相组合和作用方式的调整行为。

（2）国外尤其是在以美国为主的市场经济国家，企业资产重组的发展过程主要经历了五次浪潮，每次浪潮都促进了垄断资本的发展，同时也给资产重组的发展带来了新的模式。

（3）国内企业资产重组的运作历程主要包括：新中国成立前的企业资产重组；改革前的我国企业资产重组；改革后的我国企业资产重组。

第4章

医药企业资产重组运作模式的风险管理

4.1 医药上市公司资产重组运作模式

总结上一章国内企业重组演变过程中的模式特点,本文将医药企业资产重组模式分为上市公司和非上市两种模式。此划分依据在于我国资产重组的运作最早活跃于证券市场,并已成为增加我国证券市场活力的重要源泉。在今后相当长的时间里,资产重组仍会是证券市场的热点问题,中国证券市场在规范中求发展,在发展中去规范,而资产重组的规范化运作是证券市场规范发展的关键。本书结合医药类上市公司中有代表性公司的典型案例,对医药行业上市公司在结构调整中资产重组的模式、特征等进行了剖析,对掌握当前医药行业资产重组的现状、了解其发展前景具有较好的参考作用。

4.1.1 医药上市公司运作模式的种类

(1) 股权转让模式

股权转让以法人股的转让为主,这是由于法人股协议划拨转让价格较低,交易成本也低。大股东即公司控制权转移必然带来董事会及经营者的变化,这种控制权转移的资产重组大多发生在原公司经营状况不佳，新控股股东取得控制权，实现借壳上市。股权收购是收购方对目标公司股权的重新安排，这一重新安排可以是事先达成协议的善意并购，也可能是未取得目标公司配合的并购。依收购目标公司股权的数量不同，收购完成后，收购方可能取得目标公司的控制权，也可能是非控股地介入目标公司及其经营领域。控股目的的收购能更有效地服务于企业的对外扩张战略。例如长春高斯达生化药业股份有限公司受让万通集团持有的东北华联集团股份有限公司法人股2019万股，参股14%，成为东北华联的第一大股东；重庆太极实业集团拟受让重庆中药股份有限公司全部国家股4337万股，出资10259万元，控股68%，实现强强联合；四川制药的国有股权由成都市国有资产管理局无偿划拨给四川全兴集团，全兴集团凭借优厚实力从经营思想到产品发展等方面扶持四川制药，改善其业绩。

企业的扩张战略一般有三种类型：横向扩张一体化战略、纵向扩张一体化战略和混合扩张一体化战略。横向扩张涉及从事相同业务企业间的并购，横向扩张不仅可满足企业扩大生产规模和市场份额的需要，从而达到规模经济效益，而且有可能通过收购方高效管理服务的输出提高被收购方的管理效率；纵向扩张涉及的是上下游企业间的并购，纵向扩张可达到节约交易成本、获得生产要素内部化收益以及扩大产品链、增强抗风险能力等目的；混合型扩张是从事不相关业务企业间的联合，混合扩张可以满足企业多元化经营的需要。通过对目标公司的股权收购，企业可以较快速地实现以上三种类型的扩张战略。

案例4.1：云南白药模式是横向一体化战略的经典作品，该公司在1996年8月横向控股了云南另外两家生产"云南白药"的企业（大理制药厂、文山制药厂），成立了云南白药集团，1997年又并购了另一家生产"云南白药"企业（丽江药业公司），变竞争对手为同盟者，通过资本运营，实现了中国名药"云南白药"的集中统一生产经营，产生了垄断利润，不仅使公司1996年主营业务利润同比增长60%，而且由于同业竞争的减少，为公司于1998年1月1日起"云丰"牌云南白药胶囊、云南白药粉剂等主导产品全面提价34.92%~515%创造了条件，保证了公司未来的利润增长。

案例4.2：三九集团模式是纵向一体化战略的典型案例。三九集团在90年代初面对"三角债"问题，从公司的实际效益和长期发展动力出发，将债权变成对医药批发公司的投资，并注入适当资金相继在长沙、宁波、无锡等地购并了医药公司，之后又组建三九商业连锁公司，建立了强大的销售网络，有效地降低了销售成本。

案例4.3：中西药业模式是混合一体化战略的代表。中西药业主营医药、农药、兽药、卫生用药等，高新技术产品占70%，在医药市场不景气阶段，公司首先着手于内部资源管理，加强成本控制，建立了矩阵型营销网络，强化主导产品的竞争能力，然后以主导产品为核心开展资本经营。1996年公司收购了上海九福药业和黄河药厂，逐渐强化四大主营系列相关产品，与此同时，公司合资参股微电子、房地产、服装公司，分散风险，发展新的获利点，使资本迅速扩张，为制药的大发展奠定了基础。1996年公司主营收入增长40%，主营利润增长116%，表明在普药价格普遍下跌的市况下，公司新产品投入初见成效，抵抗市场风险能力显著增强。

（2）资产置换模式

资产置换往往是上市公司用不良资产或不产生效益的资产同公司外等值优质资产交换，以优化公司的资产质量。这种资产置换一般是上市公司与控股股东之间进行置换。上市公司置换出来的资产种类有：存货、应收账款、其他应收款等流动资产，有长期投资，有固定资产，也有整体资产。而换入的资产通常则是收益较高的优质资产。例如，东北药由于VC价格持续低迷，控股公司东北制药集团拟对股份公司VC等资产连同对应负债进行剥离，采取股份公司出让转债，集团公司受让承债形式，调整资产负债关系。如此资产置换，有利于东北药调整投资结构、产品结构，减轻债务负担，降低财务费用，增强盈利能力，重塑公司形象。这种模式重组方式，不但置换出上市公司的不良资产，而且还为公司的发展提供了后续资金来源。这种资产重组方式将会被越来越多的绩差上市公司所采用。

(3) 资产剥离模式

资产剥离和出售常常伴随着企业所持有股权的转让和出售，因为企业对资产的所有权有时候以股权的形式存在。也有的情况下，企业的资产直接体现为实物资产、商誉、专利技术或其使用权等。因此，被剥离和出售的资产可以是企业持有的股权、经营性资产（包括固定资产、存货）、非经营性资产（食堂、学校）、债权等。企业进行资产出售和剥离性重组的动机可以归结为：盘活存量资产、调整产品结构、优化资产结构、改善财务结构等。资产剥离的交易方式有：协议转让、拍卖、出售。交易的支付方式则有现金支付（一次性付款、分期付清）、资产置换支付、混合支付等。

企业在运作资产重组对资产剥离和出售时应采取以下几种方式。

第一，当企业所在的行业竞争环境发生变化，例如由垄断进入完全竞争，从产品开发期进入产品成熟期之后，行业利润率呈现下降趋势时，企业通过资产剥离和出售可以实现产业战略收缩，转而投资新兴产业和利润更高的产业。例如：星湖股份原先是一家主要生产味精的企业，公司上市后抓住机遇，充分利用机制转换和筹集资金的优势，积极调整产品结构，逐渐将主营业务向技术密集型的氨基酸类、核苷酸类及生物原料药方向发展，成功实现产业结构升级。公司果断放弃了年产味精8000吨的生产线，同时扩大肌苷原料药和L-脯氨数的产销量30%以上，加上营业成本大幅下降，公司主营业务利润同比增长101%，内部资产重组卓有成效。

第二，当企业在所投资的领域不具备竞争优势，资产赢利能力低下的情形下，为了避免资源浪费和被淘汰出局，出售和剥离资产可以使企业掌握主动，减少风险，及早实现产业战略转型。例如：哈医药以1201万元将哈医药供销公司出售给哈尔滨中药三厂，优化公司资本结构，降低资产负债率；三九集团针对90年代国内融资成本高、风险大、不易获得中长期贷款的形势，决定采取境外股权融资方式获取资金，将"三九正大药业有限公司"股份由51%降至39%，减持12%，吸收美国花旗银行、香港光大银行、国泰基金等7个股东参股6000万美元，成立"三九药业有限公司"，经两次扩股融资8000多万美元。三九集团利用这笔资金及时调整产业结构和产品结构，利润得到大幅提高。

第三，在存量资产大量沉淀的企业里，存量资产的出售是实现资产增值的重要手段，并有助于企业集中资源优势，培养核心竞争力。

第四，非经营性资产的剥离是对企业的社会功能的清理，让企业在市场竞争中放下包袱、轻装上阵。

第五，不良资产和债权的转移、出售可以改善企业的财务状况，减少亏损、降低成本以增强企业的赢利能力。尤其是当资产受让方以现金支付来完成交易的情况下，资产出让方不仅可以获得一笔流动性资金，而且增强了企业的再投资功能。

（4）整体收购模式

整体收购兼并虽然使目标公司成为收购公司的分公司或全资子公司，而且可以在不受任何干预的情况下对目标公司进行重组，但缺点是并购的成本很高，即投入的资金量较大。这种资产重组方式主要适合于收购兼并企业要获得目标公司的土地或大规模地改组目标公司。这要求目标公司的规模小，从而所需的并购资金不多。受让股权往往是公司根据股权协议价格受让其他公司的股权，从而成为企业的控股或第一大股东。原有控股或第一大股东希望新企业入主后能够使公司的经营业绩发生变化，产生脱胎换骨的重组效果。而新企业入主的主要目的在于实现自己的投资价值，即通过注入资金或改善经营管理来发展企业。

（5）二级市场并购模式

二级市场并购是指并购公司通过二级市场收购上市公司的流通股，成为上市公司的控股或第一大股东。一般来说业绩差的上市公司是并购公司的主要目标，原在我国只有沪市的5家公司即延中实业、爱使股份、兴业房产、飞乐股份和申华实业所发股票100%流通，这使它们成为二级市场上的被争相追逐的目标公司。随着2005年我国证券市场具有划时代意义的"股权分置改革"的施行，二级市场上的并购成本开始降低。因此，二级市场的并购在我国将不断成为被广泛采用的资产重组模式。

4.1.2 后股权分置时代的医药上市公司资产重组运作模式

2005年进行的股权分置改革强烈影响着中国资本市场的每一个方面，作为一次划时代的基础性制度变革，中国企业资产重组运作随着股权分置问题解决开始进入一个充满机遇的"新资产重组运作模式时代"。

在股权分置时代的医药上市公司并购重组，90%的收购都是协议收购非流通股，其主要原因是上市公司的控股股东几乎都是非流通股。后股权分置时代的协议收购有很大不同，其主要特征是"协议收购+大宗交易"，即按照大宗交易的管理办法来协议收购流通股，买卖双方将向证交所申请对指定交易股份按照指定价格和数量进行集中交易并公告。股权分置改革的全面完成，改变了上市公司的股本结构。相当多公司采取的送股、缩股等方式，将导致股权的进一步分散。这为主动性要约收购模式提供了很好的基础。根据目前中国证券市场有关举牌制度，收购方在收购上市公司股份达到5%时需公告，以后每增持5%也要公告，这样通过四次举牌就可以实现收购上市公司20%的股份。股权分置改革后，资本市场已出现相当一批第一大股东持股比例低于20%的医药上市公司，这些上市公司将面临着被别人从二级市场直接举牌收购的风险。以下为后股权分置时代的医药企业资产重组的模式特征。如图4-1所示。

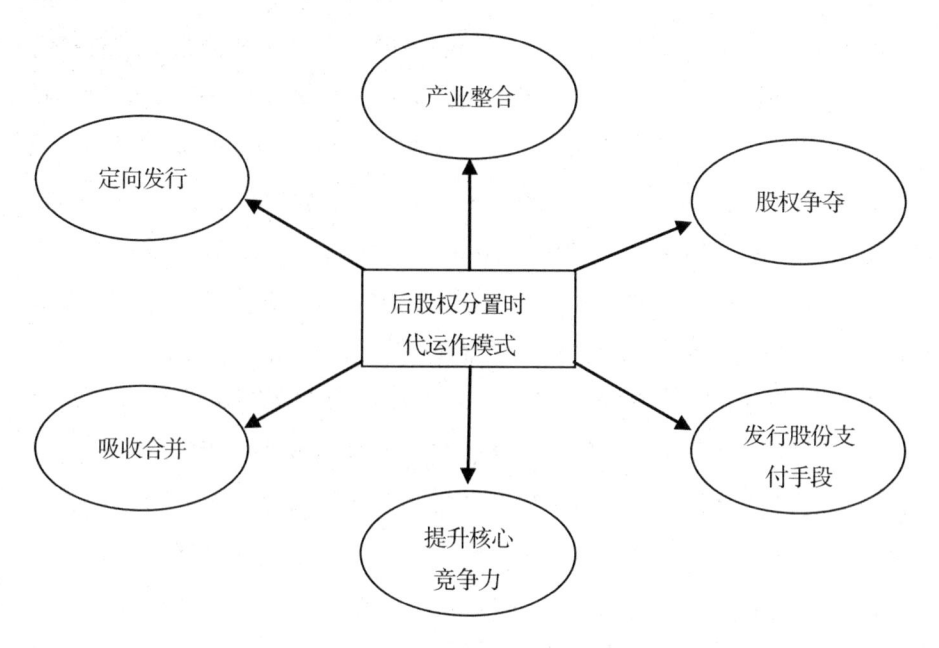

图 4-1 后股权分置时代运作模式

(1) 产业高级化将贯穿资产重组运作过程

医药产业应是一个高科技、高投入的现代化产业,而我国传统制药产业如大宗化学原料药、普通加工工业等劳动密集型工业占据主体,科技含量低,投入少,不仅缺乏加速成长的动力,而且弱化了市场竞争能力和抗风险能力。因此深层次调整医药产业,利用生物工程技术改造传统医药产业,较快实现生物技术药物、海洋药物、新型制剂产品、中高档机电一体化医疗器械等重大产品关键技术的开发和产业化,促进整个产业结构从低级化向高级化方向不断发展是当务之急。鉴于传统的化学药物大多具有残留、毒副作用、易产生抗药性等缺陷,不少医药企业已认识到产业结构升级的迫切性,开始开发生产市场潜力较大的生物制药产品,如东阿阿胶在生产阿胶系列产品的同时,也开始生产人促红细胞生长素(EPO);天目药业大力开发基因工程人体白细胞介素-6、表皮生长因子等高新技术项目,已进入生物工程制药产业。

(2) 组织结构大型化的资产重组将成为潮流

在后股权分置时代,公司股票全流通后,公司的价值直接与股价挂钩。而根据国外成熟资本市场上百年的经验来看，主业清晰且具有核心业务竞争力的上市公司远比业务混杂、大而不强的上市公司更能得到投资者的认同。后股权分置时代，一股旨在突出公司主营业务、提升公司核心竞争力的紧缩型重组潮流的诞生。我国医药企业有近20000多家，其中小型企业占90%，即使最大企业年销售额也只有200多亿元人民币，低水平重复建设严重，呈现"小、散、低"的粗放型生产格局。而国际上前100多名制药企业销售额已占世界药品市场的80%，市场集中度非常高。要在开放经济中占取市场份额，医药企业只有通过联合、兼并，以国有大中型优势企业、名牌产品为龙头，以资产联结为纽带，发展大型化组织结构，组建医药集团，才能造就一批既有名优产品优势，又有规模经济效益的医药"航空母舰"。国家计划到2015年发展2~3家销售额分别超过1000亿元的特大型制药企业集团。以我国医药企业排头兵华北制药集团为例，公司通过建立现代企业制度，内引外联，低成本扩张，规模迅速壮大，已列全国药业50强之首。

(3) 以产品结构科技化的资产重组明显增加

长期以来，我国医药企业依靠外延扩张，技术设备陈旧，产品升级换代步伐缓慢，且资源消耗大、成本高，在激烈的市场竞争中无科技优势，无品牌优势，无价格优势，拳头产品、先头产品少，产品质量低，甚至连传统优势都丧失殆尽。因此，在结构调整中，必须开发新产品，采用新技术。国际著名制药企业科技投入达到销售总额的15%以上。国家计划列入全国医药工业50强的企业，要在三年内达到每年用于研究开发的投入占销售额的10%，形成一批高新技术专利产品。近年来，已有不少知名企业在原有产品基础上开发出深加工产品，例如：哈医药果断将"双加工程"的千吨青霉素项目改为6个青霉素衍生产品，开发适销对路的高附加值半合成抗生素产品；桂林集琦面对阿维菌素日益激烈的市场竞争环境，开发生产深加工产品——伊维菌素。

(4) 地域结构经济化为资产重组运作提供便捷

我国医药行业发展进程中，地区产业布局趋同化，未能充分利用沿海开放地区的科技人才优势和中西部地区的资源优势,导致经济优势体现不明显。因此如要实现深层次资源优化配置,必须按经济区域跨行业,跨所有制经营大型企业集团。以通化金马为例,该公司以2880万元控股深圳市同安药业有限公司66%的股权,获取了与公司同类的治肝良药克癀胶囊,同时通过同安的海外销售网络快速进入了国际市场。通化金马又与湖北省中药材公司合作投资51%股权组建湖北金马中成药有限公司,意在借助湖北省中药材公司的知名度和经销渠道,进一步开发市场,提高公司产品市场占有率,为组建大型企业集团创建了条件。

(5) 后股权分置时代股权争夺战频繁上演

在目前的后股权分置时代,上市公司股权的进一步分散以及大股东控股比例的逐步降低,要约收购和二级市场举牌已开始不断增加(万科股权收购事件),已出现许多反收购案例,资本市场上围绕上市公司控股权的争夺战将成为中国并购市场的一道闪亮风景。

(6) 并购重组监管法规将不断修改完善

在上市公司发行新股作为收购支付手段、在亏损上市公司重组、在外资并购中国上市公司、在上市公司反收购、在反垄断等多方面,监管部门已陆续出台一些相关法规政策,后股权分置时代上市公司并购重组的游戏规则正逐渐符合市场运营特征,更加趋向于国际化运作。

4.1.3 医药上市公司资产重组真假相模式的特征

(1) "真假相"模式的特征综述

资产重组是在市场经济条件下进行资源配置的重要手段之一,也是实现规模经济及进行产业调整、整合和升级的必要措施。但在我国,资产重组的这种积极功能并没有得到有效的发挥,相反,其消极作用或负面影响却日益显现。在我国医药上市公司资产重组的实践中,有相当比例的上市公司把资产重组当做盈利管理的手段,通过虚假重组制造一次性利润，粉饰财务报表，达到保配股、保壳资源的目的，或者与市场上的大机构相勾结，通过二级市场上的炒作牟取暴利。这不仅直接损害了广大投资者特别是中小投资者的利益，更为重要的是影响了我国证券市场的资源配置效率。因此，从市场经济的内在要求出发，必须使上市公司资产重组回归市场化轨道上来。为了规范上市公司的重组活动，从2000年开始，中国证监会就开始加大对上市公司资产重组的监管力度，对有关发行上市的政策、资产重组活动的规定进行了较大幅度的修订，如发行上市由审批制改为核准制，颁布实施了《关于上市公司重大购买、出售、置换资产若干问题的通知》《亏损上市公司暂停上市和终止上市实施办法》等，财政部也适时地对《债务重组》《非货币性交易》等会计准则进行了修订。出台了一系列打击虚假重组、鼓励实质性重组的政策措施，这必将规范医药上市公司未来的资产重组行为，资产重组的内容和形式都将发生相应的变化，体现出新的特点。

特点一：随着监管工作的强化和壳公司价值的降低，报表性重组和虚假重组受到限制，实质性重组将增多。

特点二：重组中的行业选择趋于理性，盲目进军生物医药产业和多元化经营的现象将减少，行业整合和战略性并购重组成为重组的一大景观。

在以往的医药上市公司重组活动中，有一些企业是出于进行产业结构调整和产业升级的目的进军生物制药行业，也有不少是为了配合二级市场炒作，为增强市场号召力，把高新技术拉进来制造概念。从总体上看，上市公司在选择资产重组领域时带有很大的盲目性、投机性和非理性。据不完全统计，截至2015年底，共有380多家上市公司宣称进军生物制药领域，有70多家上市公司称自己介入了医疗健康行业。由于行业情况和性质不同，进入一个新的行业不仅仅需要资金，更重要的是还需要技术、管理等多方面的配套支持，仓促地介入新领域，是很难取得成功的。

目前，我国一批优秀的医药上市公司大都受到了资本的热捧，募得大量资金。数据显示，医药上市公司在 2015 年四季度的期末现金总共为 1600 亿元。手握重金的上市公司大多为所在领域的优势企业，做大做强的愿望很强烈，并购重组产业链的动能十足。

随着打击虚假重组和鼓励实质性重组的措施出台，上市公司在选择重组领域时将趋于理性。预计它们会更多地从企业自身的长远发展出发选择介入的新领域，行业整合、战略性并购重组将在未来的上市公司重组中独领风骚。本书也正是基于从行业整合和战略性并购重组层面，对医药上市公司资产重组"真假相"模式的特征进行研究。

（2）"真相"模式的特征

随着证券市场的深入发展，重大资产重组交易被众多企业视作改善经营、扭转亏损的重要方式，予以积极推崇并付诸实施。对此，监管部门 2000 年以来出台了一系列的法规进行规范。重大资产重组交易在信息披露、审核程序等方面的监管力度不断加强，规范高效的运作体系日臻完善。通过对 2008 年以来医药上市公司的重大资产重组梳理和盘点，本文研究发现真实的资产重组模式呈现以下特征。如图 4-2 所示。

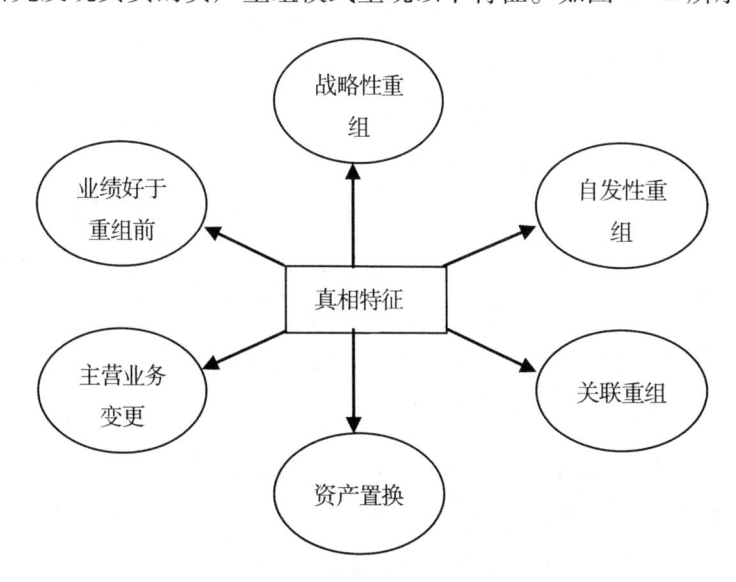

图 4-2 医药上市公司资产重组"真相"模式的特征

第一，战略性重组多于财务性重组

根据重组目标侧重点的不同，重大资产重组交易可划分为战略型重组与财务型重组。

战略性重组一般会从公司长远发展的角度考虑，为公司重组进行周密的设计，并与新股东的利益密切配合，主要以产业整合或行业转型为目的。而财务性重组更注意公司的短期效益，主要以改善财务状况为目的。但战略性重组和财务性重组的划分很难准确界定，因为重组经常是战略性和财务性相伴发生，战略性重组的同时也会考虑财务状况的改善。此外，公司在重组过程中有时也会同时要求短期效益和长期效益。基于以上的分析，重组大致又可细分为完全战略性重组、战略性为主财务性为辅重组、完全财务性重组、财务性为主战略性为辅重组。为了简单起见，我们将以追求产业整合或行业转型为主要出发点的重组定义为广义战略性重组，即前两类重组。我们将以追求财务状况改良为主要出发点的重组定义为财务性重组，即后两类重组。

我们对2008年以来发生过重大资产重组的65家公司样本进行分析发现：广义战略性重组约为36家，占全部重大重组公司总数的55%；广义财务性重组约为29家，占全部重大重组公司总数的45%。由此看来，完全战略性重组已经成为重大资产重组市场的主流。

战略性重组之所以略多于财务性重组，主要是医药上市公司依然作为有价值的壳资源存在，这与我国资本市场发展的初级阶段有关。为了维持壳公司的上市地位或者再融资地位，重组方可以通过主导财务性重组来达到目的。现今，国内上市公司的总体资产实力已增强，超级大盘股已成为市场的主力大军（从公司总股本来说），因此完全实施大规模战略性重组的时机已经开始成熟。

高投入和长周期的普遍特征也促使医药企业走向规模化和集中化。医药研发周期长、投入大，众多的中小型制药企业难以承担高昂的研发投入和巨大的研发风险。并购成为国际范围内制药企业整合的理想模式。从国外经验来看，成熟市场的医药行业集中度很高。在世界范围内，前100家全球医药企业供应着全世界80%的药品，全球前十强的制药企业已经占有国际药品市场份额的50%，而中国医药工业前十强只占有国内市场的25%。

第二，重大资产重组仍集中于自发性重组。

根据重组过程是否伴有控制权的变更，重大资产重组交易可划分为自发型重组与被动型重组。自发型重组是指为了维护上市公司的窗口地位并保障融资功能，在不伴随控制权变更的情况下，控股股东自发地调整上市公司的财务结构、产业结构，优化资产质量，提升盈利水平，使其符合企业长期发展战略的需要。被动型重组往往伴有控制权的变更，新入主的大股东出于实现自身发展战略的需要，对医药上市公司进行重组并改善其资产结构。

对2008年以来发生过重大资产重组的65家公司样本进行分析发现：有37家公司未发生第一大股东的变更，占全部重大重组公司总数的57%；有28家公司发生了第一大股东的变更，占全部重大重组公司总数的43%。第一大股东仍为重大资产重组的主要推动力量，自发地维护自有上市公司的窗口地位。可见，大多数第一大股东在有实力把握上市公司命运的时候，是不会轻易将控制权转让出去。

从以上分析可以得出：上市公司重大资产重组与控制权的转移有密切、但非必然的联系。从总体上看，如果重组交易是与上市公司第一大股东或控制人进行的，控制权转移的情况较少；如果重组交易是与潜在第一大股东进行的，则基本会发生控制权的转移。潜在第一大股东之所以采用先进行资产重组然后获得控制权的方式，其中的一个原因就是为了避免关联方重组所要履行的复杂的法律程序。而如果重组交易是与其他关联关系者或无关联关系者进行的，则很少发生控制权的转移。

医药行业资产重组一个显著特征是政策引导性、市场主导。2010年以来，医药行业各类政策与工作安排陆续出台，政策导向加快促进产业集中度提升。特别是医药"十三五"规划提出要大力鼓励提高医药行业集中度，近期三部委又联合发布文件，明确了行业整合方向以及调整组织结构的具体目标，希望通过"十三五"期间的整合，实现我国医药行业由大到强的转变。

第三，关联重组是资产重组的主流。

根据与重组交易方是否存在关联关系，将重大资产重组划分为关联重组与非关联重组。关联重组是指上市公司与关联方之间完成的重组，其交易性质为关联交易；非关联重组是指上市公司与重组参与对方不存在关联关系情况下完成的交易。而非关联交易指公司或者附属公司与同本公司不存在直接或间接占有权益及利害关系的非关联方间所进行的交易。

通过对上市公司与重组方关联关系的分析，我们发现：在统计的68家发生了重大重组的上市公司中，交易对象为上市公司第一大股东的有23家，潜在第一大股东的有20家，与其他关联方发生重组的有9家，无关联关系的16家。由此可见，重大资产重组多为关联方之间的重组。

从经济学原理角度讲，上市公司亦可以看做最终控制人旗下的公司，应当纳入最终控制人总体战略规划之中，因此无论出于什么样的具体目的，上市公司与其他关联公司发生何种形式的资产转移，都要服从和服务于最终控制人的总目标。

第四，关联方重组主要采用资产置换模式。

在与第一大股东发生的重组，多数采用资产置换的重组模式。其交易动机一般有两种情形：一是上市公司大股东为扭转上市公司的亏损局面或者保住其上市的资格，将自身的优质资产置换给上市公司；二是上市公司的第一大股东变更后，新入主大股东将原上市公司的主营业务完全剥离并向其置入自身业务，这个交易过程对于重组方——新大股东而言，也是买壳上市的过程。在与潜在第一大股东的交易中，因为重组方为潜在第一大股东，所以重组模式仍是以资产置换为主。通过受赠资产、剥离负债而使上市公司的资本结构得到优化也不在少数。在交易对象为其他关联方的交易中，重组模式较多，包括资产置换及资产购买或出售等各种方式。当重组方与上市公司无关联关系时其重组模式多为出售或购买资产,一般进行资产置换的较少,在这种情况下企业的重组行为多为一次性行为。

这种模式最为典型、成功的案例如:原上海医药(集团)总公司下属的三个企业——上海市医药有限公司、上海医药工业销售有限公司和上海天平制药厂的优质资产组建的上海市医药股份有限公司,整体置换了上海四药股份有限公司;原"四药股份"整体出"壳",由上海市医药股份有限公司整体替代,以"上海医药"名称上市,仅沿用了原"四药股份"的股票代码。在此以前,沪深股市已有多家医药公司实施资产重组并增发新股,但持原有资产全部等额置换并更改"壳公司"名称的,唯有"上海医药"一家。

第五,重组伴随主营业务变更。

从提取的2008年以来发生过重大资产重组的65家公司样本中,有41家公司发生主营业务变更情形,占全部重大重组公司总数的63%;有24家公司发生主营业务变更情形,占全部重大重组公司总数的37%。由此可见,重大资产重组多会导致主营业务的变更,有近七成重组伴随主营业务变更。在与第一大股东发生的重组中有17家公司主营业务发生了变更,这些上市公司通过资产置换和资产购买的方式实现了一次脱胎换骨的变化;在与潜在第一大股东的交易中,在统计的20家公司里17家主营业务发生了变更,这说明无论重组方为第一大股东还是潜在第一大股东,其重组后多数是通过改变主营业务,寻找新的盈利模式,摆脱上市公司原来的不利局面;在交易对象为其他关联方的交易中,在统计的9家公司里4家主营业务发生了变更;在重组方与上市公司无关联关系时,其重组后主营业务发生变化的却较少,根据统计结果有3家。

根据重大资产重组的定义,只有购买、销售或置换资产的总资产、净资产或主营收入超过上市公司上一年度合并报表相应指标50%以上的重组行为才是重大资产重组。因此,如果达到这一标准,除非置入资产与原有主营业务相关,一般来说都会改变主营业务。

例如：上海医药出资 14.87 亿元收购以新亚药业为核心的上药集团抗生素业务和资产。此次收购的抗生素业务规模在国内排名前五，占全国市场份额的 3.8%。此项收购完成后，上海医药在北京市场的占有率一举进入前二，这标志着上海医药将在华北地区，尤其是北京市场，实现历史性战略突破。

第六，重组当年的业绩明显好于重组前。

通过统计分析我们发现在 2006 年进行重大资产重组的公司一般在 2004 年、2005 年业绩出现较大滑坡，部分公司在重组当年及时调整主营业务，因此在 2006 年这 65 家重大资产重组的公司主营业务相对于 2005 年来说有一个大幅度的提高，加权平均净利润也由负值变成了正值，加权平均每股收益和净资产收益率也都有明显提高。

综上所述，随着医药行业"十三五"规划的实施，2011 年上半年已累计发生 145 起与医药资产相关的并购事件。国家将在"十三五"将重点培育 5 家千亿医药企业，20 家百亿医药企业，解决行业集中度不高、以药养医等问题。目前国内医药流通领域存在"小、散、乱、差"等现象，大量中小流通企业由于地方保护主义的存在获得生存空间。2010 年，国内医药流通行业的前三大企业市场份额仅为 23%，而在美国这一比例超过 90%，日本和欧洲也在 50%~80%。

2010 年 11 月出台《关于加快医药行业结构调整的指导意见》，进一步提出：医药行业要以结构调整为主线，加强自主创新，加快技术改造，逐步实现国内医药行业由大到强的转变。在产业政策的引领下，医药行业必然要从目前数量多、规模小、附加值低的粗放式经营状态，向创新能力强、产品附加值高的集约化发展方向转变，届时将诞生一批有国际竞争能力的大医药企业集团。未来医药股的投资机会，将主要集中在创新、品牌、升级三大领域。随着行业集中度的提高，医药流通行业的净利率会得到提升，具有规模和经营优势的商业龙头在医药流通行业的整合大潮中，将实现规模和利润率的双重提升。

促进医药流通资源的有效整合，鼓励和支持全国性和区域性优势龙头企业通过收购兼并的方式，实现规模化经营。相关的政策，一方面会依托现有的医药商业龙头来推进行业的兼并重组，另一方面还要打击虚假的资产重组行为，来压缩中小流通企业的生存空间。

(3)"假相"模式的特征

资产重组是在市场经济条件下进行资源配置和再配置的一个重要组成部分，对社会经济的发展具有显著的积极作用。特别是对于资本市场来说，资产重组既是实现规模经济和进行产业整合的必要条件，也是股票市场上"用脚投票"机制全面启动的综合反映。正常的和有效的资产重组，将有助于股票市场上优胜劣汰的竞争机制的建立、健全和完善，也有助于促进产业结构向高级化的方向发展。但在我国，资产重组的这种积极功能在得到充分有效发挥的同时，其消极作用或负面作用也已经开始日益显现。根据上海证券交易所的一份研究报告，我国有些上市公司资产重组的绩效并不明显，相反，在一些重组公司中，利润却呈现出抛物线式的增长，即在重组前，许多企业或是亏损或是盈利能力低下；在重组后的一至二年内，企业的利润大都有显著增长；在这之后，企业的盈利能力又逐步滑落，重新回到重组时的起点甚至更低。导致这种状况的主要原因，是我国有些医药上市公司的资产重组重形式而轻实质，许多的资产重组不过是上市公司或相关机构达到某种目的的一种手段而已。应当指出，在我国的股票市场上，真正的和实质性的资产重组也是存在的，确实有一些医药上市公司通过资产重组而实现了企业的战略转移，走上了持续的和健康的发展道路，但也必须指出，还有一部分医药上市公司的资产重组具有相当多的"水分"，并且具有极不规范的特征。就资产重组的现实情况来看，"假相"模式的特征有以下几种。如图4-3所示。

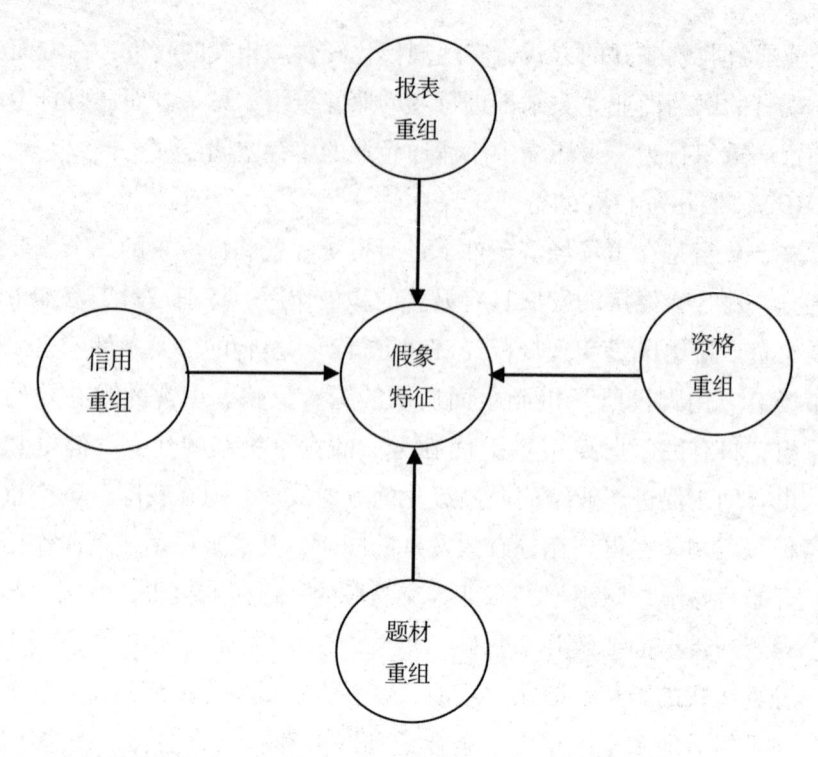

图 4-3 医药上市公司资产重组"假相"模式的特征

第一,以"圈钱"为目的所进行"报表重组"模式。

许多上市公司进行资产重组运作,都是为了提高企业的净资产收益率,从而能够在股票市场上通过配股方式进行再"圈钱"。根据财政部的有关规定,资产重组中的购买日应以被购买企业的净资产和经营控制权的实际转移为准,同时必须获得股东大会的批准。而根据《公司法》的规定,上市公司召开股东大会的通知必须提前一个月发布,这两个方面要求的统一,使上市公司如果要进行以操纵公司利润为目的的资产重组,并且在当年就要体现利润,就必须在每年的 11 月 30 日前公布重组方案而且必须作出召开股东大会的决定并发出通知。也正是由于这个原因,在每年的 11 月 30 日前,都是上市公司的资产重组公告集中公布的时期。据统计,每年 10 月初到 11 月底,沪深两市平均有 120 多家以上的上市公司公布各种各样的资产重组方案。有的上市公司与大股东进行完全不等价的关联交易,大股东用优质资产换取上市公司的劣质资产;有的上市公司甚至在同一天买入和卖出同一笔资产,从中获得几千万元的巨额差价;有的上市公司把巨额债务划给母公司,在获得配股资金后再给母公司以更大的回报。

据统计,从每年初到11月30日,沪深两市平均有10家以上的医药上市公司第一大股东发生了变更,其中,协议转让的占五成,无偿划转上市公司国有股股权的有一成,通过司法程序裁定转让上市公司法人股股权的占一成,通过抵债或通过收购上市公司母公司而间接获得上市公司控制权的占两成,而通过在二级市场上收购股票而获得上市公司控制权的占一成。出于"圈钱"目的而进行的资产重组,地方政府往往在重组中处于主导地位,协议收购中具有浓厚的非市场化因素,关联交易在重组中占有相当高的比重,是这种资产重组的突出特征。

第二,以保上市资格为目的进行"资格重组"模式。

根据《公司法》第157条的规定,上市公司最近三年连续亏损,国务院证券监管部门可以暂停其股票上市资格。根据沪深证券交易所的有关规定,对连续两个会计年度亏损以及经交易所或中国证监会认定为财务状况异常的公司,要进行特别处理(即ST)。如果上市公司最近三年连续亏损,则要暂停其上市资格并作PT处理。随着近年来上市公司亏损企业的日益增加从而ST队伍的逐步扩大并且PT股票的出现,上市公司特别是ST公司为了避免成为PT公司、PT公司为了避免被摘牌而展开了日复一日的保"资格"大战,这就使得ST公司和PT公司日益成为资产重组的主要对象并且在市场上逐步形成了ST板块。根据原有的债务重组规则,上市公司的债务重组收益允许计入当期损益,因而有不少上市公司都通过此举来达到"摘帽"或保配股的目的。根据《中国证券报》提供的资料,2000年以后医药上市公司进行的债务重组中,绝大部分都是ST或PT成员。

第三,以拉抬股价为目的进行的"题材重组"模式。

近年来,利用资产重组题材来拉抬股价从而达到在二级市场上获利的目的已成为我国股市中一种比较普遍的现象。有关人士跟踪研究发现，无论是资产重组公告发布前还是发布后，二级市场对公司控制权的转让都存在着明显的过度反应，以至于有人甚至做出了这样的评价：在我国的股票市场上，最不规范的是重组行为，最大涨幅的是重组股票，最有魅力的是重组题材，最名不符实的是重组资源。这种以拉抬股价为目的的资产重组，一般都具有三个方面的特点。

一是重组题材往往具有"爆炸"性。无论重组前的上市公司属于多么传统的产业，只要一进行重组，就立刻能进行产业升级，生物制药、药疗保健、医药外包等各种名目立刻冠上公司名称，市场题材也就由此而生。

二是重组能使不良资产大部或全部换成优良资产，公司业绩也能在短期内大幅抬升，并往往伴随有高比例的送配题材。

三是重组往往采取"暗箱"操作方式，上市公司的资产重组信息既不规范，也不透明。有的上市公司甚至在股价启动时或暴涨过程中发布"澄清公告"："公司没有任何重组意向或重组行为。"但当股价持续上扬并且达到最高价位时，上市公司却又突然推出了董事会决议："已与某公司或大股东进行了重大的重组行为。"这样，资产重组行为在市场上就演变为"搏傻"行为，使资产重组成为市场上"黑马"迭出的"摇篮"。

第四，以上市公司提供"回报"为目的进行的"信用重组"模式

利用上市公司的"担保"或"回报"来达到重组目的，是近年来上市公司资产重组中出现的引人注目的现象。东北某ST制药公司在2004年被资产重组后，一举摘掉了ST帽子，2006年8月实现了增发股票并筹集了大量资金，在增发完成后，上市公司立刻斥资2.3亿元收购了大股东的一家控股公司，使大股东得到了较为满意的"回报"。广东某医药集团受让了西安某上市公司3400万股法人股，股权转让总额为4800万元，但该医药集团前后只支付了600万元，却用转让得来的股票向银行质押获得了2500万元的贷款。不仅如此，该医药集团在入主

西安某上市公司后,很快将其一控股公司的股权转让给了成都该上市公司,西安该上市公司也因而增加了近2000万元的利润并推出了10送10的分配方案,但实际情况这些利润都只是纸面上的,西安该上市公司从未实际得到这些利润,由此导致西安该上市公司的财务状况严重恶化,并且因连续亏损而被戴上了ST的帽子。

上述四种资产重组模式,其实质是虚假重组运作。这些虚假重组行为之所以能得以实现,有着深刻的体制根源和社会根源。概括起来说,培植虚假重组的"土壤"主要有三个方面:

第一方面:进行虚假重组有动力。对于重组方来说,在一级市场上花的钱,要在二级市场上拿回来;投在亏损企业里的钱,要在企业配股或增发以后拿回来;对于被重组方来说,配合重组方进行重组,不但可以保住企业的上市资格和地位,而且其管理者还可以通过跟庄来在市场上博取差价,以实现个人利益的最大化要求;对于上市公司所在地的政府来说,支持资产重组不但可以通过保"壳资源"来保全自己的面子,而且还可以避免上市公司破产,如果公司业绩得以提高,还可以增加税收从而一举多得。

第二方面:进行虚假重组有条件。从市场的角度来说,资产重组已经成为市场广泛认同的最具爆发力的题材,一旦重组得以进行,其市场上的价格空间就会被迅速打开,因而可以顺利完成拉高出货的目的;从政策的角度来看,地方政府对资产重组的扶植力度一般都比较大,在税收政策、土地价格、业务特许、债务本息减免甚至股权无偿划拨方面都有着比较大的选择空间,从而能够促成资产重组。

第三方面:进行虚假重组有途径。在这方面,不但可以进行虚虚实实的资产置换,而且还可以通过不等价交换、无偿划拨或冲销债务甚至进行资产评估等来达到重组的目的。再加上上市公司资产重组的信息披露制度存在着诸多的可以钻的"空子",就使得各种各样的虚假重组都能够堂而皇之地进行并得以完成。

医药上市公司资产重组的短期"炒作"特征明显,不少上市公司重组的目的不是改善公司的经营效率，而是将股票投资效率放在首位，利用信息不对称和股价的不合理结构，与庄家联手误导中小投资者，投资者非理性的跟风炒作也在一定程度上助长了这种风气的形成。近年来，利用资产重组题材来拉抬股价从而达到在二级市场上获利的目的已成为我国股市中一种比较普遍的现象。由于我国国民经济正处于产业结构不断调整的过程中，股价结构的"不合理"可能在很长一段时间内存在，可以预期在未来很长时间内，我国证券市场上仍将大量存在非对等的重组交易。这种虚假重组不仅浪费了社会资源，也使得医药上市公司普遍质量不高。虚假重组不利于优化上市公司的法人治理结构，形成清晰的优势主导产业，更不能提高核心竞争力。

2001年以来，财政部颁布实施了新的《企业会计制度》，并重新修订了《非货币交易》和《债务重组》等若干会计准则。新会计制度将原先的四项计提提升为八项计提，进一步挤干了上市公司资产中的水分，夯实了重组的基础，相信会在很大程度上约束大股东和机构投资者制造虚假题材的行为。

4.1.4 近年医药上市公司资产重组运作的案例及趋势

（1）2009年医药上市公司资产重组典型案例

案例4.4　上实重组上药。2009年10月16日，上实集团重组上药集团方案公布，即上海医药以换股方式吸收合并上实医药和中西药业；上海医药向上药集团发行股份购买资产；以及上海医药向上海上实发行股份募集资金、并以该等资金向上实控股购买医药资产。上实集团通过上药集团和上海上实合计持有新上药48.39%的股权。上海医药成为两大集团核心医药资产和业务的单一上市平台。

案例4.5　中国医药集团重组中生集团。2009年9月16日，中国医药集团与中国生物技术集团实行联合重组，但目前尚未披露具体重组方案。随着国药控股9月23日在香港上市，国药股份和一致药业可能成为国药集团境内医药商业资产整合平台，现代制药和天坛生物可能成为医药工业资产的整合平台，而国药控股可能成为集团整体的海外整合平台。通过重组，中国医药集团将成为中国最大的全产业链医药集团。

案例4.6 冀中能源入主华北制药。2009年8月4日，华北制药发布公告，河北省国资委对华药集团的出资比例调整为100%，并将其产权整体划转给冀中能源，冀中能源全资控股华药集团。冀中能源是河北省最具实力的特大型企业集团，通过重组，实现了双方的优势互补，华北制药获得了急需的资金，冀中能源则如愿进入医药产业。

案例4.7 复星医药增持同济堂。2009年3月6日，复星医药旗下的复星实业（香港）有限公司以1693.31万美元，通过二级市场购入同济堂药业共计5388346ADS，折合普通股21553384股；8月10日，以2,783.52万美元再次通过二级市场购入同济堂药业共计827.48万ADS，折合普通股3309.94万股，合计已占同济堂药业已发行在外普通股的24.48%。

案例4.8 康美药业收购新开河。2009年3月12日，康美药业以3900万元的价格整体收购了集安市新开河有限责任公司。新开河是中国知名红参生产企业，而康美药业则是中药饮片行业的龙头企业。康美药业通过收购新开河，一方面延伸了其中药饮片产业链，提高了对药源地的控制能力，另一方面也扩大了其市场份额。

（2）2010年医药上市公司资产重组典型案例

案例4.9 上海医药收购。上海医药发布公告，将出资1.4亿元以收购股权并增资的方式控股广州中山医医药有限公司51%股权。中山医是广州第三大分销商。这是上海医药迈出重组后全国扩张的第一步。

案例4.10 新华医疗增资。新华医疗发布公告：公司拟以0价格收购众生医药60%的股权，并对其增资1500万元。增资完成后，公司持有众生医药60%的股权。

案例4.11 华润医药将100%持有北京医药集团的股份。北京市国资委与华润集团就生物医药产业板块的合作，在北京国际饭店举行了签约仪式。此次签约，华润旗下华润医药将100%持有北京医药集团股份，作为对价，北京市国资委持华润医药28%的股份。华润对华润医药的股比降至72%。

案例4.12 修正药业集团成功收购医药耗材。修正药业集团成功收购了河南焦作市联盟卫生材料有限责任公司（原焦作市卫生材料厂），不仅刷新了该企业在医药耗材方面市场空白的历史；更意味着修正药业将从原有的强势医药品牌的基础上扩大至多元化发展的趋势。

案例4.13 国药集团并购。国药集团旗下的国药控股与南京国盛药业有限公司达成了投资整合协议：国药控股出资2800万元收购国盛药业的全部股份，以1200万元收购国盛药业在南京国盛连锁投资的60%股权。

同时，国药控股正式进驻黑龙江，成立了国药控股黑龙江有限公司。新公司是通过重组当地民营企业黑龙江龙卫同新医药有限公司而组建的第51个控股子公司。与此同时，国药控股决定2011年将在黑龙江省13个地市完成网点布局，将其商业网络触角延伸至省内各县及乡镇。

(3) 医药上市公司资产重组运作的趋势

虽然近年来医药行业中的并购此起彼伏，每年都有几十起上市公司的并购，但是纵观整个医药产业结构，中小企业数量还是太多。现在中国有医药制造企业近5000家，大部分年销售额不到1个亿；有医药商业企业7000多家，大部分都是小公司；有医药零售连锁企业1000多家，但是它们的销售规模都不大，门店数量也不多。

在这种行业结构下，并购和整合将是中国医药行业中企业竞争力提升的重要道路之一。通过并购整合，将那些有一定特色但规模不大的药企聚合起来；淘汰一些没有特色的中小型公司；在中国塑造几个有真正竞争力的医药强者。未来我国医药上市公司的资产重组将呈现以下趋势。

首先，多种资本力量角力上市公司。

中国的医药市场正在快速成长，中国的医药消费正在逐年增加，在不久的将来，中国医药市场将成为世界上不可忽视的一块大蛋糕。而欧、美、日等发达国家的医药市场增长速度已经放缓。医药合资企业这么多年在中国的发展已经让那些没有进入者和在观望的国外投资者增强了信心，未来的几年中，将会有更多的外资进入中国。而进入的手段之一就是并购国内的药企，这是快速融入中国市场的方式。

经过改革开放几十年的积累，民营资本实力愈加雄厚。已经进入医药行业的民营资本将继续举起其扩张的大旗，利用其丰富的经验、缜密的思考吞食一些它们眼中的猎物。而没有进入医药行业的民营资本进入医药行业的最佳方式也是收购。

国资企业也绝对不会放弃医药这块被很多地方政府视为支柱产业的"肥肉"。它们将利用政策的优势、背景的优势、关系的优势进行疯狂的并购整合，因为它们也认识到现在是并购的好时节。

"国"字头的华润系、国药系，"民"字头的复星系、东盛系等将越来越体现集团的实力。多种资本的参与将使医药行业更加丰富多彩。

其次，新资本手段将广泛运用。

医药行业在资本市场上历来被认为是一个比较保守的行业。但是随着资本市场的成熟，以及医药并购市场的成熟，越来越多的新的金融手段将在医药行业并购中使用。

比如举牌收购。以前的医药行业并购绝大多数是协议收购，在二级市场上的举牌收购少之又少，随着股权分置改革的推进，以及医药上市公司的全流通，举牌收购将越来越多。

再比如母公司私有化子公司。以前的医药类上市公司往往都有一个集团公司作为母体，它们都是将一块优质资产包装后上市，但是现在又纷纷有集团公司希望整体上市，所以母公司私有化子公司成为一个重要途径。

还有支付手段方面，以前的医药行业并购中，一般采用现金支付手段，几乎很少看到资产置换、承债式收购、杠杆收购等形式，未来的并购中，这些支付手段将更多地被采用。

107

再次，海外并购更深入。

由于我国医药行业与发达国家相比在很多方面都有较大差距，在管理上、资金上、产品研发上、质量控制上、营销能力上都明显落后于发达国家的药企。但是，在这么多年的发展中，有很多中国医药企业能力快速提升，在研发、营销、生产上都建立了独特优势，资金实力也不断加强，因此，它们在某种程度上与外资药企能进行一定的竞争。

在原料药方面，中国现在是最大的原料药出口国，规模上具有绝对优势，我们完全可以在国外发展自己的基地，通过并购走出国门。

在生物医药研发方面，生物医药研发企业往往规模并不大，并购所需资金不是太多，一些有实力的国内药企完全可以通过对这些国外生物医药研发企业的并购获取其新产品的生产、营销权，获取其较为领先的研发能力，弥补自身研发实力的不足。

在普药的生产营销方面，经过这几年的发展，中国的很多药企在生产能力上已经具有世界领先水平，我们可以并购海外的普药生产企业，在获取其生产能力的同时获得其国外的营销网络和资源，利用成本优势开拓国外医药市场。

家电行业、钢铁行业、汽车行业纷纷出现了中国企业海外并购的案例，未来几年，国内的医药企业也必将通过并购走出国门。

最后，借助中间机构。

中国医药行业的并购整合中，中间机构将发挥重要作用。

并购是一项复杂的系统工程，医药企业在研发、制造、营销上有其专长，但是在并购上无疑并不具有非常专业的本领，如果一味追求自我完成，那么只能是限制了自己的发展。

并购中，企业需要法律专家、财务专家、金融专家等各种专业人才，中介机构将提供这些方面的全套服务。

医药企业只有借助这些第三方服务商，才能游刃有余地进行并购和整合。

4.2 非医药上市公司运作模式

现从我国非医药上市企业的视角出发,按照资产重组双方的产权关系将重组分为三大类行为:企业扩张、企业调整和企业所有权、控制权转移。在具体的重组实践中,这三大类不同的重组行为基于不同的重组目的又体现以下不同的重组运作模式。

4.2.1 非医药上市公司运作模式的种类

(1) 扩张型重组模式

企业的扩张通常指扩大企业经营规模和资产规模的重组行为,其包括以下几点。

其一,购买资。即购买厂房、债权、业务部门、生产线、商标等有形或无形的资产。收购资产的特点在于收购方不必承担与该部分资产有关联的债务和义务。以多角化发展为目标的扩张通常不采取收购资产而大都采取收购公司的方式来进行,因为缺乏有效组织的资产通常并不能为医药企业带来新的核心能力。

其二,收购公司。收购公司通常指获取目标公司全部股权,使其成为全资子公司或者获取大部分股权处于绝对控股或相对控股地位的重组行为。购买公司不仅获得公司的产权与相应的法人财产,同时也是所有因契约而产生的权利和义务的转让。因此收购公司可以获得目标公司拥有的某些专有权利如药品专营权、经营特许(药店连锁)权等,更能快速地获得由公司的特有组织资本而产生的核心能力。

其三，收购股份。一般指不获取目标公司控制权的股权收购行为，只处于参股地位。收购股份，通常是试探性经营的开始和策略性的投资。或是为了强化与上、下游企业之间的协作关联，如参股药材供应商以求保证原料供应的及时和价格优惠，参股医药经销商以求产品销售的顺畅、货款回收的及时。

其四，合资或联营组建子公司。公司在考虑如何将必要的资源与能力组织在一起从而能在其选择的产品市场取得竞争优势的时候，通常有三种选择，即内部研发、收购以及合资。对于那些缺少某些特定能力或者资源的医药企业来说，合资或联营可以作为合作战略的最基本手段，它可以将公司与其他具有互补资源（中药、西药）的合作伙伴联系起来，获得共同的竞争优势。

其五，公司的合并。这是指两家以上的医药公司结合成一家公司，原有公司的资产、负债、权利义务由新设或存续的公司承担。我国《公司法》界定了两种形式的合并：吸收合并和新设合并。从本质上讲这两种形式的合并并没有太大的不同，唯一的区别在于公司名称变与不变。公司合并目的是实现战略伙伴之间的一体化，进行资源、技能的互补，从而形成更强、范围更广的企业核心能力，提高市场竞争力。同时，公司合并还可以减少同业竞争，扩大市场份额。

（2）调整型重组模式

医药企业的调整包括不改变控制权的股权置换、股权资产置换、不改变企业资产规模的资产置换，以及缩小公司规模的资产出售、企业分立、资产配负债剥离等。

股权置换，目的通常在于引入战略投资者或合作伙伴。通常股权置换不涉及控股权的变更。股权置换的结果是：实现医药企业控股股东与战略伙伴之间的交叉持股，以建立利益关联。

股权资产置换是由医药企业原有股东以出让部分股权的代价使公司获得其他公司或股东的优质资产。其一大优点就在于公司不用支付现金便可获得优质资产，扩大企业规模。

资产置换是指医药企业重组中为了使资产处于最佳配置状态，获取最大收益或出于其他目的而对其资产负债表的资产类进行交换。由于某种原因，企业一些非核心资产效率低下，降低了企业的整体盈利能力，而这些资产却又是另一企业所急需的。双方通过资产置换能够获得与自己核心能力相协调的、相匹配的资产，这一过程应是一个互利的双赢过程。

资产出售或剥离是指医药企业将其拥有的某些子公司、部门、产品生产线、固定资产等出售给其他的经济主体。由于出售这些资产可以获得现金回报，因此从某种意义上来讲，资产剥离并未减小资产的规模，而只是企业资产形式的转化，即从实物资产转化为货币资产。

公司的分立，即医药企业将其资产与负债转移给新建立的公司，新公司的股票按比例分配给母公司的股东，从而在法律上和组织上将部分业务从母公司中分离出去，形成一个与母公司有着相同股东的新公司。通过这种资产运作方式，新分立出来的公司管理权和控股权也同时会发生变化，在公司分立的过程中有许多做法，包括了并股和裂股两种方式。其结果是母公司以子公司股权向母公司股东回购母公司股份，而子公司则成为由母公司原有股东控股的与母公司没有关联的独立公司。

资产配负债剥离，即将医药企业资产负债表中的资产配上等额的负债一并剥离出公司母体，而接受主体一般为其控股母公司。这一方式在甩掉劣质资产的同时能够迅速减小公司总资产规模、降低负债率，而公司的净资产不会发生改变。对资产接受方来说，由于在获得资产所有权的同时，也同时承担了偿债的义务，其实质也是一种以承债为支付手段的收购行为。

(3) 控制权变更型重组模式

医药企业的所有权与控制权变更是企业重组的最高形式。通常企业的所有权决定了公司的控制权，但两者不存在必然的联系，常见的公司控股权及控制权的转移方式有以下几种。

一是股权的无偿划拨。有股的无偿划拨是当前证券市场上公司重组的一种常见方式，通常发生在属同一级财政范围或同一级国有资本运营主体的国有企业和政府机构之间，国有股的受让方一定为国有独资企业。由于股权的最终所有者没有发生改变，因而国有控股权的划拨实际是公司控制权的转移和管理层的重组。其目的或是为调整和理顺国有资本运营体系，或是为了利用优势医药企业的管理经验来重振处于困境的上市公司。

二是股权的协议转让。即股权的出让与受让双方不通过交易所系统集合竞价的方式进行买卖，而是通过面对面的谈判方式，在交易所外进行交易，故通常称之为场外交易。这些交易往往出于一些特定的目的，如引入战略合作者，被有较强实力的对手善意收购等。在我国的资本市场，以前场外协议转让案例产生较多的主要原因在于证券市场中处于控股地位的大量非流通股的存在。

三是公司股权托管和公司托管。医药企业股东将其持有的股权以契约的形式，在一定条件和期限内委托给其他法人或自然人，由其代为行使对公司的表决权。当委托人为公司的控股股东时，公司股权托管就演化为公司的控制权托管，使受托人介入公司的管理和运作，成为整个公司的托管。

四是表决权信托与委托书收购。表决权信托就是许多分散股东集合在一起设定信托，将自己拥有的表决权集中于受托人。使受托人可以通过集中原本分散的股权来实现对公司的控制。委托书收购是一种中小股东影响和控制公司的方法。在股权结构相对分散的公司里，中小股东可以通过征集其他股东的委托书来召集临时股东大会并达到改组医药企业董事会控制公司的目的。

五是股份回购。医药企业或是用现金或是以债权换股权的方式购回其流通在外的股票。这样会导致股权结构的变化，由于公司股本缩减，而控股大股东的股权没有改变，因而原有大股东的控股地位得到强化。我国《公司法》对回购股份有着较为严格的限制，只有在注销股本或与其他公司合并时方能购回发行在外的股票，并须及时变更登记和公告。

六是交叉控股。交叉控股是母子公司之间互相持有绝对控股权或相对控股，使母子公司之间可以互相控制运作。交叉控股产生的原因是母公司增资扩股时，子公司收购母公司新增发的股份。我国《公司法》规定，一般公司对外投资不得超过净资产的50%，这在一定程度上限制了母子公司间的交叉控股，但亦可以通过多层的逐级控股方式迂回达到交叉控股的目的。交叉控股的一大特点是企业产权模糊化，找不到最终控股大股东。

(4) 企业托管重组模式

其一，托管一般企业。对连年亏损、债务负担沉重、濒临破产的医药企业，在政府撮合下实施优势企业的托管经营。在承担托管企业全部历史债务和亏损的前提下，政府给予一定的优惠政策：对企业原有贷款计息不收息，争取得到上级银行同意实行减免息或挂账停息；对企业暂缓征收税款；通过银行贷款解决技改项目所需资金。

其二，托管大企业。

对固定资产庞大、濒临破产医药国有企业的托管。托管方不承担被托管企业的历史债务和其他历史遗留问题，主要是向被托管企业输出管理、人才、技术和经营渠道等无形资产及必要的启动资金，利用被托管方的物力和人力资源，实现资产的优化配置，按照约定条件在规定期限内使被托管企业保值增值，以达到资本的良性循环。

其三，托管偿债。对债务负担沉重的医药国有企业，聘请债权方的经营者托管债务方企业，通过管理取得效益并偿还债务，使托管方既能优先获得偿债保障。在债股结合的方式中，托管方还能在一定时期内以实现利润转化股权。

国外非上市企业托管借鉴：德国托管局对实施的国有非上市企业民营化做法时，对于产品在市场上有一定竞争力、基本条件较好、可以向投资者立即出售的企业，通过招标的方式尽快实现产权转让。托管局要求投标者提交一份具体的企业整顿计划，包括企业经营环境分析、发展规划、投资和就业计划等，将认为最有可能把企业经营好的投资者选为中标人。在出售方面，原则上要求一次购买，特殊情况下允许分期付款，并有保证最低投资率和最低再出售年限的具体规定。对于需要先进行整顿后才有可能生存和发展，从而向投资者出售的企业，暂时由托管局通过委托或租赁、承包等形式限期整顿。企业的经营者一般是本人向托管局申请并通过能力和资格审查的人员，经营者不仅制定而且要负责执行企业的整顿方案。如果没有达到整顿目标，则要采取相应措施责令经营者辞职。如果在预定期限企业仍无转机或无人购买，就将企业列入关闭。对于即使经过整顿后其产品在市场上仍不具备竞争能力的，采取停业和关闭清算的办法。凡是被认为有继续生存机会的企业，托管局就在相应要求的范围内承担该企业的银行债务，并补偿所需资本金。托管局解决资金缺口的办法有：发行特种债券；利用周转信贷和商业票据工具；使用借款券融资；运用国家财政专设的透支权；许可限度内为企业提供银行贷款担保等。

(5) 破产处理重组模式

其一，实施抢救剥离。将具有一定的经济实力，并且产品有销路的车间、部门先行剥离，将其成为若干具有法人资格的经济实体，通过资产评估，由新组建的医药企业按有效资产的实际划分比例，来分担清偿老企业实际债务的责任，并由新、老医药企业共同承担连带责任。对分离出的新企业需针对不同情况采取支持政策，包括：商请银行解决启动资金；延长停产整顿期6个月；内退休职工交社会统一管理；从财政扭亏措施费中拨款整改地区生活设施；对企业的亏损、潜亏作相应处理。

其二，整体接收破产企业。在保证对普通债权人一定清偿比例的前提下，由企业法人整体接收依法破产的医药企业，经过改组、制度建设和技术改造，使之成为本企业中一个有效运转的组成部分。接收方实现以零收购的方式获得土地使用权；全部接收破产企业职工；依据国家有关政策，将原企业的非经营性资产全部交给地方政府管理，甩掉社会包袱；采取由政府拨款解决医药企业收购后的下岗职工工资和福利待遇；

接收方承诺就业职工原有的医疗保险、养老保险待遇不变。

(6) 集团内部分解无效资产重组模式

目前国内大的医药企业集团之中，往往存在资产运营效益的极大差异。从集团的总体发展战略入手，对一些资本回报率低，且产品不适应市场需要的企业果断进行清理和解散；对一些承担无限责任的租赁企业和部分严重亏损的销售网点，宣布终止经营；对一些股权比例小、经营无前途的企业，以及虽然盈利但从整体上看对集团发展帮助不大的企业进行股权转让；对一些经营管理不善、亏损严重、资不抵债的企业，依法宣告破产。

(7) 国有企业与民营企业实行强强联合重组模式

国有独资医药企业集团具有产业优势，科技人才、管理人才优势以及占有黄金地段的地理优势。而民营医药企业集团，拥有丰富的土地资源、厂房以及经营人才优势。二者平等融合后改变了股权结构，增强了实力。

(8) 不同所有者之间的置换资产重组模式

地处繁华市区的国有医药企业因污染扰民需搬迁，但资金不足。相关公司为获得繁华地段进行房地产开发，购买了厂房和设施处于闲置状态的乡镇企业产权，与需搬迁的企业进行置换，并补贴该企业的搬迁和停工补偿费。结果是：乡镇企业通过出售资产回收了资金；国有企业减少了搬迁建设周期；股份公司获得了从事房地产开发的有利场地。

(9) 租赁经营重组模式

在同行业医药企业之间，对象企业由于市场竞争力差、机制不灵活以及技术问题，造成企业停产，设备闲置。优势企业以每年一定量的租金租赁该厂，利用原有的厂房和部分设备，增加投资进行设备更新、技术改造后，使被租赁企业在短时间内恢复生产、创出效益。与投资新项目相比较，租赁方降低了成本。

(10) 合资经营重组模式

被重组医药企业的土地往往处于经商的黄金地势并具有一定的建设

基础，但由于企业经营不善、连年亏损、债台高筑、资不抵债。优势企业以商标、技术等无形资本作为投资与其联营，设立股份有限公司。经过增加投资及派出技术人员，对其进行技术改造、添置设备、调整工序、重组领导班子、重建内部管理制度等工作，使原企业彻底改变面貌。

4.2.2 非上市国有医药企业资产重组的模式

（1）重组的动因

国有非上市医药企业资产重组是中国市场经济过程中的独有现象。而我国国有非上市医药企业资产分布很广，既有经营性资产，也有非经营性资产；既有盈利性资产，也有非盈利性资产；既有可继续利用的资产，也有已无利用价值的资产。在国有企业的资产分布中，不同种类之间的资产有的具有很强的技术经济联系，有的是互无关联的资产，有的资产对公司的未来发展是必不可少的，有的是无用的等。凡此种种，都必须在资产重组中加以分类甄别，根据企业发展的需要和筹资的用途，选定合适的资产重组方案。

总结重组动因，有以下因素：①国有医药企业负债率高，社会负担重，盈利水平低，达不到股票发行与上市的标准；②国有医药企业产权不顺，不重组难以实现产权社会化的目的；③迫切需要转换经营机制；④构建现代医药企业制度产权的需要。

（2）重组的目的

一般而言，国有非上市医药企业资产重组要实现以下几个目的：

①通过资产重组，促使保值、增值。这些要求包括：盈利水平、负债水平、净资产收益率、资产规模、股权结构要求等方面；②通过资产重组，集中突出主营业务、品牌优势和重点发展方向，精干主体，分离负担，使之既能发挥已有国有资产的优势，又能形成新的经营机制；③通过资产重组，建立现代医药企业制度和法人治理结构；④通过资产重

组，提高国有资产的产出效率。

（3）重组的模式

资产重组涉及的内容很多，主要包括产权重组、业务重组、组织结构重组和债权债务关系重组等。国有医药企业的资产重组不仅仅是为了获得资金，更重要的是为了转换经营机制。因此，国有医药企业在资产重组时，要公开发布信息，选择资产实力强、信誉好、管理经验丰富的法人，不应盲目而为。具体运作模式包括以下几种。

一是转让国有股份模式。在非上市国有股份流通不充分的现实情况下，参照产权市场价格将国有股份出让给其他企业，这样可收回现金并实现增值（因转让价一般会高于每股面值）；增大法人股比例，有利于加强公司的监督和约束；在一般竞争性行业，是国家逐步退出的方式；即使是国家需要控制的行业也不绝对控股，只做大股东。

二是国家股配股模式。上市公司通过配股实现扩张的过程中，国家若不打算继续注资又不愿因放弃配股权而稀释国有股比例的情况下，用实物资产并入，或将运转中的效益良好的医药企业整体并入上市公司。

三是资产剥离、重组上市模式。将企业中效益较好的部分重组为上市公司，进行股权融资。没有划归上市公司的部分重组为总公司，并作为上市公司国家股的股权所有人，总公司所属各单位与股份公司之间实行有偿服务。

四是改为股份合作制模式。将尚能正常运转但经济效益有待提高的企业资产，转让给企业职工，可以兼得回收国家投资、改变企业经营机制、提高职工积极性的多重收效。一般经营状况的小型国有企业，经过资产评估，将企业产权出售给本企业的全体职工，组成股份合作制企业。资产出售收入由国资部内收回。国有中型老企业，采取职工交纳现金购买部分国有存量资产的方式，进行股份合作制改造。经过资产评估，并由国前资产管理部门确认后的经营性存量净资产，部分出售给职工作为个人股份，其余资产作为国家股。

（4）重组存在的问题

当前国有资本退出竞争性领域是大势所趋，这给相当多的民营企业和外资企业带来了千载难逢的机遇。收购非上市国有企业，可以使它们做得更大、更强。但收购国有企业绝不是免费的午餐，千万要提防馅饼变成了陷阱。在并购非上市国有企业时需要注意以下几个问题。

第一，业绩的真实性。对于买方来说，了解收购目标公司真实的业绩非常重要，这将有助于了解目标公司的价值和风险所在。有时候目标公司会披上华丽的外衣，看起来业绩非常优秀。这时候，我们更应该提高警惕，应采取各种途径了解该公司业绩的真实性。可采用的办法有：请会计师事务所进行财务和税务等方面的审慎性调查或直接审计；请律师事务所进行法律方面的尽职调查等。

第二，股权的估值。关于收购的价格，买方总希望越便宜越好。有些买方通过某些灰色的手段，以极低的价格获得国有企业的产权。然而随着政府监管措施越来越严格，采取这样的方法来操作存在较大的法律风险。从长远考虑，我们还是应该尽可能在遵循法律、法规的情况下，来降低收购的成本。国有企业产权的出让，按照有关规定，需要聘请资产评估机构进行评估，评估报告作为转让价格的参考依据。从目前实际操作的情况来看，评估的弹性空间还是很大的。根据《企业国有产权转让管理暂行办法》的规定，资产评估机构由转让方聘请，在这种情况下，买方还是需要聘请一家中介机构对股权进行比较客观的估值，以便于与转让方就股权的价值评估进行沟通。另外，评估方法的不一样，评估的结果也会差异很大。因此，买方在这方面值得花大力气与转让方、评估机构多沟通，尽量争取采用对双方都有利的评估方法。

第三，股权结构的设置。如果买方在收购完成以后需要对目标公司进行整合，那么应该尽量争取控股权，否则后患无穷。曾经有一家外资企业收购了一家非上市医药国有企业，国有股东保留了50%股权，外方股东占50%股权。收购完成以后，外方股东发现公司的管理非常混乱，想对公司进行全方位的整合。但由于整合方案触动了某些人的既得利益，并由于外方股东仅在董事会占一半席位，外方股东的重组整合提案总是没法获得通过。

第四，对管理层的安排。买方对目标公司进行尽职调查，可以增进对目标公司的了解，但对公司了解得更深的应该是管理层。因此，从促进整个收购行动的成功率来讲，买方应尽可能争取管理层对收购行动进行支持。但也不能为了争取管理层的支持，就做毫无原则的让步。

第五，激励制度的改革。一般来说，国有医药企业的大部分员工还是希望公司进行改制，引入非国有的外部股东。他们一般对公司机制的改善抱有较高的期望值。对于买方来讲，为了充分调动员工的工作积极性，最大限度地为公司的发展尽心尽力，也非常有必要对激励制度进行改革。在对人员的调整基本完成以后，应及时进行薪酬制度等方面的激励机制改革。但如何改革，值得买方仔细研究。对薪酬制度的改革，不等于简单地提高薪水，而是一项综合性、系统性的工作。因此，要想对被收购的非上市国企进行激励制度的改革，在确定好激励对象以后，应综合全盘考虑，把握问题实质，出台的措施要真正起到激励的作用。

随着国有资本在管理方式和公司治理结构方面的改善，随着国有医药企业历史包袱的逐渐解脱，往后国有和国有控股公司产权变动的动力应当取决于企业运营的内部需求，这意味着，由政策性导向所驱使的那种被动出售应当逐渐退出历史。换句话说，围绕产权发生的交易应该是具体的和个别的，因而是从企业的内需所出发的，那种按照计划和文件要求成批企业一律进行产权改革的现象应该成为历史。这样的前提是，国有资本的运营和管理就其作为参与竞争的市场主体之一而言，已经十分有效，其职业经理人员的日常经营已经将股东利益的最大化和节约成本作为公司日常工作铁的原则并且贯彻在实际行动中。应当从建立统一的国内并购市场的角度来建立和完善相应的资本市场制度。因此，即使仍处于国有企业需要成规模瘦身（比如中央企业的主辅分离）的阶段，交易程序和规则的制定也必须着眼于参与并购交易的双方。这就是说，规则本身不仅应当有利于约束可能导致国有资产流失的行为，规则本身的制定也应当有利于约束来自于买方的投机性行为和不计后果只求盲目扩大的非理性收购。这将有助于鼓励健康的资本交易,从而大大挤压那种希望乘着转型之际大发横财和投机取巧的腐败行为的活动空间,与此同时,它将有助于鼓励理性和健康的资本交易,从而对发育出一个良性运转的国内资本市场大有好处。比如说,对于参与交易的公司设定一定的门槛和资质等条件,不仅仅会鼓励真正有效率的重组,而且将会大大减少内部人自己通过欺诈方式获得国有资产的机会。如表4-1所示。

表4-1 2010年中国医药企业销售额超百亿排名

名次	企业名称	地区	营业收入（万元）
1	华北制药公司	石家庄	13000000
2	国药集团	北京	8200000
3	上海医药分销公司	上海	5200000
4	九州通公司	上海	3300000
5	国中医药公司	武汉	3000000
6	南京医药公司	江苏	2940000
7	北医集团公司	北京	2730000
8	广州医药集团	广东	2100000
9	安徽华源医药公司	安徽	1810000
10	重庆医药公司	重庆	1530000

4.2.3 非上市医药企业资产重组运作时应注意的问题

资产重组是把"双刃剑",既存在预期利益,又面临一定风险。从医药企业近几年并购重组来看,尚存在一些重要问题,必须引起业界人士的高度重视。

(1) 结构调整缺乏长远战略规划

在结构调整过程中,无论选择何种战略目标,采取何种战略方式,都应建立在公司"发展战略规划"基础之上,否则犹如空中楼阁,经不起市场考验，最终会遭到市场的抛弃和报复。如西南地区一家制药厂，主营业务非常薄弱，业务利润只占公司利润总额的32%，靠转让所属某制药厂获取营业外收入勉强支撑了一点净利润，但公司却又为改善市场形象在某高新技术开发区组建了一家生物技术制品有限公司，进军生物工程高科技产业。如此结构调整，务虚不务实，发人深省。

(2) 缺乏核心产品的依托

现在一谈重组，就是资本经营，殊不知，资本经营是生产经营发展的一种手段。一旦脱离生产、脱离主导产品，就成了无源之水、无本之木，最终不仅使公司发展化为乌托邦，而且为国家、为产业的发展带来严重的泡沫经济，后果不堪重负。杭州某药业公司原是中成药生产企业，在2008年药业获利能力低下的情况下，公司致力发展非药业产品，通过兼并、收购、控股组建了5家子公司和1家分公司，经营范围由中西药业扩展到电子、手表、皮塑、商贸、造纸等产业，2009年不仅药业收益继续下降，其他行业项目也产生了亏损，仅靠投资收益维持了利润。可见，如果公司在结构调整过程中，资本运营严重脱离了主导产品的核心经营，一味追求在自身不熟悉、不了解的行业和产品中获取补偿收益，可能不仅无法给公司带来预期经济效益，而且会恶化财务结构，导致营运资金恶性循环，竞争优势丧失，企业陷入难以为继的危险境地。相反，另一家公司中西药业在开展资本运营过程中坚持内部拓展的中心式多元化原则，始终建立在药业竞争优势基础之上，先求主业精，再求副业旺，使公司进入可持续发展的良性轨道。

(3) 轻视不良资产的剥离

上市资格这一稀缺资源已受到社会各界广泛关注，"借壳上市""买壳上市"是许多非上市医药企业的梦想。借壳上市或买壳上市的根本在于改变资源配置不合理这一主要矛盾，真正优化上市公司的资产结构，本质上改善公司形象，提高公司业绩，为日后恢复配股融资功能或股权进一步转让创造条件。这要求在注入优势资产前清理、剥离"壳"中的不良资产，而不能让不良资产污染优质资产。江苏某民营医药企业在受让浙江某制药上市公司部分国家股之后，成为公司第一大股东。该民营医药企业将其优质资产注入浙江这家企业，但由于未对浙江这家企业不良资产予以剥离，导致当制药公司盈利下降时，该不良资产迅速发生作用，恶化了公司的财务结构，不仅吞蚀了新资产的盈利，而且产生了巨大亏损。最终该民营医药企业不得不出让所持浙江这家企业全部股份。这一教训告诫我们，剥离不良资产与注入优质资产同等重要，两手都要硬。

(4) 生物技术产品概念滥用

"十三五"期间将是我国医药界由引进开发转为自主创新为主的攻坚阶段，要求企业在结构调整中运用资本经营手段，加强产、学、研的融合，加速科技成果产业化和商业化进程，为企业高速成长奠定基石。这无疑有助于我国高新技术对传统医药产业的改造，从根本上改变过去高消耗、低产出、低效益、重复建设的开发老路，为企业与科研实体的联合创造了历史性的机遇。另一方面，当前企业界对生物高技术产业嗅觉灵敏，但对国家产业政策导向缺乏正确认识，一不知该产业要求很高的技术含量，不是有钱买来设备就能仓促上马的，质量不能保证谈何竞争优势；二不知高新技术产品的市场容量有限，一哄而上必然导致恶性竞争，造成资源的极大浪费。因此针对目前医药企业都想往生物高科技术领域占一脚，出现仿制性生物技术产品重复研究、重复开发、多家申报，一种产品重复建设的倾向，卫生部和行业协会要加强管理和监督，企业要加强市场情报的跟踪研究。

(5) 市场化重组不充分

医药企业上市公司大多从国有企业脱胎而来，对原国有企业计划运行机制多多少少存在一些惯性、依赖性，产权不明晰、责权不明确、政企不分开、管理不科学的弱点尚未完全消除，尚无法完全适应当前的市场经济，因此搞好资本重组运作，发展企业集团，一定要以建立现代企业制度为基础。否则企业自我组织功能不足，管理跟不上，缺乏机制活力，资本运营经不起时间的考验，结构调整将难以达到预期的效果。

4.3 医药企业资产重组的风险类型及防范

通过本章对企业资产重组的模式进行分析,同时对"真假相"特征、风险种类进行了研究,可以得出医药企业资产重组的误区、陷阱等风险无处不在。因此,构建一套针对医药企业资产重组风险管理的决策模型有着现实操作意义。

现代风险管理理论是由 Markowitz(1952)提出的,他首先将期望与方差的概念引入资产组合问题的研究,提出用资产收益的期望度量预期收益和用资产收益的标准差度量风险,对风险进行定量化研究。同年美国学者格拉尔在其调查报告《费用控制的新时期——风险管理》中首次提出风险管理的理念。之后各国纷纷成立风险管理相关学会,开展风险管理在各个领域中的应用研究,这些领域包括金融业务、投资、业务管理、项目管理、工程管理等。到 20 世纪 80 年代企业并购大量出现后,风险管理也开始普遍应用到企业资产重组管理中。

我国关于资产重组风险管理的研究起步于 20 世纪 90 年代。目前医药企业对重组风险的管理还仅停留在企业家个人的经验、知识、能力、阅历及直觉的基础上,对资产重组风险的认识尚处于初级阶段。且因经济市场化程度不高、资本市场或产权市场不规范、法律法规不健全、产业发展不平衡和企业决策能力水平不一,使企业重组活动存在的各种风险更加严重。目前国内理论界对企业资产重组风险分析的研究,一方面缺乏完整、直观且定量的数学分析,不易被企业决策者所运用;另一方面缺少系统的风险防范体系和切实可行的应对策略。而其他的相关研究大多数停留在定性分析和案例分析方面,缺乏全面、系统、深入的理论分析和实践论证。

吕被萍(2001)、张建华(2003)和张志强(2006)用层次分析法、灰色系统、博弈论等方法间接地探讨了企业并购风险的定量分析问题，而面对医药企业实际操作的直接指导作用不大；Ralph（1999）、Richard（1999）和 Tony Grundy（1996）则是从某个角度分析了企业资产重组的影响因素和解决措施，但如何辨别因素的影响程度并没有深入的研究。因此，对医药企业资产重组风险领域的研究和实践都十分缺乏，在这样的现状和环境下，医药企业如果需要合理控制资产重组运作风险以提高企业重组绩效水平，需要加强对资产重组风险管理的研究和实践。

企业集成风险管理（Enterprise integrated risk management，EIRM）就是从企业整体角度出发分析、识别、评价企业面对的所有风险并实施相应的管理策略。它主要有以下特点：①企业的风险管理对象不再是过去的纯粹风险即损失的可能性，既包括纯粹风险，也包括既有损失发生的可能和赢利可能的风险。相应地，企业集成风险管理不仅是降低或消除纯粹风险即降低损失或损失发生的可能，而且要包括在降低损失或损失可能性的同时尽可能增加盈利及盈利的可能性。②企业集成风险管理要管理企业的所有风险而不是数量有限的个别风险。③企业集成风险管理的方法是把所有风险进行分类分层集成后评估和制定对策，而不是仅对每个风险进行评估并制定对策。

新的环境下，要求企业从企业整体角度进行而不再像以前那样孤立地进行若干个独立的风险管理是集成风险管理出现的最根本的背景。一般来说，欧美企业在 20 世纪 80 年代之前只进行纯粹的信用风险管理，到 80 年代进行财务风险管理（包括市场、信用风险的管理），到 90 年代便进入了集成风险管理，企业集成风险管理能带来很大的效益。Scordis（2000）认为根据企业自身的风险管理实践，整合组织核心资源来设计合适的风险集成模型，进行集成企业风险管理能够增加股东价值。Hernandez（2000）认为集成风险管理能够从战略视角来进行风险识别、分析、评价及控制。

资产重组集成风险管理方法区别于传统风险管理方法的最大的特点是对风险分类评价的系统性。倪义芳等（2000）给出了基于 AHP 的 GREIS 模型。胥朝阳（2004）在对企业并购风险因子进行识别和定性分析的基础上，将模糊数学的理论和方法引入并购风险的度量，建立了并购风险的模糊度量模型。通过案例分析，验证了该度量模型的可行性。刘可新等（1997）将 Petri 网理论引入企业经营战略管理领域，提出了用 Petri 网对企业并购重组战略的制定过程进行分析与描述，使企业并购重组战略的制定过程在 Petri 网上得到了清晰、全面的描述。张振辉等（2003）将层次分析法（AHP）与灰色系统理论中的灰关联分析方法（GRAP）有机结合，构建了 AHP—GRAM 评价模型，并将其引入到企业并购风险模式识别中，对共享企业兼并中各种兼并模式风险大小的可能性作出了准确的判断。由 AHP 法构建层次结构关系图，依据判断矩阵定量计算出准则层和方案层中各风险因素重要度组成的待检模式向量和由方案层中各风险因素相对权重组成的兼并特征矩阵，通过关联度计算，求出企业兼并过程中造成兼并风险发生的各种兼并方案可能性大小的顺序。

总结本章将医药企业划分为上市公司与非上市公司资产重组模式，现将这些模式归纳为三个类型：资产合并型、债务剥离型、买壳上市型。而这三个类型在现实重组运作中随时与风险相伴，有的因无风险预案、决策、防范失去了重组机遇，或资产重组后绩效不明显，重组的有效性大打折扣。现本文将这三个类型的风险及防范进行分析，进而建立针对医药企业资产重组风险管理的决策模型。

4.3.1 资产合并型风险及防范

医药企业资产合并是指企业为实现资源合理配置而与另一公司合并在一起的活动。无论是吸收合并还是新设合并，合并各方的债权债务都由合并后的存续公司或新设公司来承担。医药企业在合并重组活动中，有时会遭到目标公司的反抗，即目标公司进行反收购，从而给合并重组带来风险。合并风险主要分为杠杆收购风险、委托经营与代理风险和目标公司反收购风险。

(1) 杠杆收购风险及防范

杠杆收购,是指收购方以目标企业的资产和将来的现金收入作为抵押品,向金融机构借款或发行债券融资,买下目标企业并对其进行整顿的收购行为(资本市场发达的国家适用此办法)。杠杆收购有力地推动了企业间的资产重组,但也伴随着一定的风险。主要有为进行杠杆收购而发行垃圾债券,助长了证券市场的过度投机行为,加剧了证券市场震荡和为牟取差价、获取暴利而进行杠杆收购,扰乱目标企业正常生产秩序,造成社会经济不稳定。对于杠杆收购风险的防范,应成立专门机构,负责对杠杆收购的管理,使杠杆收购规范化。要严格控制垃圾债券发行量,限制金融导向收购,鼓励经营导向型收购。2008年由美国引起的次贷危机,就与垃圾债券过度发行而缺少监管(评级失真)有关。

(2) 托管经营与代理风险及防范

托管经营,是指医药企业所有者通过契约形式,将企业法人财产交由具有较强管理能力、并能承担相应经营风险的法人或自然人去有偿经营,明晰企业所有者、经营者与生产者之间的责权利关系,保证企业资产保值增值的一种经营方式。代理风险,是指在资产所有权和经营权分离的状态下,由于委托人与代理人在目标、动机、利益、权利、责任等方面存在着差异,委托人具有因将资产的支配权和使用权转让给代理人后可能遭受利益损失的风险。这种风险主要表现为:①是代理人可能缺乏代理资格,即没有足够的自有资产作受托资产的抵押或代理人没有较强的经营能力,导致代理风险的产生;②是由于委托人和代理人的目标不一致而产生的代理风险;③是委托人缺乏监督代理人行为的动力而生的代理风险;④是代理人经营不规范所产生的风险。

对托管经营与代理风险的防范:①严格审查代理人;②使委托人与代理人目标一致;③监督代理人的责任感;④督促代理人规范经营。

(3) 目标公司反收购风险

目标公司在投资银行的协助下,对潜在的和现实的购买进行积极的或消极的防御行为,称为目标公司的反收购或反兼并。如果一个企业在资产重组时遭到目标公司的反击,就会增加资产重组工作的难度和风险,称为反收购风险。这种风险主要表现在:①是对收购方进行控告,从法律上挫败收购方的兼并意图,同时也增加收购方的收购费用,使收购方遭受较大的损失;②是采取多种手段抬高股票价格,加大收购者的收购成本,增加收购难度;③是通过保障企业管理层乃至普通员工利益来提高收购成本。

对于目标公司反收购风险的防范:①收购方要尽量取得目标公司的信任与合作,特别是要打消目标公司把自己的善意收购行业视为恶意收购行为的顾虑;②收购方应主动与目标公司进行协商,尊重目标公司的利益,争取目标公司的理解和支持。

4.3.2 债务剥离型风险及防范

所谓债务剥离,是指通过一定的财务和法律手段,将作为买卖标的"壳"公司的债务分离出去。从合同法的角度分析,债务剥离即将债务人的部分或全部债务转移至其他主体,或债权人对债务免除,从而使债务人(壳公司)不再负有转移出去的债务的债务重组方式。这些都需要通过法律的途径进行债务剥离。而越来越多的企业选择通过收购医药上市公司的途径进入证券市场,收购方更看重的是医药上市公司的"壳"价值,甚至很多收购方希望对目标公司最好以"净壳(即无遗留资产、无负债、无法律纠纷、无行政处罚的空壳公司)"方式成交。因此,许多买壳上市业务需要对壳公司的资产特别是债务进行重组,可以说债务重组是决定整个重组成功与否的前提。因为债务问题得不到解决,实质性资产重组就无法开展。而债务剥离总是债务重组中被优先考虑和经常使用的方式。

根据相关法律的规定,结合近年来发生的债务剥离案例,债务剥离的法律途径大致有如下几种。

（1）将债务转移给大股东

将债务转移给原大股东是常见的债务剥离方式。具体可采用两种方式：

一是"资产+负债"一并转移。大股东将上市公司的资产连同负债一并接纳过来，然后由重组方注入新的资产。这种方式较为常见，因为收购方一般并不看重上市公司的资产和业务，而原大股东则对上市公司的资产和业务等轻车熟路，可以继续原来的经营。

二是如重组方不需将目标公司的原有经营性资产剥离出去，而原大股东又有能力承接负债，则采取只将债务转移给大股东的方式亦是可行的，特别是在大股东占用上市公司资金或其他资产而对上市公司负债的情况下更是理想的债务剥离模式，即"大股东、上市公司、债权人"三方之间的债权债务关系通过债务转移的手段，转换为"大股东债权人"双方之间的关系。

（2）将债务转移给子公司

将债务转移给子公司（一般为控股子公司）也是债务剥离的一种常见形式，但与转移给大股东不同，此种方式从会计合并报表的角度，其债务并未被置出。但此方式在法律上却有两方面的意义。一是对外承担负债的责任主体变更为子公司，上市公司只承担股东的有限责任，而无需再直接对该等债务承担清偿责任；如子公司不能清偿到期债务而被宣告破产，上市公司对该子公司的长期投资价值作相应调整，但对上市公司本身的主体资格和资产状况并无实质影响。二是此种剥离方式一般会有后续的重组计划跟进，即将子公司再剥离出上市公司，从而彻底切断上市公司与该等债务的关系。

将债务转移给子公司的具体做法也是多种多样。有的以子公司先承接债务，再将资产转让给子公司，转让对价由承接债务折抵；有的以资产和负债（资产稍多于负债）出资设立子公司；也有的仅单纯地将债务转移给子公司；有的将债务转移给一家子公司；有的则转移给多家子公司。

(3）将债务转移给重组方

重组方直接出面承接债务的案例并不多见，因为承接债务毕竟不是其收购上市公司的目的。但如配合以其他重组内容或条件，重组方经权衡得失，也不排除直接承接债务的可能。特别是在地方政府或同一最终控制人主导下的重组中，此种方式则是较为易行的途径。

（4）债务免除

债务免除是指债权人抛弃债权，从而消灭合同关系及其他债权关系的单方行为。包括全部债务的免除或对部分债务的免除（即通俗所称"债务打折"）。《合同法》第105条规定："债权人免除债务人部分或全部债务的，合同的权利义务部分或全部终止。"

（5）破产和解

在债权人众多，难以一一达成协议的情况下，通过破产和解的方式达到债务剥离的目的应该是比较理想的，因为根据相关法律和司法解释的规定，"债权人会议的决议，对于全体债权人均有约束力"。而债权人会议通过和解协议草案的决议，由出席会议的有表决权的债权人的过半数通过，并且其所代表的债权额占无财产担保债权总额的2/3以上即可。此种方式事前必须进行充分的论证，并需要法院的配合，因为一旦处理不好，有可能使公司真的被破产。破产和解仅是为达成债务重组提供一个简便的渠道，作为债务重组的结果取决于破产和解协议。破产和解协议的内容可以根据具体情况，采取前述方式中的一种或多种达到债务剥离的效果。

4.3.3 买壳上市型风险及防范

买壳上市是一项繁杂的系统工程，特别是一些仅具"壳"价值的ST类医药公司，往往存在管理不规范、信息披露不及时不充分、对外债务及对外担保数量较多等问题，买壳上市存在很大的不确定性风险。因此，在债务重组前或者至少在签订收购协议前，聘请法律、投资银行等专业人士对目标公司进行详尽的审慎调查极为必要。

（1）收购方应进行审慎调查

如重组方能够在债务重组前介入目标公司的重组工作，则应在了解其负债基本情况的基础上，重点调查清楚每一笔大额的主债务（包括对外担保形成的或有负债）的金额、债权人、担保情况、是否超过诉讼时效、债务产生的背景和原因、贷款资金的真实去向、有无关联交易等真实信息。通过审慎调查，不仅可以了解目标公司的真实负债情况，更为重要的是为下步债务重组的顺利进行奠定坚实的基础，可以针对不同的债务设计不同的债务剥离或重组的方式。如重组方介入目标公司较晚，则在签订收购协议前，不仅应就前述债务情况进行调查，更要对其包括债务剥离在内的债务重组协议进行深入细致的研究，保证其合法有效，以免后患。

（2）保障债务剥离协议的有效性

重组完成后，因重组过程中相关行为的有效性或合法性问题引起纠纷乃至诉讼的案例已屡见不鲜。特别是债务剥离行为，不仅涉及的各方主体数量众多、关系复杂，而且涉及公司法、证券法、合同法、金融法、担保法等民商事领域的法律法规和众多的上市公司监管方面的规章或规范性文件。稍有不慎，就有可能导致债务剥离协议的无效或可撤销，进而使重组方陷入骑虎难下、欲罢不能的窘境。就前述几种主要的债务剥离途径而言，保证债务剥离协议的有效性需把握如下几个要点：

第一，债务转移必须征得债权人的同意。依据合同法，债务人将合同的义务全部或者部分转移给第三人的，应当经债权人同意。否则，该债务转移不发生效力。另外，法律、行政法规规定转让权利或者转移义务应当办理批准、登记等手续的，应当履行批准、登记手续。

第二，有的债务不可转移。有的债务专属于债务人，不可转移，否则无效。实践中，此类债务多数表现为对政府有关部门的负债，如税收之债。对政府部门的负债需具体分析，有的债务之债权人虽为政府部门，但在法律上应定性为平等主体之间的债权债务关系，此类债务可以转移。如很多地方政府为扶持本地上市公司，而以政府财政部门的名义对上市公司给予资金支持所形成的负债。有的债务如税收之债，近年来虽有学者认为可以移转，但普遍的观点认为此类债务实际上系政府有关部门的执法行为（税收征缴、行政罚款等）产生的，其在法律上应受公法的管辖，具有专属性，作为当事人无权将其转移出去。对于此类债务，我们不可直接将其转移出上市公司。当然，可以设计其他合法的方式达到债务重组的目的。

第三，及时披露信息及后续的重组计划。签订债务剥离协议时，原大股东、上市公司及重组方必须及时向债权人如实披露信息，而且应不仅对该债务剥离协议所涉内容如债务的类型、转移的金额、转移方式、转移的时间点、债务转移的对价、有无附加条件等如实告知协议各方，而且对上市公司重组总体方案等方面的信息，如上市公司的总体资产状况（总资产、总负债、净资产等）、总体债务重组情况、该协议债务承接方在本协议之外有无承接其他债务等信息也要通报各方。否则，债权人或债务转移的担保人有可能以受欺诈或签订协议时存有重大误解为由，请求撤销债务剥离协议或申请确认协议无效。对后续的重组计划如实披露的意义在于：一方面让各方有思想准备，为后续工作的顺利推进排除障碍；另一方面，防止已签订债务重组协议的债权人对后续工作产生异议，进而申请撤销后续工作中签订相关协议或解除、变更已签订的协议。此种情形一旦出现，则重组工作前功尽弃。

（3）把握好债务剥离的时间点或债务转移的条件

债务剥离的目的是为了对目标公司进行重组，而医药上市公司重组是一项复杂的系统工程，不仅涉及各重组方，而且须履行一系列审批、备案手续，有的还需要申请全面要约收购豁免，个别重大资产重组行为还需要获得流通股东的表决通过。加之中国证券市场"新兴+转轨"的特性决定的政策变动频繁等因素，买卖上市不可能一蹴而就，其中充满了很多变数。为了防止债务剥离与公司收购相协调，避免债务剥离而使公司收购未成或收购完成而债务不能有效剥离，在二者之间建立法律上的衔接非常必要。如可以将"中国证监会收到收购上市公司股权的材料后在规定的时间内未提出异议、《股权转让协议》获得国有资产管理部门的有效批准、关于收购上市公司股权的全面要约收购豁免申请获得中国证监会的批准",甚至"收购上市公司股权的过户手续完成"及"与收购有关的重大资产重组获得中国证监会及发行审核委员会的批准"可以作为债务剥离的条件,在上述条件同时满足后,约定的债务转移生效。

(4) 防范潜在的债务风险

即便经过事前的审慎调查,由于出让方刻意地隐瞒或某些行政处罚行为的滞后等,仍有可能在收购完成后暴露出原来未曾掌握的债务。为防范此类潜在的债务风险,可以从如下几方面考虑：

首先,在股权转让协议中约定出让方对债务金额的保证义务。如出现此类潜在的债务,则出让方对受让方应当承担违约赔偿责任。

其次,合理安排过渡期。2010年,中国证监会发布《关于进一步规范上市公司实际控制权转移行为有关问题的通知》后,上市公司控股股东将"股权托管"给收购方的方式受到很大限制,但通过对控股股东和收购人在签订收购协议后至相关股份过户前的过渡期间各自的权利、义务的约定,能够有助于收购方对壳公司的进一步了解。

最后,分期支付股权转让价款,并且留存一定的尾款。经过一定期限后,不发生签约时披露之外的风险和债务方予支付该项尾款。这样有利于保护收购方的利益,一般而言,股权出卖方对此也会给予理解。

4.3.4 其他存在的风险及防范

(1) 并购过程中的政策风险

医药行业本身被称为高风险、高收益的行业,高风险中的一个重要因素就是来自于政策的严格监管。并购作为一种投融资行为,其中的风险更是多样化。比如：医药行业的相关政策变动。医改政策调整、医药流通秩序调整、医药监管改革等,政策的不确定性导致医药企业的市场规模、市场发展趋势难以预测。还有与资本市场相关的政策也影响医药并购的进程。上市公司管理规范、公司法、证券法、国有资产管理办法等法律和政策的出台，都使得原先的并购操作或多或少受到影响。面对政策风险，企业只能去预测、去适应，而不能改变。常年聘请政策顾问作为企业的智囊，在某种程度上能使政策风险降低。

（2）并购价值评估风险

我国医药企业数量很多，而其中大多数为非上市企业。在这些并购活动中，信息不对称、评估方法选择不当及政府干预比较多是引发价值评估风险的主要原因。并购企业在对目标企业进行价值评估时缺乏对目标企业整体价值的合理评价，往往导致价格偏差，引发价值评估风险。

（3）并购中以现金方式支付存在的风险

国内医药行业实际的并购案中，多以现金支付为主，采取非现金支付方式的案例屈指可数。并购中的支付方式与融资风险有很大的关系，是决定并购成功与否的关键因素之一。在行业并购中现金支付手段的缺陷是很明显的：首先，是在支付能力上的限制，在并购中可供用来的支付现金能力弱；其次，即使并购发生，大量地支付现金也会造成并购方资金周转困难的可能性，从而造成流动性风险；虽然资本已开始进入市场，但在支付手段上仍以现金为主，杠杆收购等手段运用得很少。而支付方式的单一性，必然会导致企业无法选择最优的并购支付方式，势必造成不必要的融资风险。

（4）并购完成后整合风险

医药企业间的并购整合，面临着并购的双方会存在企业文化、人力资源、业务资源等各方面的矛盾与冲突，同时也面临着诸如政策风险、道德风险等，只有解决这些冲突，化解矛盾，规避了风险，理顺了其中的问题，才可能实现并购的投资回报。所以，并购交易的完成只是完成了"万里长征的第一步"，随后的业务整合才是关键。

随着我国医药市场政策的放开，国外与国内市场竞争的加剧，我国制药企业之间的并购重组是我国制药企业发展的必然。不具备技术、质量、价格优势的中小企业将被逐步淘汰，市场和效益将集中于行业龙头企业。因此，调整国内制药产业结构，实施企业并购是国内制药企业迎接挑战、寻求生存及发展的需要，是制药业的大势所趋，也是客观经济规律的要求。并购重组是中国制药企业发展的必然。经过多年的发展和并购重组，医药行业集中度得到提高，医药优势发展步伐明显加快。中国制药企业应在引进外资、加强技术合作、集群化发展的基础上，在国家相关政策支持下，走向国际市场，并购具有研发实力强、具有较完善全球营销网络的跨国制药企业，以便更快走向国际化市场。

4.3.5 几种化解风险的成功模式

按照企业介入医药产业的初衷与主要赢利手段，我们把成功进行重组的医药企业分为产业专注模式、资本专注模式、产业—资本—技术相结合模式三种模式。这种划分方式实际不是非常严格，因为一方面不同企业可能同时具有其中不同的赢利手段（例如涌金集团、复星实业都不仅仅是单一的赢利模式），另一方面，同一企业在发展的不同阶段也可能倾向于不同的赢利方式（例如太太药业、横店集团、通化东宝都是营销拉动型起家，相对多元化经营促进产业链的不断延伸）。

像三株、沈阳飞龙、广东太阳神等曾经非常优秀的医药保健品企业，大多是由于多元化投资失误与产业—资本结合方式不当造成的供应链、资金链、信用链发生断裂而功亏一篑，所以，充分分析、吸收这些企业成功与失败的经验教训对于后进入者少走弯路非常必要。

(1) 产业专注模式

这一模式主要通过龙头产品的市场营销，将实现企业利润最大化作为目标。产业专注模式的群众基础最好，大多是一些耳熟能详的 OTC（非处方药）、保健品、中药企业的龙头，例如步长、地奥、修正、汇仁、健特生物等，这些企业的核心竞争力在于营销、管理与其对国内市场的控制力。这种模式能对营销费用控制、行业风险和产品线单一、政策风险、多元化风险进行有效的化解。

(2) 资产专注模式

该种模式与产业专注模式最大的不同点在于，企业在追求产业地位的同时，更为注重资本运营手法与方式的创新。这类企业的产业规模大体保持稳定，以实现资本收益最大化为目标。涌金集团、金花股份、天目药业、哈慈股份、恒和制药即是这一模式的杰出代表。该模式能有效地化解医药业务后续增长潜力的挖掘不够、投资市场的流动性风险、参股企业的财务状况风险。

(3) 产业—资本—技术结合模式

该模式的企业注重在产业—资本—技术每个市场的波峰、波谷中创造赢利机会，实现效益最大化。由于这类企业的利润依据"乘法"规则创造，其风险也是以"乘法"形式递增的，因此，在发展过程中要避免投资决策失误与资金、物流供应链失控。在实践中，只有少数医药企业踩准了时代、政策变化带来的投资机会节拍，真正实现了跨越式发展，例如横店集团、复星实业、太太药业、海王生物、通化东宝等。

4.4 构建医药企业重组风险管理决策模型

4.4.1 模型构建的理论依据

基于本章节对医药企业资产重组运作模式的风险及防范的剖析，并针对目前国内理论研究与实际应用上的不足，在总结国内外前人理论与实践成果的基础上，本书的研究将风险管理置于医药企业战略重组下。所构建决策模型对风险因素进行分析与评估，分析风险因素规避的成本和收益，使风险管理组织对资产重组风险进行全面监控与决策管理。

首先借鉴学者侯汉坡（2007）提出的企业资产重组风险分层及分类模型并将其改进，如表4-2所示，最终构建出医药企业重组风险管理决策模型。

表4-2　企业资产重组风险分层及分类模型

目标层	要素层	次要素层	因素层
医药企业重组风险目标层：重组竞争目标、财务目标、市场目标、人事目标、技术目标等	重组目标 重组发生地点 重组所在行业 重组目标技术 重组方式 重组时间安排 重组规模 财务策略 整合策略	系统风险	政治风险
			宏观经济风险
			法律环境风险
			基础设施风险
			社会文化风险
			政策环境风险
		环境风险	竞争对手行为
			直接政府主管部门
			供应商行为
			股东行为
			用户行为
			市场垄断行为
			相关金融机构行为
		内部风险	组织管理能力
			企业文化
			财务状况
			企业资产
			营销能力
			研究开发能力
			运营系统可靠性
			知识产权持有
		整合风险	组织整合
			文化整合
			财务状况
			资产整合
			人力资源整合
			研发整合
			运营系统整合

一个简单地以并购为表现形式的重组风险集成评价模型具体内容如下。

设 $U = \{U_1, U_2, U_3, U_4, U_5, U_6, U_7, U_8, U_9, U_{10}\}$（这里举出10个风险因素的例子，实际的模型可以为更多项），建立度量企业并购风险因素的权重集。根据各个因素的重要程度赋予各因素相应的权重集合。设 U_1，U_2，…，U_{10} 等影响企业并购风险的各因素对并购整体风险影响的权重分别为 α_1，α_2，…，α_{10}，建立并购风险影响因素的权重集合 $A = \{\alpha_1, \alpha_2, \alpha_3, \alpha_4, \alpha_5, \alpha_6, \alpha_7, \alpha_8, \alpha_9, \alpha_{10}\}$。权重集合可以通过经验模型、德尔菲法（专家调查法）、头脑风暴法等获得。然后根据实际情况及企业并购风险管理的需要，将并购风险划分等级（可以为3级和4级，这里给出5级）：$V = \{高 V_1, 较高 V_2, 一般 V_3 级, 较低 V_4 级, 低 V_5 级\}$。然后用经验模型、德尔菲法（专家调查法）、头脑风暴法等对各项并购风险因素进行评价，并根据具体评判情况建立企业并购风险模糊评价矩阵：

$$R = \begin{pmatrix} \tilde{r}_{11} \cdots \tilde{r}_{1n} \\ \vdots \quad \vdots \\ \tilde{r}_{m1} \cdots \tilde{r}_{mn} \end{pmatrix} \quad (4-1)$$

$$\tilde{R} = A \times R = (\alpha_1, \alpha_2, \cdots, \alpha_{10}) \begin{pmatrix} \tilde{r}_{11} \cdots \tilde{r}_{1n} \\ \vdots \quad \vdots \\ \tilde{r}_{m1} \cdots \tilde{r}_{mn} \end{pmatrix} \quad (4-2)$$

$$= (b_1, b_2, \cdots, b_5)$$

这里模糊评价可以为针对不同风险等级的可能性打分，也可以另外加上5级重要性来分别评价。结果得到5个 b 值，为该并购行为的集成风险评价值，作为企业的参考。

在应用风险管理方法为医药企业经营者作重组战略规划时，可以使用一些动态系统模型。例如 Petri 网方法通过对企业并购过程中可能发生的各种变化以及变化之间的关系的精确描述，给出系统中事件（变迁）之间的依赖（顺序）关系和不依赖（并发）关系，集成能量流、物质流和信息流来描述系统结构和系统行为，可以帮助制定并购过程风险管理的步骤。

一般的集成风险管理方法是对风险评价指标进行加权集成来获得总体风险评估值。这些集成方法中，战略重组集成风险管理方法并没有被普遍使用。基于本书提出的重组风险分类及评价方法，主要是基于在占有最大信息量下，针对在重组活动中，最难评估的恰恰是占有信息量是否充分，以及最大可能的风险概率是什么分布，所用的是一种较长规集成评价方法更贴近真实总体风险状态的评价方法。在此基础上，本书建立企业战略重组集成风险管理决策模型。

4.4.2 模型的构建

总结本章节关于重组模式及风险管理的论述，本文给出如图4-4所示企业重组风险管理模型。医药企业资产重组风险管理就是从企业资产重组战略整体角度出发分析、识别、评价企业面对的风险。企业重组是高投入、高风险、高回报的项目。该模型能够保证在完成企业实施战略重组布局的前提下，避免关键风险的发生，降低二级风险发生的可能性以降低风险中损失或损失发生的可能性，对三级风险采取冷处理的策略，承受相应的风险损失。当然，企业重组千差万别，不排除实践中有欠缺或需完善的地方，这也提示笔者今后还应继续努力研究。

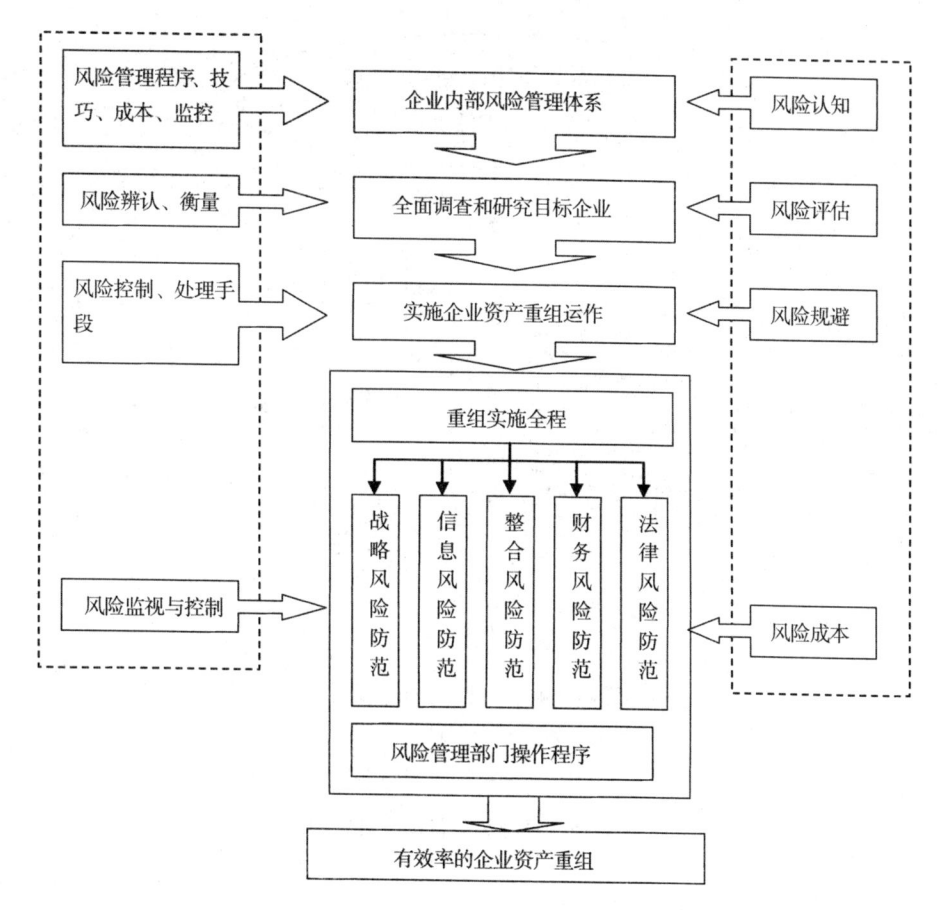

图4-4 医药企业重组风险管理决策模型

4.4.3 实施重组风险管理决策的方法

具体方法包括：①订立风险管理程序，制定战略、管理架构、内容和准则；②辨认潜在风险，作为风险分析的基础对发生的可能性和其后果的严重程度做定量分析；③根据重组环境，对并购风险进行逐个量化评估（决策风险、交易风险、整合风险、法律风险、市场风险）；④排除目标选择、交易管理、整合管理的风险；⑤制定风险排除后的重组企业经营管理计划，使资产重组运作后的企业绩效凸现。如图4-5所示。

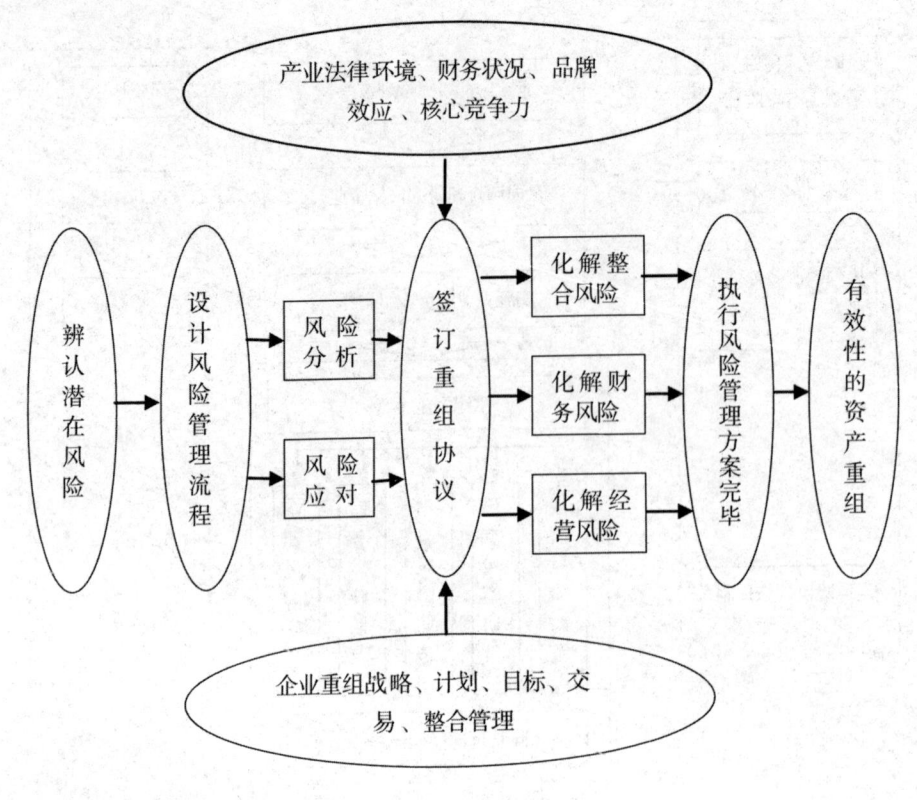

图 4-5　重组风险管理决策方法

本章小结

（1）医药上市公司资产重组的运作模式包括：股权转让方式模式；资产置换方式模式；资产剥离性方式模式；整体收购方式模式；二级市场并购方式模式；上市公司的股权收购模式。上市公司企业资产重组"真假相"模式的特征研究，有助于识别有效率的资产重组行为。

（2）非医药上市公司资产重组的运作模式包括：扩张型模式；调整型模式；控制权变更型模式；企业托管模式；破产处理模式；集团内部分解无效资产模式；国有企业与民营企业实行强强联合模式；不同所有者之间的置换资产模式；租赁经营模式；合资经营模式。国有企业资产重组模式有其特有的动因、目的及应注意的问题。

（3）国内医药企业重组资产重组的风险及防范包括：资产合并型风险及防范；债务剥离型风险及防范；买壳上市型风险及防范。

其中资产合并型风险及防范包括：杠杆收购风险；托管经营与代理风险；目标公司反收购风险。

其中债务剥离型风险及防范包括：将债务转移给大股东；将债务转移给子公司；将债务转移给重组方；债务免除；破产和解。

其中买壳上市型风险及防范包括：收购方应进行审慎调查；保障债务剥离协议的有效性；把握好债务剥离的时间点或债务转移的条件；防范潜在的债务风险。

（4）构建医药企业风险管理决策模型。包括：企业重组风险分层及分类模型；构建风险管理决策模型；医药企业风险管理决策模型的实施方法。

第 5 章

我国医药企业资产重组的绩效评价

5.1 西方企业资产重组绩效的实证研究

5.1.1 实证研究的综述

19世纪的90年代到20世纪的90年代,西方发达资本市场重组活动出现多次大规模的浪潮,这些重组案不仅数量多、规模大,而且具有不同的产业发展、技术进步或是制度变革背景,为进行实证研究提供了丰富的案例。国外较多采用现金流量相关指标来衡量公司资产重组后的绩效,如经营现金流资产市价比(James & Robert,1999)、经营现金流(Aloke,2001)。另外,也有对股价短期影响、长期经营业绩影响等方面入手研究重组绩效的。

(1) 对重组后公司经营现金流变化研究

使用传统的会计指标研究法时,究竟采用何种会计指标来衡量上市公司并购绩效是一个极为关键的问题。尽管净资产收益率(ROE)是一个衡量上市公司并购绩效的最具综合性指标,但是利润操纵现象的存在使其一直备受质疑。

使用传统的会计指标研究法选取财务指标时,要么选择某一单项指标,要么将多项指标综合考虑,前者面临着公司并购绩效评价片面性的责备,后者则面临着如何选取指标间的权重问题,因此传统的会计指标研究法缺乏客观性、充分性和系统性。

1996年库斯—莱布兰会计咨询公司在对125家公司并购后的经营业绩进行调查研究后发现,有66%的公司财务状况不容乐观,认为并购后整合的缓慢进程与并购后公司收入、现金流量和赢利能力之间存在相关关系。

1996年,马萨诸塞州剑桥的康纳特公司的戴维·伯奇(David Birch)发现,与非收购公司相比,只有60%的收购公司在收购后净收益有显著增长。伯奇认为这一比率太低是因为大部分收购公司支付了高于市场价值的收购费用。

1997年艾奥瓦大学金融系的蒂姆·洛克伦(Tim Loughgram)等通过比较以股票、现金及股票现金混合方式进行收购的公司,其投资收益率大幅度下降(分别为-25%和-36%),而以现金方式进行收购的公司,其投资收益率下降幅度较小或出现大幅度上升(分别为-5%和62%)。从而认为,以股票方式收购的公司其股票价值可能会高估,而以现金方式收购的公司其股票价值可能会低估;在公司并购后的一段时期里,这些公司的真实价值便体现出来了。

纽约大学斯特恩商学院的马克·L. 希罗尔(Mark L. Sirower)在其著作《协同效应的陷阱:公司购并如何避免功亏一篑》中介绍了他的研究结论:随着时间推移,投资收益率呈下降趋势,在并购后的第四年平均下降20%。他将这一现象归咎于溢价收购,以股票或负债而不是用内部产生的现金进行收购和诸多竞标公司的存在,这些都构成了"协同陷阱":对并购计划的正面效应估计过于乐观。

(2)对公司重组的短期反应研究

有效的资本市场理论(EMH)认为,公司的股票价格能够完全反映上市公司所有的相关信息,并对新的信息做出迅速调整,即投资者对公司并购绩效的预期会完全反映于公司股价的变化,因此在比较成熟完善的西方资本市场,事件研究法是研究公司并购绩效的主流研究方法。

J. 弗雷德·威斯通（J. Fred Weston）发现被并购公司累计超常收益（CAR）高达+35%而并购公司平均累计超常收益率（CAR）仅为+1%。当有多个公司投标竞争并购时，并购公司的累计超常收益（CAR）平均比预期下降2.5%。综合并购双方股东CAR值，威斯通博士得出其平均CAR为7%。

罗切斯特大学商学院G.威廉·施韦特（G. Willian Schwert）发现从公司宣布并购到开标（或者126天，取两者中时间短的），被并购公司的股票CAR上升了10%，施韦特称这种上升为补偿性上升。施韦特的研究还认为被并购公司的股价的平均上涨与宣布并购前传闻股价上涨13%有关，施韦特称这种变化为加速上升。他认为补偿上升与加速上升是不相关的，并指出加速上升会使并购公司支付更高的收购溢价（加速上升对并购公司的股东来说是有利的，平均总超常收益率上涨3%）。

迈克尔·梅奥（Michael Mayo）发现，虽然在宣布并购后的一个星期内并购公司的股价下跌了10%，但是它们的股价在两个月内都得到了恢复。

1989年，伦敦PA咨询公司的一项研究发现，与同行相比，80%的并购对并购银行的股价产生负面影响。分析表明，成功的并购银行显然拥有优秀的战略方针。

总之，并购重组对公司股价的短期影响是积极的。但是这种积极影响对那些将股票转售给收购公司的被收购公司的股东相对更明显一些，而对留在公司内的股东则相对弱一些。股东能否最终受益，还需借助对并购公司长期经营业绩的研究。

（3）对公司重组后长期经营绩效的研究

决定公司价值的根本因素应该是公司长期经营状况和发展前景。一方面，投资者需要根据公司经营绩效和成长前景做出正确的投资分析；另一方面，上市公司也应该对自身的经营状况和发展前景做出客观公正的评价，以求在日趋激烈的市场竞争中立于不败之地。从这个意义上说，公司并购前后财务状况的变化可以很大程度上反映公司并购绩效状况。

1990年，新泽西技术研究院院长阿洛科·查克罗巴蒂（Alok Chakrabarti）在对31项收购交易的研究中发现，并购后的整合比制定战略方针对并购公司经营业绩的影响更为重要。1992年，麻省理工学院斯隆管理学院的保罗·M.希利（Paul M. Healy）等发现，被并购公司的资产运营能力与同行相比有显著的提高，这些规律尤其适用于那些业务范围相互重叠的公司间的并购交易，表明并购后整合能有利于增加并购后公司的价值。

1988年，迈克尔·布雷德莱（Michael Bradley）等进行的一项研究表明，股票市场对并购完成做出了积极反应，为并购双方的股东带来了良好的回报［累积超常收益率（CAR）为7.43%］。他们得出结论认为，实现市场所预期的并购后收益可能来源于因协同效应和整合使公司提高管理效率，实现规模经济，提高产品技术，合理组合互补资源，充分利用资产创利，挖掘市场潜力或采用任何创造值的方式与途径。

默瑟管理咨询公司1997年的另一项研究表明，20世纪90年代的并购公司与80年代相比，经营绩效有显著提高。90年代的并购交易中有52%的公司投资收益率高于同行业股东，而在80年代这一比例仅为37%。默瑟管理咨询公司认为这种进步应归功于并购公司改进了整合管理办法，而不是公司的战略方针或定价策略。目标公司固有的潜在价值越大，投标竞争就越激烈，收购公司为此付出的代价就越大。收购公司虽然以较高的溢价进行收购，却通过并购后的良好管理获得了逐步增加的收益。

5.1.2 简要的评述

总结上面西方学者长期研究的成果，对于国内重组绩效问题研究在总体上具有指导和借鉴意义。

（1）选取财务指标要淡化或者剔除资产重组会计处理方法对财务

指标的影响；（2）非财务指标应考虑量化的可能性，且要考虑主观性较强对评价精确性的影响；（3）综合指标要重视其在反应重组绩效时一致性较差的缺点；（4）考虑不同目标资产重组在评价指标选取上的特殊性。

国内学者越来越多使用现金流量指标来衡量我国上市公司并购绩效。究其原因，我国学者的研究样本大都取自2000年后的我国资本市场中发生的公司并购重组事件，因为1999年后中国证券监督管理委员会强制要求上市公司披露现金流量表。实际上，在当今"现金为王"的财务理念下，现金流量指标较难为人所自由操纵，真实性较高。

5.2 国内医药企业资产重组绩效的实证研究

5.2.1 国内医药企业资产重组绩效的理论研究综述

国外学者对公司并购绩效的研究结论主要立足于发达的市场经济，而我国建立社会主义市场经济制度才20余年，许多方面与前者相差甚远，因此前者的研究结论和政策建议可能不适合我国的实际状况。当然，在现有的制度环境下我国许多学者借鉴国外学者的研究方法和模型也取得了许多有意义的结论。然而，除了实证方法本身的技术性缺陷外，我国学者对医药企业并购绩效的实证研究仍然存在其他局限性。

目前国内有关重组绩效的研究比较散乱，没有形成一个完整的理论体系。与绩效有关的研究可以分为两个部分，一部分是对重组失败原因的剖析，另一部分是对提高重组绩效的研究。

关于重组失败原因的剖析，国内学者的理论观点可以概括地归纳为四个大方面。

（1）缺少必要的指导和监管

俞雄（2009）认为，政府部门除了一路"绿灯"给予政策上的支持外，并没有给予相对应的政策指导和监管。如果政府对于医药企业在给予重点支持的同时，还能够给予重点关注，关注其风险与并购中可能出现的问题，多进行一些例行检查，则问题就可能早一点发现。因此，政府在对医药企业并购给予支持的同时也应加强必要的政策指导和监管。

(2) 并购动机不明确

刘兆年（2009）认为，并购失败很大程度上缘于盲目并购。多元化投资与经营作为分散财务风险的一种重要手段，可以减少医药企业的风险损失。但是如果不切实际地搞多元化投资与经营，涉及过多产品或项目，主业不突出，不仅不能分散风险，反而会使企业陷入困境。并购企业应端正并购动机，根据自己的发展战略，立足长远发展，从理性层面考虑规模效应，实行强强联合、优化重组，从而达到企业间优势互补、提高核心竞争能力的目的。

(3) 缺乏财务风险的防范与控制

向欣（2010）认为，从财务角度看，资产负债结构的优化和调整以及现金流量的合理匹配是抵御流动性风险、防范财务危机的根本举措。医药企业在并购融资过程中，应遵循优化资本结构的要求，尽可能按合理的资本结构安排负债与股权比例；应在对未来流动资金进行准确预测的基础上，合理配置资产与负债结构；应当适当平衡长、短期负债，使企业资金能满足未来现金流的需要，又不至于使大量资金沉淀在企业而降低资金的使用效率。

(4) 企业并购后的整合工作不到位

吕明方（2011）认为，"有并购重组无整合"是医药企业并购失败的重要原因之一。并购失败的现实表明：仅仅追求并购的表面效应，而忽视了并购的整合，"捷径"就有可能变成"困境"；纵使拥有先进的技术和丰厚的资本，但缺乏整合能力，仍然无法避免并购的失败。因此，并购企业在并购协议签署以后，应根据事先的规划安排，有计划、有步骤地对并购后的企业进行财务整合。不同的并购企业，其整合的框架也有所不同，但一般来说可以概括为："一个中心、三个到位、七项整合。"一个中心即以企业价值最大化为中心；三个到位，即对并购企业经营活动、投资活动及融资活动的财务管理到位；七项整合包括财务管理目标、制度体系、核算体系、资产、业绩考核体系、内部控制及文化的整合。从我国企业并购的实际情况来看，要提高并购的医药企业绩效，企业在强化整合的同时还必须做到：制定系统的整合规划和有效的整合执行计划；加强并购双方的沟通、交流和协调，重视人员整合；调动被并购方员工的积极性，防止关键人员的流失，解决好并购方与被并购方员工的矛盾；每个企业都有自己相对稳定的企业文化，成功的并购还必须考虑到双方企业文化的融合。

关于提高重组绩效方面的研究，国内学者的理论观点可以概括地归纳为五个大方面。

(1) 战略规划方面

邓荣霖、郭武文（1999）认为，医药企业要想取得重组的成功，就需要对整个重组过程进行科学有效的管理，应该从自身长远发展的角度去对待和处理好重组中的各项管理问题。要做好重组前的准备工作，在重组前充分估计到各种风险，慎重选择重组伙伴，慎重选择行业发展方向，尤其是对进入自己不熟悉的行业要慎重，不可忽视多样化经营的巨大风险和负面影响。重组过程中要进行双方企业的整合，以实现战略协同。陆国庆（2001）认为医药企业战略性重组能增进企业绩效，一是规模经济效应，二是范围经济效应，三是协同效应。刘庆（2003）认为，以往我国最多的兼并是以企业解困为主要目的，因此政府干预相应较多，其形式主要是"强帮弱"，这种兼并成本过高且成功率也较低，要倡导的医药企业并购应以产业结构调整和经济结构调整为主要目的，以适应我国加入WTO后面对的世界经济格局和市场竞争态势，实现企业发展战略为目的。

(2) 整合工作方面

乔梁（2000）从医药企业重组中的规模经济角度入手进行研究，

认为重组企业与目标企业的整合水平会影响并购的规模经济效果。陈重（2001）创新地提出了管理整合的概念——依据管理的基本原理，通过战略、计划、控制、协调等各种要素的相互配合，以最大限度地在新的基础上（即以重组作为前提）实现各种资源的科学合理的配置，保证公司最佳的经营效率和经营业绩。他提出了管理整合理论的内涵及其架构，并认为不具备优秀的管理整合能力却热衷于进行重组的公司，不管其出发点如何，重组行为的结果都有可能损害现有公司的优势，甚至付出更加高昂的、没有回报的代价。王长征（2002）认为，在重组整合过程中，只有通过有效的企业能力管理，即保护好现有的有价值的企业能力，实现优势企业能力在并购双方组织间的充分转移或扩散，并在此基础上增强现有的企业能力和积累新的企业能力，重组才会创造价值。他还进一步提出，对企业的战略、文化、人力资源、流程（包括结构、系统、规则、程序等）等要素的整合和管理应是重组整合过程中能力管理的基本领域。邹红等（2003）认为，重组后的人力资源整合管理要做好的工作包括：整合规划和主体构建；需求预测与规模调整；组织结构变迁与关键员工配置；制度重构与文化整合；薪酬制度调整与扩张；评价与反馈。高洁（2003）认为，医药企业重组整合的重点内容包括企业资源整合、企业组织整合以及产业整合三个方面。

（3）核心竞争力方面

于明德（2008）指出，企业本身的收购重组改造就是一个复杂的过程，不但是因为不同的企业具有不同体制、不同文化、不同业务类型以及所处不同的区域，造成了改造的难度和复杂度，更重要的是它是一个企业对另一个企业文化的认可和相融，优良体制的替换和更新，两个企业之间人和人、业务和业务之间的磨合和共促，资源与资源的互补与利用。至于医药企业的收购与重组就更加复杂和困难，因为医药企业资产更多地体现在商誉品牌上，而商誉品牌往往处于"动荡飘摇"中，它是随着人的变化而变化，一旦处理不好，不但没有得到预期重组的效果，反而增加了并购的诸多风险。因此，如果医药商业的并购重组是为了扩大主营分销或者零售业务，增加规模效益，那么，认真分析自己企业和被购并企业的品牌资源（尤其是国有医药商业企业）就显得尤为重要。

（4）核心竞争力方面

魏江等人（2002）指出，现阶段我国企业重组行为中存在的一个关键问题是缺乏长期发展的战略思考，由此提出了企业在重组时应把核心能力构筑作为关键动机，企业重组应关注对持续竞争能力的培育。提出基于长期发展战略考虑的重组应内在地考察重组双方资源和能力特点，从构筑持续竞争优势的战略高度选择相应的重组战略模式。

（5）法律、政策环境方面

邱明（2006）指出，政府要创造外部环境，一是要制定企业并购配套服务的人财物流动政策，以打破现有的人事管理、财税体制、资产经营上的障碍。二是研究向内、外资企业出售国有企业的政策办法。三是政府在正确处理政企关系的同时，妥善处理政政关系，因为企业并购会涉及不同级政府的关系，这种关系协调与否也是企业并购成败关键。四是法律环境，要尽快出台《兼并法》，制定完善其他相关配套法律、法规，以便企业并购依法规范进行。

在医药行业中，国有及国有控股企业在全行业占有很大比重，其中化学制药和生物制药领域国有经济的比重更高。而近年来国有企业加快改革的重点是实现国有经济的战略性调整和重组，因此，在引进非国有经济促进国有经济改革和布局调整的过程中，医药行业的资产重组一直是国家重点支持的行业之一。"十二五"规划明确的医药产业发展方向是，培养技术优势和规模优势，发展大公司、大集团、大医药格局。另外，加入WTO后医药行业作为技术密集产业和高新技术产业与国际先进企业的差距较大，特别是药品批发和零售市场开放和知识产权法律保护的加强，使国内制药企业面临着较大的发展压力。这种压力推动着行业内部必须进行资源优化配置。

除此以外，医药行业全面推行的GMP、GSP、GAP认证使市场形成了优胜劣汰的氛围政策，并购成为企业生存发展的一种自救行为，也给投资者创造了许多机会。在国有资产退出和市场无情的挤压下，各级地方政府也都纷纷出台支持国有资产进行改制的政策，从本文中医药行业几个大的并购案都能从中看到政府政策扶持的影子。

我们欣喜地看到，2010年以来，医药行业各类政策与工作安排陆续出台，政策导向加快促进产业集中度提升。特别是医药"十三五"规划提出要大力鼓励提高医药行业集中度，近期三部委又联合发布文件，明确了行业整合方向以及调整组织结构的具体目标，希望通过"十三五"期间的整合，实现我国医药行业由大到强的转变。

5.2.2 简要的评述

上述理论和观点都是结合我国医药企业资产重组的运作实际情况提出的，这无疑会对我国医药企业重组的实践具有很强的指导意义。知识资本是企业最重要的资源。与此相适应，在企业管理理念上，必然要经历一个新的转折：相对于有形资本，无形资本的重要性日益凸现。在同行业竞争过程中，文化往往起着关键性的作用。为了快速确立在医药行业竞争中的优势地位、战胜竞争对手，有时，并购就是要获取竞争企业先进的企业文化，借以开拓市场。根据现代企业资本运营的规律，企业资产的增长越来越多依靠无形资产的增值。

企业重组最重要的是整合，最难的也是整合。美国一家管理咨询公司在对全球医药业并购案例研究后发现，有约半数的企业在并购后业绩没有超过行业平均水平。研究结果还表明，未能进行有效的整合是企业并购失败的重要原因。如果能尽早发现和研究解决方案，今后的合并就会顺利得多。这一点，上述学者阐述得较为具体全面。

一次成功的并购不只是买资源，更应该是买管理、买文化。企业并购整合不仅取决于资产规模的增加，厂房、机器、技术、人员的叠加，更重要的是企业文化的优化组合。如今，我国医药行业并购浪潮涌动，企业若想获得1+1>2的效果,就必须深入探索和把握信息经济时代发展的规律和特点,进行制度创新和管理创新,借以整合业务和企业文化。

尽管近年中国医药行业的并购接二连三,但并购后,很多企业明显感觉到原有的管理手段、管理工具已经远远满足不了企业发展的需要。中国管理科学研究院研究表明,企业并购能否成功,既与并购的前期准备有直接关系,也与并购后企业能否进行有效整合有因果联系。目前,我国医药行业并购热潮涌动,因此,研究国内医药企业重组绩效是个重要的课题。

5.2.3 国内医药企业资产重组绩效实证研究的样本

(1) 化学原料药企业资产重组绩效样本

生产化学原料药企业近年正在通过重组,加速产业整合与升级换代。相对于国际十大药厂如火如荼的重组并购,我国的大型化学药企业,尤其是四大抗生素企业的内部重组,即华润集团对东北药、华源集团对哈药集团的重组也在进行。必须注意到,这些大企业间的重组由于跨行业重组而使难度加大。国内医药企业中,三九集团、太极集团、复星集团、云南红塔、华源集团等都走在资产重组的前列,已经分别直接或间接控制了3~5家医药上市公司,以市场化为核心的企业主导型重组成为重组的主要模式。值得注意的是,与国际跨国医药巨头的并购重组相对应,目前以进行优势扩张和资源整合为目的的收购兼并等已成为医药行业资产重组的主流。从类型来看,以新华制药与鲁抗医药联合模式为代表的政府主导型重组,已经开始被放弃,而以市场化为核心的企业主导型重组开始成为重组的主要模式。

(2) 化学制药企业资产重组绩效样本

化学制药是国内医药行业的主力。化学制药工业总产值占医药行业总产值的65%,能生产抗生素、激素、维生素、解热镇痛药等24大类

1350多种原料药,化学原料药总产量达50多万吨,我国成为国际上化学原料药的主要出口国之一。其中抗生素原料药、VC原料药、解热镇痛原料药、糖皮质激素原料药达到国际先进水平,已融入国际竞争的行列。目前我国出口以化学原料药为主,制剂产品仅占极少的份额,出口产品价格低廉、利润极薄。加入世贸组织后随着关税的逐渐降低,普药类原料药出口有望持续增长,转移生产已是大势所趋。另外,加入世贸组织后许多专利未过期的仿制药无法继续生产,大量企业由于缺乏核心竞争力而被并购或倒闭,产业集中度将进一步加强。

例如双鹤药业可作为典型代表:双鹤药业根据既定的大输液、大商贸的发展战略,利用自身优势和国家药监局对大输液制剂的生产限期进行GMP认证的契机,该公司南下北上,在北京、武汉、安徽、牡丹江等地建立了多个大输液基地,构建了全国首屈一指的大输液产业集团。接着公司以此为基础,积极推进大商贸战略,目前商业网络已辐射华东、华北等广大地区。受益于优势资源扩张战略,该公司近年来成长迅速,重组当年2001年销售规模超过20亿元。与双鹤药业的发展战略呈现出异曲同工之妙,东盛科技则是民营企业借助资本运作整合强势医药企业的一个成功案例。该公司本来是医药行业一支名不见经传的新军,但在借壳上市后,经过一系列的资产置换、收购兼并,短短一年内便成了一家控股启动盖天力制药、青海制药等优质企业,拥有白加黑、盖天力等知名产品的名牌医药企业。2001年,该公司利用国内OTC市场迅速扩张的大好时机,积极推进品牌经营战略并大获成功。目前,公司新老产品四季三黄软胶囊、白加黑等在市场上大出风头,企业发展势头良好。公司控股股东东盛集团对丽珠集团的争夺,无疑是其为实现优势资源互补,增强处方药实力,而进行横向扩张的重要战略步骤。2001年,医药名企太极集团实现了对重庆另一家医药上市公司西南药业的控股。通过两次重要的股权收购行动,太极集团的战略布局呈现出中西合璧、工商并举的有利态势,重组后的太极集团绩效明显。

(3) 中药企业资产重组绩效样本

天然药物已成为国际医药产业的热点领域，中药产业将在未来我国医药产业发展中发挥极其重要的支柱性产业作用。"十二五"期间新材料、新设备、新工艺将在中药生产中广泛使用，中药质控、检测、剂型、包装逐渐与世界接轨。大量由中药材中提纯的单体活性成分被发现，在此基础上研究继续向中药复方机理深入，但近期难有实质性的突破。具有自主知识产权的中药新药将大量上市，但由于治疗机理不清、缺乏质控标准，因此近期内出口不会有大量增长。可以预见，未来3~5年中外公司将在中药领域展开广泛的合作，我国中药市场兼并重组将大行其道。随着兼并重组的深入以及竞争的日益激烈，中药普药厂家数量将大为减少，但普药生产仍将存在结构性过剩，因此从供求角度分析，"十三五"期间普药价格仍将继续下降。但由于GMP、GSP等改造以及科研投入不断加大，国产中药新药价格将维持目前水平甚至有可能略有上涨。

在重要的中药基地广州，广药集团对广州药业和白云山等企业进行了重组。在云南、吉林等地，类似的重组也已发生。例如：同仁堂对其品牌、产品储备等优势资源的整合采取的是分拆上市、特许经营等方式，从而使这家百年老店在21世纪初步入了新一轮的成长期，与双鹤药业的发展战略呈现出异曲同工之妙。

(4) 生物制药企业资产重组绩效样本

我国生物科技虽然起步较晚，但发展很快。国内基因工程技术的应用及产品产业化近年来有了较大的发展。但我国生物技术制药企业整体的研发实力不足，创新能力较差，国内上市的生物技术药物有80多种，但行业重复建设现象严重，存在大量恶性竞争。加入世贸组织后与化学行业同样面临跨国企业的直接竞争，没有专利、核心技术将无法生存。随着国家、企业投资力度的加大，以及大量归国留学人员带来的新技术、新设备，生物行业已经产生一批拥有核心竞争力的中小企业，虽然个别产品有可能达到或领先于世界水平，但整体看短期内仍将落后于世界发达国家。由于目前该行业仍为众多企业投资热点,但市场尚未完全成熟,预计生物制药领域将出现不少中小型的兼并重组。

(5) 连锁药店资产重组绩效样本

连锁药店资源的争夺可以说是目前医药并购重组热点中的热点。我国的医药企业大都为产、供、销一体的企业,流通环节作为医药企业生存发展的重要支点之一,具有资源有限、人力密集的特点。以美国为例,全美 200 多家医药批发商中排名列前 10 名的公司销售收入占全美 96%。销售额第一名麦可逊公司与合并后的第二、第三名三家公司的销售额加起来已经超过全美销售总额的 90%。这样的产业集中度在中国的医药商业领域无法想象。虽然与国际先进企业相比,目前国内企业配送体系有待完善、管理水平有待提高,但难以逾越的技术障碍毕竟较少。我国制药企业间的产品、技术差异度不大,而与国际先进水平却相距甚远,因此,控制营销网络和销售终端资源,被许多企业作为应对激烈的国内外竞争的主要砝码。此外,国家有意在未来 5 年左右的时间内,扶持建立 5~10 个年销售额达 1000 亿元的特大型医药流通企业,建立 40 个左右年销售额达 100 亿元的大型企业,合计销售额要达到全国销售额 70% 以上。同时促进建立 10 个左右拥有 2000 个以上连锁网点规模的零售连锁企业。在这种行政措施的引导下,药品流通与零售企业成了医药行业重组的焦点。

例如:太极集团在整合区域医药资源方面为人称道。太极集团斥资 1 亿元收购了本地另一家医药类上市公司桐君阁全部国有股并成为绝对控股股东,实现了本企业资金、技术、产品优势与"桐君阁"百年老字号品牌和庞大商业零售网点等优势资源的整合。此后,太极集团很快便成长为我国最大的中药企业之一,桐君阁的经营状况也随之迅速好转,业绩大幅提升,尤其是医药商业规模目前已跃居全国前列。

5.2.4 国内医药企业资产重组绩效实证研究的方法

对重组绩效的分析方法上,西方学者常用的方法有两类:一是建立在股价波动基础上的超常收益法；二是建立在财务数据基础上的会计研究法。目前，国内学者也主要运用上述两种方法，来检验国内的重组效果。下面我们对这两种方法分别加以简介。

（1）超常收益法（abnormal returns methodology）

在对股东财富变化的计量较为常用的方法是超常收益法，这也就是学术界所称的"事件研究法"。这种方法将收购公告发布前后某段时间（时间窗，如 -40 天到 +40 天）内并购双方股东实际收益 R 与假定无并购公告影响的那段时间内股东的"正常收益" $E(R)$ 进行对比，得出所谓的超常收益 AR（abnormal return），即：

$$AR = R - E(R) \tag{5-1}$$

在超常收益法中，实际收益 R 的计量方法一般是计量测量区间股价的变化和股息的支付，而"正常收益" $E(R)$ 的估算则较为复杂和困难。学者们通常采用所谓的"市场模型法"（market model method）来估算 $E(R)$，即通过个股收益与"市场"股票收益的关系构造回归模型，估计有关参数，进而以这些参数来计算个股的"正常收益"。

将整个事件期内每一天各样本公司的超常收益 AR 求平均数 AAR（Average Abnormal Return，即平均超常收益）后再进行加总，就得到累计平均超常收益 CAR（cumulative average abnormal return），其代表该事件对所有公司的总体平均影响。公式为：

$$AAR_t = \frac{\sum_j AR_{jt}}{N} \tag{5-2}$$

$$CAR = \sum_{t=-40}^{40} AAR_t \tag{5-3}$$

接下来，检验 CAR 与 0 是否有显著差异。如果 $CAR > 0$，并且检验结果显著，表明股东的财富有所增加；如果 $CAR < 0$，并且检验结果显著，表明股东的财富有所减少；当 CAR 与 0 的差异不显著时，则可以认为股东的财富在重组中没有变化。

使用这种以股价为基础的评估方法的前提假设是：证券市场是规范的，信息传导机制是有效率的，从而股价具有前瞻性。如果市场意识到某一重组只是财务报表式的,该股票的价格就不会太上涨。

(2) 会计研究法

这种方法是以财务绩效为基础的分析方法。其具体做法是:第一步,选取并购公司前后几年年度报表中的若干指标建立指标体系;第二步,将这些指标分别减去该公司所属行业当年该指标的平均数,得到新的指标体系;第三步,将新指标按并购前若干年、当年、并购后若干年分别做因子分析,构造一个综合评价函数,计算出各公司并购前后不同年度的业绩综合得分;第四步,对比并购前后公司综合得分的变化情况来评价公司并购的绩效。

从上面的研究方法可以看出,我国学者对国内医药企业资产重组活动定量的实证分析是从1998年开始的,时间并不太长,而且全部是以上市公司重组为样本展开的。所以选择上市公司重组为样本,是因为由于医药企业监管体制的原因,国内医药企业的经营信息、财务状况常常是不公开不透明的,无疑为针对企业的研究设置了一道难以逾越的障碍。这使研究者不得不选择上市公司作为研究对象,因为医药上市公司的信息披露相对更完整、连续,分析的结果有可能更可靠。定量分析之所以始于1998年,是因为1997年是上市公司重组浪潮兴起的重要年份,为研究提供了相对丰富的样本资料。

对于"重组后绩效是否明显"的研究结论,本研究认为:随着《全国医药行业"十三五"发展规划》的出台和实施,宏观环境——特别是法律环境对重组活动产生深远的影响,国内医药企业现在应该从提高自身核心能力出发进行重组,努力提高重组的成功率。

我们欣喜地看到,2003年年底以来的实证研究已经开始着手影响重组绩效因素的剖析。尽管这方面的研究还很少,而且已有的成果也显得有些粗糙、零乱,但它们却是非常难得的。这些结论为进一步开展立足于国情的医药企业重组研究提出了现实的命题,也提供了宝贵的基础和论据。

在这里本书需要说明的是,上述定量分析结论的代表性是很有限的，仅能够作为对国内上市公司重组状况的描述，并不能够完全反映国内企业资产重组开展的情况。这是因为国内上市公司数量很少，据中国证监会统计，截至 2015 年 12 月，我国境内上市公司只有 5000 多家（A、B 股、创业板），但医药企业在全部上市公司中所占比重却越来越大。本书在借鉴国内外实证研究成果基础上，尤其在借鉴国内知名学者邱明（2006）对提高企业并购重组的有效性模型研究的基础上，本书在有限的条件下，对医药企业资产重组绩效做出一种创新性模型的尝试研究。

5.3 我国医药企业资产重组绩效的评价

5.3.1 构建医药企业资产重组绩效评价模型

鉴于国内对医药企业资产重组的研究尚少，基本上是在研究企业资产重组的理论和研究方法的基础上，进行的零星研究，未成体系。结合我国医药行业特殊情况，在对医药企业资产重组的"假相"模式特征研究分析中得出，部分企业很少考虑资产重组后的成长性、价值性，缺乏防范重组风险的决策管理。因此，建立具有衡量重组绩效的价值模型又是非常有助于推进医药企业资产重组的成功运作。当然，医药企业每一例资产重组都会出于不同的目的，面对的是不同的挑战，所以，客观地说，任何一个评价绩效的模型都不能万能地适合变化中的医药企业资产重组的运作。但必要的探索和实践对医药行业是有意义的。

（1）评价企业资产重组绩效的模型

前面章节对资产重组的模式分析研究及构建了战略重组集成风险的管理决策模型，现本书构建出评价我国医药企业资产重组绩效的模型：

第5章 我国医药企业资产重组的绩效评价

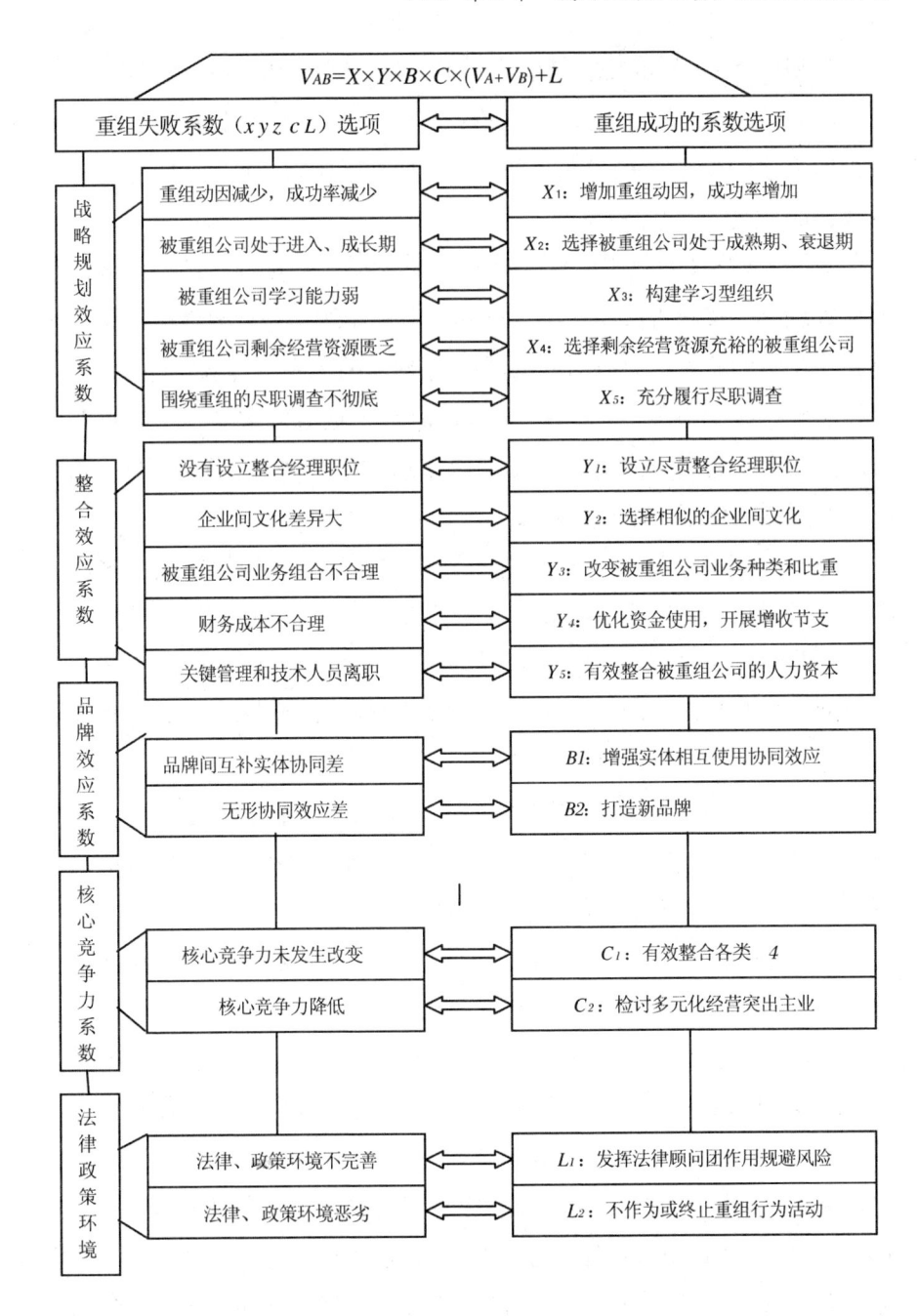

$$V_{AB}=X\times Y\times B\times C\times(V_A+V_B)+L$$

效应系数	重组失败系数（xyzcL）选项		重组成功的系数选项
战略规划效应系数	重组动因减少，成功率减少	⇔	X_1：增加重组动因，成功率增加
	被重组公司处于进入、成长期	⇔	X_2：选择被重组公司处于成熟期、衰退期
	被重组公司学习能力弱	⇔	X_3：构建学习型组织
	被重组公司剩余经营资源匮乏	⇔	X_4：选择剩余经营资源充裕的被重组公司
	围绕重组的尽职调查不彻底	⇔	X_5：充分履行尽职调查
整合效应系数	没有设立整合经理职位	⇔	Y_1：设立尽责整合经理职位
	企业间文化差异大	⇔	Y_2：选择相似的企业间文化
	被重组公司业务组合不合理	⇔	Y_3：改变被重组公司业务种类和比重
	财务成本不合理	⇔	Y_4：优化资金使用，开展增收节支
	关键管理和技术人员离职	⇔	Y_5：有效整合被重组公司的人力资本
品牌效应系数	品牌间互补实体协同差	⇔	B_1：增强实体相互使用协同效应
	无形协同效应差	⇔	B_2：打造新品牌
核心竞争力系数	核心竞争力未发生改变	⇔	C_1：有效整合各类 A
	核心竞争力降低	⇔	C_2：检讨多元化经营突出主业
法律政策环境	法律、政策环境不完善	⇔	L_1：发挥法律顾问团作用规避风险
	法律、政策环境恶劣	⇔	L_2：不作为或终止重组行为活动

图 5-1 绩效评价模型

模型中：X——战略规划效应系数；Y——整合效应系数；Z——品牌效应系数；V_A——重组企业价值；V_B——被重组企业价值；V_{AB}——重组后组建的新企业的价值；V——企业价值函数；C——核心竞争力系数；L——法律、政策系数。

X——战略规划效应系数。并购作为一种战略投资，一项重要的资源配置决策，意味着战略资源的投入与重新组织。企业整体战略的思考是并购逻辑的起点。只有对并购战略有整体的思考，即 $X>1$ 时，才不会在实施过程中出现迷茫；$X<1$ 时，缺乏长远战略规划，急功近利行为严重，经不起市场考验，最终会以重组失败而告终；$X=1$ 时，重组没有实现做大做强，绩效不明显。

Y——整合效应系数。是通过各种手段保证让并购双方接受这次并购，并能相互了解、相互理解，接受各自的差异，达成共同的期望，以实现并购的最终目标。$Y>1$ 时，表明能尽早发现和研究解决方案，使今后的合并顺利；$Y<1$ 时，表明双方出现频繁的摩擦、冲突，并购后双方企业间融合矛盾重重。

B——品牌效应系数。当 $B>0$ 时，表明企业重组医药企业品牌扩张力、凝聚力强；当 $B\leq 0$ 时，表明企业重组时医药企业品牌价值已经所剩无几，或者已经是零值甚至是负值。

C——核心竞争力系数。是指以医药企业的战略性资产即独特的资源、技能和知识为根本要素。$C>1$ 时，表明重组后企业核心竞争力比重组前增强；$C=1$ 时，表明重组后企业核心竞争力与重组前相比没有发生改变；$0<C<1$ 时，表明重组后企业核心竞争力比重组前降低。

L——法律、政策环境对重组企业价值的影响。当 $L>0$ 时，该值越大表明企业重组时法律、政策环境优越，对重组行为非常有利；当 $L=0$ 时，表明企业重组时法律、政策环境相对比较匹配，对重组行为无影响；当 $L<0$ 时，表明企业重组时法律环境不完善，对重组行为有阻碍。这一数值往往不以企业的意志而轻易改变。

这个模型的含义是：企业重组的有效性主要取决于四个效应系数

X、Y、B、C 和法律、政策环境对重组企业价值的影响,如图 5-2 所示。企业重组后的价值是否得到增加,直接受到来自战略规划、整合、协同和核心竞争力等方面工作效果的影响。为维持和增加重组后新企业的价值规模,可以通过系数分模型图 5-2 所示中的系数选项来对重组进行精心规划和准备,提高四个效应系数的值;降低法律、政策环境带来的重组风险,得到最大化的重组效益。

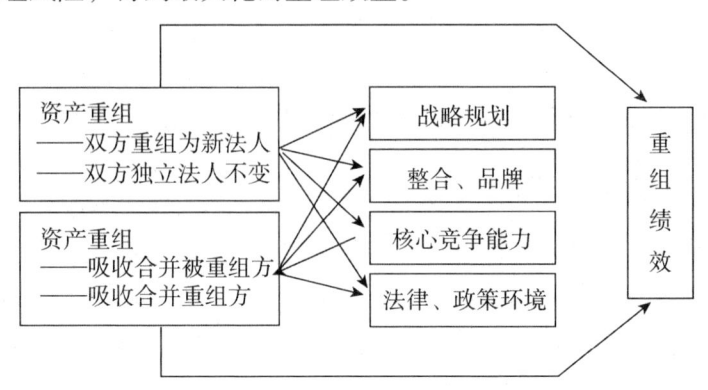

图 5-2 绩效评价模型的流程图

(2) 对模型的几点说明

第一,模型设计的出发点。

主要从医药企业自身重组运作规律的角度出发,将错综复杂的重组交易进行剖析,对变量因素所列尽管不多,但实际上蕴涵了从宏观环境到企业内部状况、从实体资产到无形资产等诸多方面。

第二,模型中成功与失败系数的选择。

模型中系数的选择主要考虑两个方面的原则,一个是成功的系数,一个是失败的系数。对重组成功的系数选取了多个关键选项,突出了医药企业并购重组中需要考虑的重点事项。对重组失败的系数进行了列举,有利于医药企业并购重组时用于避免失败和矫正重组行为。

第三,模型的有待完善之处。

纵观国内学者对公司并购绩效的研究方法,他们大都使用事件研究法、会计指标研究法甚或会计指标研究法的综合评价模型,这似乎不太符合近年来国际上学者越来越流行运用临床诊断研究法来研究公司并购绩效的趋势。由于我国医药公司信息披露的不充分，公司财务行为的非理性化等导致样本的研究结论与实际不相符，从而造成本模型无法从深层次上全部理解和挖掘公司并购股东财富创造或毁损的动态过程。因此，收集和掌握信息资料，与时俱进地增减相应系数，进而建立出更加完善的绩效评价模型。

5.3.2 提高医药企业资产重组绩效的改善对策

（1）抓住机遇，顺应形势

随着人口老龄化的到来、由于社会发展而造成的"富贵病"发病率的升高以及医疗改革的不断深入，中国医药市场近年来每年保持20%以上的增长速度，而且在可预见的未来，中国医药市场仍将保持远超过世界平均水平的增长速度。

然而具体到中国的医药企业，虽然总体规模在快速增长，但是却没有能够出现世界级领先的医药企业，前50位中国医药企业的2015年销售额总和也不及辉瑞等单个医药巨头一年的全球销售收入。按照南方医药经济研究所的报告，以医院市场为例，2015年前10位医药企业仅占医院市场总体份额的30%。目前我国医药工业企业有近5000家，医药流通企业8000余家，然而整个行业仍然表现出集中度低、竞争无序、产品低层次竞争、用药水平低、创新能力弱等特点，一方面这极大地制约了中国医药行业的集约发展、规范发展，而且这种局面也导致了政府监管难度极大。

根据IMS的预测，中国医药行业整体规模将有望在2016年进入世界前三的行列。按照年复合增长20%的速度计算，中国医药市场将于10~15年之后，整体市场规模达到美国现在的市场规模。那么中国医药行业的"辉瑞""基因泰克"又会是谁？它们将如何产生？对照世界医药行业的发展历程以及国际主流医药企业的成长经验，我们发现创新和并购整合是最主要的推动力,而后者的地位已经显得越来越突出和有效。努力通过战略规划构建、培育企业核心竞争力,才能使企业重组后持久拥有竞争优势。如表5-1、图5-3所示。

近年来,跨国企业已经将中国医药市场视为最重要的战略市场之一,不断加大研发、临床推广和销售投入的力度,部分医药巨头已经把目光转向中国,在开展并购或正在寻求优质中小型的并购对象。对国内医药行业来说,行业的并购重组显然已经迫在眉睫。否则,10~15年之后,纵使中国市场能够达到美国医药市场现在的规模,那也只是外资企业的战场,我们只是看客而已。

表5-1 重组战略的核心竞争能力—市场矩阵分析图

核心竞争能力	新的	通过重组获取互补性能力或强化现有能力从而建立新的核心竞争能力	跨行业重组获取新行业中企业的核心竞争能力
	现有的	通过重组拓展现有核心竞争能力使用范围,充分利用已有核心竞争能力	创造性地重新部署或重新组合现有核心竞争能力,创造新产品或新服务
		现有的	新的
		市场	

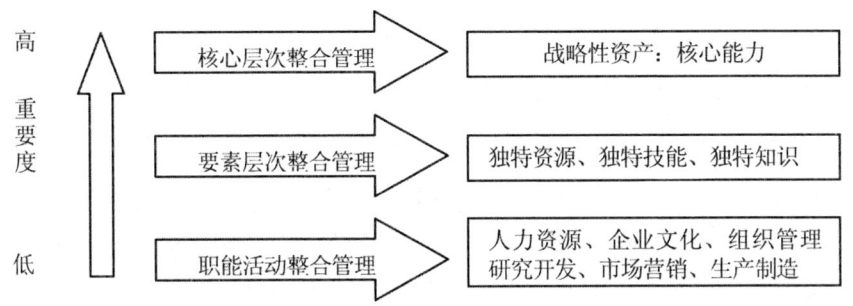

图5-3 基于核心竞争能力的重组后整合管理模式

(2) 成熟的并购环境已显端倪

近几年来,医药行业重组整合的成功案例是频繁见诸业内,虽然并购的整体动作、规模不像辉瑞并购惠氏那样具有震撼力，但毕竟已经起步，2009年以来的国药合并中生、上实医药资产与上药医药资产的整合，加之复星医药、双鹭药业、云南白药、先声药业、天坛生物等重组动作，均预示着中国医药行业的整合将迎来新一波的浪潮。

虽然中国医药企业的集中度与国际主流市场相比较差距还很大，但随着领军企业的做强做大，市场化因素必将推动其对外扩张。另外，政府主导的国有医药企业重组整合拉开了大幕，国药集团与中生集团的强强联手、上实集团的医药资产与上药集团的整合便是明证。而这一连串的国有医药资产并购事件，具备极强的示范效应，可能会对其他企业的整合产生一定程度的推动作用。未来几年，政府主导的行业整合大戏还将唱下去。再就是新医改的不断推进，基本药物目录制度等政策的逐步实施，强者更强的马太效应将继续发挥作用，重组整合有利于行业龙头继续做大做强。随着中国市场在跨国医药企业中占有越来越重要的地位，一部分跨国企业，尤其是像辉瑞这种以收购作为常规武器的医药巨头一定会在中国医药行业刮起一阵并购旋风，为业内企业提供机遇。

（3）企业应有足够的创新投入

中国医药企业并购整合将会使得优势资源更趋集中，更多企业将会把更多资源投入自主创新、投入质量管控，我国的医药工业才能摆脱低层次的竞争，才有可能塑造出属于中国的国际医药巨头，而更多的患者才能获得更高品质和更安全有效的药品。

根据IMS的报告，在国内医药行业中，排名前20位的医药企业绝大多数为跨国药企，只有为数不多的国内药企名列其中。世界上公认的研发一个新药需要投入10亿美元左右的费用，需要10年左右的研发时间。虽然中国因为诸多原因决定了其研发成本相对比较便宜，但是由于社会资源的不集中，单个医药企业所能获得的人力、财务资源均比较有限，这使大部分国内医药企业面对研发费用总体的高投入以及可能承担的风险望而却步，其直接后果就是国内药品的同质化竞争越来越严重，而高利润和高附加值的药品却大部分掌握在跨国药企手里。

(4) 提高对整合工作的重视程度,积极做好整合工作

对照美国、日本等医药发达国家曾经走过的历程,相信中国的医药行业也将经历并购重组后的整合过程。未来的中国医药市场将向高度集中迈进,而在这样的市场竞争情况下,谁拥有了对优势资源的整合能力,谁就在赢得有效性重组带来的市场先机。

本章小结

(1) 西方资产重组实证研究中有关重组有效性的述评包括实证研究的综述和简要的评述。其中实证研究的综述是从市场对企业重组的短期反应研究和对公司重组后长期经营绩效的研究着手;简要的评述主要介绍西方学者长期研究的成果,反映了重组的现实状况,对于我们的重组有效性问题研究在总体上具有指导和借鉴意义。

(2) 国内资产重组理论研究中有关重组有效性部分的综述是从战略规划方面和整合工作方面阐述。

国内重组实证研究中有关重组有效性部分的评述包括研究方法介绍:

①超常收益法:

$$AR = R - E(R)$$

累计平均超常收益公式为:

$$AART = \frac{\sum_j AR_{jt}}{N}$$

$$CAR = \sum_{t=-40}^{40} AAR_t$$

②会计研究法

就公开发表文献总括来看,国内重组实证研究中有关重组有效性部分的成果可分为两个阶段,即第一阶段 1998 年至 2003 年 11 月;第二阶段 2003 年 12 月至今。

(3) 企业资产重组绩效评价值模型：

$$V_{AB} = X \times Y \times B \times C \times (V_A + V_B) + L$$

医药企业资产重组运作的有效性主要取决于四个效应系数 X、Y、B 和核心竞争力系数 C 及法律、政策环境数值 L。医药企业重组后的价值是否得到增加，直接受到来自战略规划、整合、协同和核心竞争力等方面工作效果的影响。

对模型的几点说明包括：模型的设计思想；系数分模型变量因素的选择原则；系数分模型变量因素取决的设定；模型的有待完善之处。

第6章

医药企业资产重组绩效的实证分析

6.1 太极集团重组案例实证分析

6.1.1 太极集团简介与桐君阁公司简况

（1）太极集团简介

太极集团的全称为重庆太极实业股份有限公司，前身系四川涪陵中药厂，成立于1972年，主要生产中成药，隶属涪陵地区医药管理局。1988年9月，更名为四川涪陵制药厂，生产经营范围扩大到部分西药制剂。1993年11月，由四川涪陵制药厂、四川省涪陵地区医药公司、涪陵市通济实业有限公司、四川涪陵太极实业开发公司共同发起，以四川涪陵制药厂为主体改组，以定向募集方式设立四川太极实业股份有限公司，总股本5000万元。1997年3月，更名为"重庆太极实业股份有限公司"。目前，太极集团资产达160亿元，拥有3家上市公司：太极集团（600129）、桐君阁（000591）、西南药业（600666）。下设6000多家大药房，9家制药厂，12家医药商业企业，13000名员工，独立核算单位达到42家，并建立了重庆市仅有的两个博士后流动工作站之一。2006年集团销售额达85亿元，成为一个以生产中成药、西药为主，涉及包装、运输服务等多种药业配套领域，是国内医药产业链条最为完整的大型股份制企业集团。收购桐君阁公司，就是要整合医药产业流通链。

(2) 桐君阁公司简况

桐君阁原名重庆中药股份有限公司，前身为"重庆中药材公司"，是1986年12月经重庆市人民政府批准，以重庆桐君阁药厂、重庆中药材站等13家中药工商企业为主体联合组建而成的大型企业集团。公司于1987年1月进行全国首批股份制试点，原公司以账面资产净值3517万元折为国家股351708股（每股面值为人民币100元），1987年4月至1988年9月，公司按面值向内部职工和社会公众发行股票20万股（每股面值人民币100元）。1993年1月，公司资产评估时确认公司的全部经营性经资产为8825.62万元，股本金为6338万元，其他权益为2437.69万元。1993年3月，公司股票面值拆细为每股1元，公司股本拆为6338万股，其中：国家股4338万股，占全部股本的68.44%，持股单位为重庆市国有资产管理局；个人股2000万股，占全部股本的31.65%。1996年2月8日，经中国证监会批准，公司2000万股流通股获准在深交所正式挂牌上市交易，公司简称重庆中药。

公司主要从事中成药制造、中药饮片加工以及药材、滋补药品、康复保健品等中成药产品的销售业务。公司的中成药产品有400多种，生产的中药材有3000多种。公司下辖11家商业企业，136个零售门市和1个中药交易市场。公司下属的药厂主要有成立于1908年的重庆桐君阁药厂，成立于1958年的重庆中药厂和成立于1970年的重庆中药二厂。公司的主要产品有"雄狮丸""六神丸""天王麝香止痛膏""浓缩丸系列"等。

6.1.2 重组的环境分析

(1) 外部环境

随着世界经济全球化进程的不断推进和市场竞争的日益激烈，全球产业结构面临着新一轮的调整和升级。自上个世纪80年代以来，在经济发展、技术进步以及世界医药市场持续增长的推动下，以跨国医药巨头为主导的全球医药产业更是发生了翻天覆地的变化。跨国医药巨头为了追求规模效应，占领市场，以确立各自在全球范围内进行资源配置的目的，不断掀起并购重组的浪潮。以资金集中、人才集中、技术集中的经营优势越来越普遍，全球医药产业的竞争格局不断发生新的变化。

我国是全球医药十大新兴市场之一，是除日本以外亚洲最大的市场，也是亚太地区增长最快的医药市场。据统计，从1978年到2000年间，我国医药工业总产值年均增长17.7%，高于全国同期工业总产值年均增长速度4.4%。我国医药生产企业达到6000多家，药品经营企业达到17000多家，但我国医药企业在全球范围内的竞争实力依然较弱。整个行业处于"一小二多三低"的局面：一是多数生产企业规模小，无法形成规模效应；二是企业数量多，产品低水平重复多；三是大部分生产企业产品技术含量低，管理水平低，生产能力低。特别是长期以来重原料轻制剂，重仿制轻创新，以及管理混乱，政出多头而造成的盲目发展等结构性弊端已对中国医药产业产生了很大的制约。

（2）内部环境

良好的内部环境对企业重组战略的顺利实施具有一定的支撑作用，特别是重组双方企业文化的融合与否在一定程度上甚至决定了重组的成败。而企业文化包含了三个层面：理念层、制度层和行为层。

太极集团把人才视为企业的第一资本，把企业文化本身视作一种管理思想，作为增强企业凝聚力、战斗力的主要工具。把开发人的素质作为企业文化的根本，从企业经营管理实践中加以建设，加以提炼和构造。太极集团的经营理念是"忠诚、团结、努力、责任"。公司把"忠诚""团结"看成是最宝贵的员工品质。忠诚于事业，才懂得团结的重要。团结，是协调的工作关系，是众人精神力量的聚合。鼓励太极的员工要发奋努力，不断进取。强调责任，包括员工对企业、对社会负责，也包括企业对员工，对社会负责。为了将责任落实，太极集团把企业文化建设作为中医药文化的一部分。从1994年起，太极集团还提出并实施了"全员营销"管理的模式，要求全体员工牢固树立市场意识和营销观念，企业的一切生产经营活动以营销为中心，建立以营销管理为龙头，以技术创新为支撑，各部门协调一致，全面系统地参与、服务于营销管理的现代运行机制。

公司制定了一系列严格的制度约束，例如专门出台了《零售服务管理规范》，还成立了专门的稽查小组，对各连锁店进行流动监督。在药品经营环节上，桐君阁坚持做到严格把关，组建了总部—片区—药房的三级质量管理网络，建立了28个有关强化质量管理的制度。人才培养采取"送出去，引进来"的办法，还采取脱产培训与业余自学相结合的形式，对各级各岗的员工进行有针对性的培训，提高员工素质。桐君阁人把发扬中医中药的文化传统作为己任，为了突出中药行业的特色，桐君阁大药房不仅重视营销上的创新，而且也重视思想观念和经营观念上的创新。

1995年，桐君阁的发展走到了一个十字路口。面对着国内诸如"三九""三株"等后起之秀和整个医药行业的集团化、集约化经营的冲击，桐君阁的干部和员工们逐步意识到：只有走集团化、集约化经营，自己才有可能不被市场大潮所淹没。然而，心甘情愿被兼并重组，还需要观念上的实质更新。

由于太极集团与桐君阁同为川渝地区的主要中药生产企业，有着类似的企业文化与风格，特别是并购重组后几乎不存在人员的整合障碍问题，并能继续保持原有的产品定位和经营模式，这为重组后以抓企业改造和发展为主线，优选骨干品种，强化营销模式，扩大生产规模的经营理念在全体干部职工中迅速达成共识提供了方便，并为双方融入生产经营中奠定了良好的基础。

6.1.3 重组的实施过程

1998年3月20日，重庆太极实业股份有限公司临时股东大会通过案，决定在不动用募集资金的前提下，公司以每股 2.365 元出资 10259.20 万元收购重庆市国有资产管理局持有的重庆桐君阁股份有限公司全部国家股 4437.93 万股，占该公司股本总额的 68.44%。

1998 年 4 月 15 日，中国证监会以证监函（1998）35 号文同意豁免重庆太极实业股份有限公司要约收购"重庆中药"股票的义务；1998 年 4 月 24 日，"重庆中药"与"太极实业股份有限公司"同时在三大证券报上发出公告。

1998 年 5 月 8 日，股权过户手续完成，至此该收购事宜全部完成，太极集团正式成为重庆中药的控股方，并将其改名为重庆桐君阁股份有限公司，简称桐君阁。

在此次收购的补充会议中，重庆国有资产管理局同意收到太极集团支付的转让金 10259.20 万元后，将其 80% 即 8027.36 万元于当月转借给桐君阁，作为该公司技术改造和生产发展资金。借款期限为 10 年，借款本金从第 4 年开始偿还，平均 7 年还清，借款利息按人民银行公布的同期贷款利率的 50% 计付，每年年末结算一次。收购当年，太极集团支付转让款 8786 万元，办理返借款 7500 万元，已转借桐君阁 6991 万元。这一财务安排的实质是收购款转贷款，是太极集团对桐君阁输血。

6.1.4　重组前的预期协同

太极集团与桐君阁同为川渝地区的主要中药生产企业，太极集团入主桐君阁为两企业的资源整合、优势互补提供了基础。太极集团收购桐君阁是看到尽管后者内部管理机制陈旧，业务增长平缓，但是后者有悠久的品牌，独具特色的中药产品和不错的财务状况，相信自己可以改变桐君阁的面貌，运用自己在营销理念和网络、管理、资金方面的优势，将桐君阁的大量知名品牌药品介绍给消费者，并在市场中占有相应份额，以获得重组的协同效应。

(1) 重组双方的资源比较

根据太极集团（600129）披露的1997年度财务报告，截至1997年12月31日，货币资金余额为231130467.04元，应收账款余额为138081366.72元，预付货款余额为1832541.83元，主要为公司预付的原材料和包装物款。原材料、产成品、半产品、低值易耗品等存货余额132687232.15元，房屋建筑物、通用设备、专用设备、运输设备等固定资产净值余额115570987.33元。各类土地使用权54462565.60元。

上市之初的太极集团以中成药生产为主，其相应的研制和销售能力也较为突出。①研发能力：自80年代以来，公司相继推出了急支糖浆等30余个独家生产的中西药新产品，已申请专利30余项，获授权22项。太极集团还与华西医科大学、成都中医药大学、中国人民解放军军事医学科学院等单位建立了全面的项目合作关系，是目前全国中药行业的三家国家级技术中心之一。1998年，经国家人事部批准，太极集团还建立了博士后工作站。②营销能力：在营销人员的选拔、升降、奖惩上，太极集团制定了严格高效的管理制度。同时对上岗的营销人员实行"不升即降""限时离岗""末位淘汰"的动态管理。

桐君阁（000591）被重组之前，其1997年度财务报告披露，截至1997年12月31日，货币资金余额为28759573.04元，长、短期投资余额5259656.00元，应收账款余额为92733086.65元，预付货款余额为22588.80元。原材料、包装物、产成品、半成品、低值易耗品等存货余额153169194.86元，房屋建筑物、通用设备、专用设备、运输设备等固定资产净值余额91640257.31元，菜园坝商城、解放碑连锁中心点、桐君阁废水处理工程等在建工程余额16464385.82元。各类土地使用权11595205.98元。

(2) 并购双方的资源协同

从事前的角度看来，太极集团重组桐君阁预期获得的协同效应主要体现为双方的资源协同，包括重组双方资产之间、能力之间以及资产和能力之间的替代、互补、增进甚至冲突作用，具体说来主要有以下几点。

首先,替代机制。由于太极集团和桐君阁皆从事中成药的生产制造,重组后在设备、人员方面必定会有所重叠,进而产生代替。以太极集团的募股资金投资项目为例,由于所收购的桐君阁公司自身已具备年处理中药材6000吨的能力,从而使得太极集团原本准备进行技术改造年处理中药材6000吨吸附浓缩装置项目变得不必要。一方面,基础设施的共享有助于节约产品生产成本,实现规模经济;另一方面,节约的资金可用于投资建设其他项目,增加收入。正如其当年年报中所披露的,太极集团将该项目变更为年产1000万盒急支颗粒冲剂生产项目,预计新增收入12000万元,利润1700万元。

其次,互补机制。桐君阁1996年上市之初的净资产收益率为15.30%,而1997年这一指标下滑为11.24%;太极集团1996年、1997年的净资产收益率则分别为24.75%、13.56%。无论是目标方还是并购方,双方皆远远超过了证监会规定的公司配股所需达到的10%的水平。通过实施重组,可以运用集中化的配股融资降低融资成本,提高举债能力,还可以充分利用可能的闲置资金。

再一次,冲突机制。太极集团在收购桐君阁后,双方仍各自保持独立的法人地位和上市公司资格,对于太极集团而言,其组织结构的规模相对收购前而言扩大了。而且,面对桐君阁内部陈旧的管理机制,太极集团在向其输送较为先进的经营、管理观念时,可能将花费相当的协调成本以尽可能减少冲突,促使组织内部管理交易及其经营的正常进行。这是因为:①并购后组织规模扩大,管理层次和管理幅度将超过原有的限度,中间环节增多,企业内部各方面协调的难度加大,从而使得管理成本将以递增的方式上升。②随着企业的管理幅度和管理层次增加,信息传递的质量就会降低,这就需要利用监督职能来保证信息质量,因而增大了管理成本。另外,由于不同层级之间的目标差异,使得其有可能传递有利于自己的虚假信息,产生道德风险和逆向选择,需要实施必要的激励和约束机制,从而加大了管理成本支出。

6.1.5 重组后的战略规划（X）系数

太极集团在收购桐君阁后，在战略调整上采取了几项重大措施。

第一，太极集团入主桐君阁后，制定了以制药为主业，市场营销为重点的企业发展战略。根据太极集团规划，在北京建设公司的信息和产品设计中心，重庆中药研究所将成为公司的药品实验中心，太极集团和桐君阁将是生产基地和销售基地，以形成公司的研、产、销一体化体系；太极集团投入资金对桐君阁进行技术改造，提高产品质量与数量，调整生产品种，将分散在 100 余个品种上的生产力量集中在 2~3 个重点产品的生产上；促进观念转变，逐步导入太极理念、太极文化、太极精神，树立全员营销观念、全员质量观念和管理出效益观念，特别是将太极集团成功的营销策略引入桐君阁公司。

第二，加强了桐君阁产品的市场销售工作，将销售重点由批发逐步转向零售。桐君阁原有零售药店数量少，门市店堂较陈旧，设施较落后。重组后，太极集团利用 1999 年配股资金支持桐君阁组织实施商业连锁的商贸流通体系，依托"桐君阁"老字号品牌建立桐君阁大药房连锁店和桐君阁大药房超市。计划 3~5 年内，在全国建立 500~1000 家连锁店。

第三，太极集团将其持有的控股子公司德阳大中药业、德阳荣升药业及沙坪坝医药有限公司的全部股权出售给桐君阁，2001 年将其持有的控股子公司四川省自贡市医药有限公司全部股权以及天诚大药房连锁有限责任公司 96.97% 的股权和公司在全国各地的 24 个办事处的资产转让给桐君阁，并承诺公司不再直接或间接从事与桐君阁发生竞争的任何业务，也不再新设公司开展与桐君阁业务发生竞争的任何业务。这一重组后安排，重新定位了太极集团与桐君阁的各自经营重点，减少了两公司的竞争和利益冲突，强化了桐君阁的市场营销能力。

6.1.6 重组后的整合效应（Y）系数

太极集团重组桐君阁的效果究竟如何？通过重组后整合是否产生了协同效应？应该如何评价此次并购？我们从经营管理和财务绩效两个方面分别进行分析。

（1）太极集团重组桐君阁后，为桐君阁输入了新的经营管理机制

在桐君阁实施了包括干部能上能下、机构能破能立、员工能进能出、工资能高能低的市场化的经营机制。2001年重庆桐君阁股份有限公司及下属子公司重庆桐君阁大药房连锁有限责任公司均分别通过国家药品监督管理局进行的首批GSP（药品经营质量管理规范）认证试点工作。

（2）太极集团在资本运营方面取得重大发展

1999年，太极集团和桐君阁一起双双获得配股资格，先后配股。前者募集资金2个亿，后者募集资金8418万。

（3）太极集团支持桐君阁完善医药物流配送体系

2002年，桐君阁在太极集团的大力支持下在成都投资1亿多元，率先在全国推出按现代商业要求经营的成都西部医药有限公司，实现超市配送经营，成为首批国家级物流配送中心。目前，已成功实现了对四川、贵州、宁夏、云南等西部省区的辐射，月销售额突破亿元。

（4）桐君阁医药连锁经营迅速扩张

重组桐君阁之后，太极集团开始给桐君阁注入了新的生机。建设医药零售连锁店"桐君阁大药房"，装修改造各零售门市网络点，并把柜台放进了中国最小的销售单位——农村服务社，桐君阁拥有的门店数量超过2000家。

6.1.7 重组后的品牌效应（B）系数

桐君阁是中国屈指可数的几家幸存的百年老字号医药商业企业之

一。民间素有"北有同仁堂，南有桐君阁"之说。桐君阁一直坚持以"弘扬国粹、济世救人、诚心相待、追求卓越"为经营理念，以"服务人民、奉献社会、顾客至上、质量第一"为经营宗旨，以"真情、真品、真价"和"名店、名药、名医"取信于民，强调诚信并注重品牌。太极集团重组桐君阁能够发挥桐君阁"中华老字号"品牌及其丰富的产品储备与太极集团科学的营销管理模式之间的协同。其一，太极集团可以运用自身在营销理念和资金方面的优势，加强桐君阁产品的市场开拓力度，扩大产品的工业生产销售规模。桐君阁药厂在全国各地与1000多家经销单位有销售往来，可当时销售队伍仅有30人左右，远远不能满足市场的需要。太极集团阵容强大的营销队伍可与此相呼应，并且其"全员营销"的理念和科学系统的营销策略及营销能力的扩散有助于提升桐君阁的市场营销能力。其二，在药品零售业中，依托"桐君阁"这一百年老字号品牌及其广泛的销售终端，可以迅速提升太极集团已有产品和推广新品的市场竞争力和销售业绩。并且，随着企业规模的扩张，太极集团可以有更加雄厚的实力进行技术开发、广告宣传，建立更为完善的商贸流通体系，这些活动还将进一步扩大品牌的市场影响。重组极大增强品牌的价值和企业的竞争优势，使重组后的企业形成良性循环。

6.1.8 重组后的核心竞争力（C）系数

太极集团具有优势的方面是它的营销，其一是在集团内牢固树立"全员营销"的理念，并将其细化到日常经营活动的各个细节中；其二是精心编制了营销总公司—营销集团—营销公司—若干"省级公司"的组织层级架构，在全国设立4大营销集团，下辖12家营销公司，80多个市场部，其营销网络覆盖了全国95%以上的地级城市和60%以上的区、县及农村市场。此外，还在全国各中心城市设立20多个办事处，负责货物发送、资金回笼等后勤工作。

在产品研发方面,拥有已获取批准文号中成药品种229个,进入国家基本药物目录品种121个,进入国家药典品种56个,11个品种获国家中药保护。在药品零售方面具有核心竞争力:其一是拥有享有悠久声誉的百年老字号品牌"桐君阁",1995年更是被国内贸易部命名为"中华老字号";其下属的"桐君阁药厂""百草堂""庆余堂"等6个单位和门市获"中华老字号企业"称号。其二是拥有百余家"桐君阁大药房",布点较为广泛(如此庞大的营销网络,也是巨大的无形资产),特别是"前医后药"的医、药结合一条龙经营服务模式,是国内其他药品店所不具备的,属中药销售店所独有。公司开办的重庆中药材专业交易市场成了国家中医药管理局、国家医药管理局、国家工商局、卫生部批准的全国八大中药材专业市场之一,使重庆中药材集散地立足重庆,辐射大西南的大医药、大流通格局初步形成。此外,作为深圳证券交易所的上市公司,桐君阁还具有进入资本市场直接融资的便利条件和功能。

6.1.9 重组的法律环境(L)系数

为了从结构上调整中国医药产业的布局,提高国有医药经营的质量与效益,扩大医药产业的相对集中度,增强企业的科技创新能力和市场竞争意识,加速提高我国医药企业的国际竞争力,政府在抓好医药工业50强、培育大型企业集团基础上,1998年起国家开始鼓励在法规及行业政策允许的条件下,开展跨地区、跨行业、跨所有制的兼并重组。国家医药局1998年初在北京还特别召开了全国医药局长会议,对医药工业结构调整和医药流通体制改革作了统一部署,并先后出台了系列政策。主要带来的变化有:药店与医院的分离,使得连锁药店成为医药流通领域的一支重要力量;药品价格的大幅度下降,迫使企业要设法减少药品流通环节,以提高销售效率;流通不规范的情况将随着医疗体制的改革而逐渐消除。因此,加强企业自身营销能力建设的紧迫性不容忽视，控制营销网络和销售终端资源成为许多企业应对激烈竞争的主要砝码。这些都成为导致1998年医药行业大重组，推动医药经济结构调整向深层次展开的前提。

就太极集团所在地——重庆市人民政府而言，为改善国有资产经营水平，也支持组建大型医药集团，将国有资产重组，交给具有管理优势的国有企业经营。而太极集团当时也希望能通过兼并收购的方式来实现低成本的快速扩张。太极集团的具体战略为：一是占据销售终端，降低交易成本，提高市场反应能力；二是增加市场份额，获取细分市场上的寡头垄断利润。

6.1.10 重组后的价值（V_{AB}）

（1）重组前后桐君阁业绩的比较

并购前后桐君阁业绩数据如表6-1所示。通过分析可以看出，1998年桐君阁被重组后大股东强化市场营销、调整生产结构、改进企业管理的努力取得了成效。重组前主营业务收入、总资产、股东权益和每股净资产收益率指标在1997年都有很大幅度的下降。重组之后，不仅主营业务收入、总资产、股东权益和每股净资产仍有增长，重要的是净利润从1998年开始增长，四年平均增长19.25%；每股收益虽在1999年略有下降（仍为每股0.21元/股），以后每年增长均超过20%，始终处于较高水平；虽然净资产收益率在1998～2000年间逐年下降，但是公司销售收入在迅速增长，2001年主营业务收入为1997年的2.57倍，而净资产收益率始终保持在10%以上。另外，公司的主营业务利润率在并购当年迅猛提升，随后逐年下降，反映出公司的主营业务成本逐年增加，但总体上还是可以认为重组后桐君阁的业绩有了全面的较大幅度的提升。重组对桐君阁的发展作用是明显的。

表 6-1 桐君阁 1995～2001 年的主要财务数据表

项目	1995 年	1996 年	1997 年	1998 年	1999 年	2000 年	2001 年
主营业务收入（万元）	24339.7	28526.3	34029.9	35845.7	44045.3	58291.6	87618.3
主营业务利润（万元）	515.08	684.98	889.39	7244.22	7392.31	10007.4	11186.7
主营业务利润率（%）	2.12	2.4	2.61	20.21	16.78	17.17	12.77
净利润（万元）	1023.25	1848.98	1530.27	1698.25	1960.9	2505.02	3077.44
总资产（万元）	39289.4	40107.3	43910.2	44996.5	46688.4	48688.8	69975.4
股东权益（万元）	11819.6	12084.1	13614.4	13061.9	15022.8	23652.2	26740
每股收益（元）	0.16	0.29	0.24	0.22	0.21	0.25	0.31
每股净资产（元）	1.86	1.91	2.15	1.72	1.65	2.37	2.68
净资产收益率（%）	8.66	15.3	11.24	13	13.05	10.59	11.51

（2）重组后太极集团单独的年报

我们以重组后太极集团年报中的数据减去桐君阁的数据作为原太极集团重组后的财务数据，如表 6-2 所示。仅从表中主营业务收入和净利润两个基本点指标就可以发现，刨除桐君阁财务数据后的太极集团其业绩并无可夸耀之处，特别是净利润一再大幅下跌，直至 2001 年仍没有达到收购前 1997 年的水平。太极集团的境况与收购前形成鲜明对比，收购前生机勃勃，收购后一蹶不振。反观桐君阁，重组前业绩要走下坡路，重组后一路飙升。因此，从某种程度上重组成就了桐君阁，而短期内影响了太极集团业绩的提升。

表 6-2　太极集团 1997~2001 年部分财务数据表

项目	1996 年	1997 年	1998 年	1999 年	2000 年	2001 年
主营业务收入（万元）	37848.27	58253.94	61584.86	56466.45	60586.18	87278.79
主营业务收入增长率（%）	—	53.91	5.72	-8.31	7.3	44.06
净利润（万元）	5397.76	8804.43	7371.25	5572.97	2393.89	7065.87
净利润增长率（%）	—	63.11	-16.28	-24.4	-43.42	195.16

(3) 重组前后两公司整体业绩的比较

从以上的分析中我们认为，重组后桐君阁公司的情况明显改进了，而太极集团自身的发展却不乐观。那么，重组后两个公司的整体效应究竟如何呢？

重组前两公司的财务数据加总与重组后两公司的合并报表数据如表 6-3 所示。从表中我们可以看出，两公司 1995~1997 年间的主营业务收入、净利润、总资产和股东权益都有大幅增长，年增长比率都在 40~%60%，1997 年的股东权益比 1996 年增长了 131.76%。另外，每股收益、每股净资产和净资产收益率有增有减，均都保持在一个很高的水平上。譬如，净资产收益率 1995 年为 23.84%、1996 年为 21.37%，1997 年虽仍大幅下降，仍有 13.15%，还是远远超过了证监会规定的公司配股所需达到的 10% 的水平。

表 6-3 太极集团 1995~2001 年的主要财务数据表

项目	1995 年	1996 年	1997 年	1998 年	1999 年	2000 年	2001 年
主营业务收入（万元）	44195.7	66374.6	92283.8	97430.6	100512	119508	174897
净利润（万元）	4902.45	7246.74	10334.7	9069.5	7533.87	4898.91	5983.78
总资产（万元）	67811.7	96183.9	155774	155248	181278	194256	253182
股东权益（万元）	20565.6	33896.4	78559.5	67783.1	71574.2	95119	79649.3
每股收益（元）	0.35	0.35	0.39	0.39	0.32	0.2	0.24
每股净资产（元）	1.83	1.63	2.97	2.97	3.06	3.77	3.15
净资产收益率（%）	23.84	21.37	13.15	13.38	10.53	5.15	7.51

太极集团收购桐君阁后，合并财务报表的数据显示公司的主营业务收入持续增长，虽然增长幅度没有收购前大，但 2001 年的增长速度还是达到很高（46.35%）的水平；公司的净利润也经历了先降后升的过程；总资产大幅度增长；股东权益亦有较大幅度的增长；公司的每股收益是先高再低然后再高，基本上仍处于较高的区间；每股净资产基本上是逐年上涨，而公司的净资产收益率呈现了与公司每股收益相同的波动，2000 年一度跌至 5.15%，2001 年回升至 7.51% 的水平。

总的来说，尽管重组后太极集团的业绩远没有桐君阁并购后的业绩突出，但考虑到重组后需要时间进行产业重组或整合，而 2001 年已呈现了快速增长的势头，初步显示了整合的成效。因此，我们认为太极集团对桐君阁实施的重组有助于整体业绩的改善，产生了一定的协同效应，重组绩效明显。

6.1.11 实证分析结论

太极集团通过一系列的并购重组活动实现了产业的整合,这为我国许多企业的资产重组后可持续发展提供了有益的借鉴和启示。

(1) 围绕企业发展战略选择重组目标是确保重组成功的首要条件

越来越多的证据表明,专业化程度低的多元化企业缺乏持续的核心竞争力,降低了企业抵御外界风险的能力,存在多元化陷阱。面对日益激烈的全球化竞争,在转轨经济和新兴市场国家,低层次的多元化已失去生存的空间。目前,我国不少医药企业就是因盲目多元化而失去生存能力的。太极集团外向扩张成功的重要原因之一就在于坚持了专业化的原则。太极集团重组的企业为医药企业,并且与太极集团发展战略相符合,资源之间存在优势互补,如桐君阁具有药品流通领域的竞争优势。从而使太极集团实施重组后,构筑起本公司以中成药产品的研究开发和制造为核心、以西南药业化学制药为重点、以桐君阁医药商业为主业的完整医药产业价值链,成为国内资源配置完整、产业结构合理、融资渠道最丰富的综合性制药企业。

(2) 整合双方的优势资源是重组成功的主要保证

并购交易完成后,如何整合双方的优势,从而实现资源的优化配置,发挥协同效应,是重组成功的关键所在。太极集团收购桐君阁,目的不仅填补公司在生物制药方面的空白,同时利用桐君阁在医药流通领域的优势,扩大在西南药业的销售。所以,太极集团在完成对桐君阁的收购后,就立即着手在集团内部进行资源整合。一方面,太极集团利用桐君阁闲置的加工能力,弥补母公司在加工能力上的不足。另一方面,太极集团也利用桐君阁在医药流通领域的优势,在集团内部进行销售网络的整合和扩张,使公司在川渝地区的医药物流体系日臻完善。太极集团的资产重组运作促进了内部资源的协同,迅速提升了综合竞争力。

(3) 实施战略性重组是迅速提高企业实力的有效途径

自 20 世纪 90 年代我国经济告别短缺经济以来，越来越多的传统产业经历了或正在经历从高速增长到低增长，并进入了产业生命周期的成熟时期。通过战略性重组可以显著提高成熟产业中企业的生存能力。这是因为，在产业成熟期，销售增长率开始放慢，行业中会出现生产能力的过剩，对市场份额的追求成为企业能否生存的决定因素之一。重组活动不但能提高企业的市场占有率，而且能有效地消灭竞争对手，提高产业集中度，优化产业组织结构，形成稳定的寡头垄断组织，使产业组织朝着有利于企业的方向转变。当前，医药企业分散、企业规模小是制约我国医药行业整体发展的主要原因之一。而医药企业利用证券市场提供的融资功能，通过战略性重组扩大企业规模、改善企业业绩、提高企业竞争力无疑是企业发展壮大的一个捷径。

如前所述，对一个企业进行重组运作，首先要考虑的问题是对被收购的资产进行筛选和重组。因为中国的企业不像西方的企业那么标准化，通常附属许多第三产业、福利设施，因此，就要将这些资产剥离，不要什么都买进来，购买的只是那些有效的经营资源，对于非经营性业务（如医院及学校等社会职能的部门）、有问题的应收账款、其他第三产业部门，就要慎重筛选和重组。其次，除收购作价、融资等事项需解决外，收购者还需注意被收购企业在收购后能否继续运作。更值得注意的是：被收购的医药企业管理层即原本核心员工的取向和态度能否配合于收购下一步继续运作，是非常关键的。一般来说，在西方不存在这样的问题，因为管理层一般是打工者，各为其主。而通常在我国国企或民营企业里面就不见得，管理者与老板（资产所有者）结成非常密切的个人关系。这一问题处理不好，会造成很大的麻烦。另外，对于原有公司一套生产经营机制或者是经营风格，如果是非常健康而有效的话，那就保持它的机制而不要改变它，如果企业的机制有问题，那么收购后必须对原有部门进行调整。

6.2 东盛集团重组案例实证分析

6.2.1 东盛公司简介与重组的动因

(1) 东盛公司简介

东盛集团是陕西近几年发展较快的民营企业,1991年开始创业,1996年兼并陕西卫东制药厂,由此进入医药领域。1998年发起设立陕西东盛药业股份有限公司,1999年投资成立陕西东盛医药销售有限公司,同年更名为陕西东盛医药有限责任公司。

从1996年起,东盛集团凭借其低成本生产能力和药企管理能力,通过一系列快速有效的战略性并购重组行动,取代了医药领域的领先地位,成为国内医药行业最大的供应商之一。

(2) 重组的动因

由于20世纪90年代初期的市场增长使早期进入医药行业的厂家取得了较高的回报,吸引了大批的厂家挤入医药行业,导致了一种低水平的激烈竞争,产品严重供大于求,国家明确规定控制项目重复上马。正是由于这种政策的出台,给东盛带来了低成本扩张的机会。由于实施了新项目的控制,使市场供需的矛盾不会进一步恶化,要扩张规模的渠道只能是进行并购,而那些苦于得不到订单的医药企业正急于从中退出来,这就给东盛提供了一个较好的并购时机。

东盛集团作为一个股份公司,具备一定的优势,加上其在医药方面形成的管控能力,构成了在医药行业通过并购进行扩张的核心竞争力,使一系列生产要素实行有效的转移和重组成为可能。

一是上市公司募集资金的优势。东盛集团是较早借"壳"上市交易的医药企业,通过在资本市场的运作,多次从市场募集资金,为利用并购扩展生产规模筹集了足够的资金。

二是政策优势。国家对上市公司通过重组来扩展其规模一直持鼓励态度，各地市政府都为推进上市公司重组非上市公司出台了一系列的鼓励措施，构成了上市公司的政策优势。

三是管理水平的提高和整合能力的积累。因为企业重组后要对其进行改造和管理，没有足够的实力是很难产生效益的。品牌形成优势是进行重组扩张的前提。在良好品牌声誉的基础上，通过收购扩大规模，才有可能产生效益。多年的运营，使东盛集团在药品研发、设计、制造和销售等环节都积累了丰富的经验，形成了一套完善的管理制度，通过成本的有效控制和严格的质量管理，东盛集团在行业内形成了巨大的无形资产，为进行并购提供了一个坚实的基础。

6.2.2　重组的实施

东盛集团在对市场进行了全面分析之后，进行了周密的策划，决定利用自身的核心优势，走通过收购进行低成本扩展的重组之路。在周密策划之后于1996年揭开了收购的序幕，进而实施了一连串的资产重组行为。如图6-1所示。

资产管理与重组评价 >>>

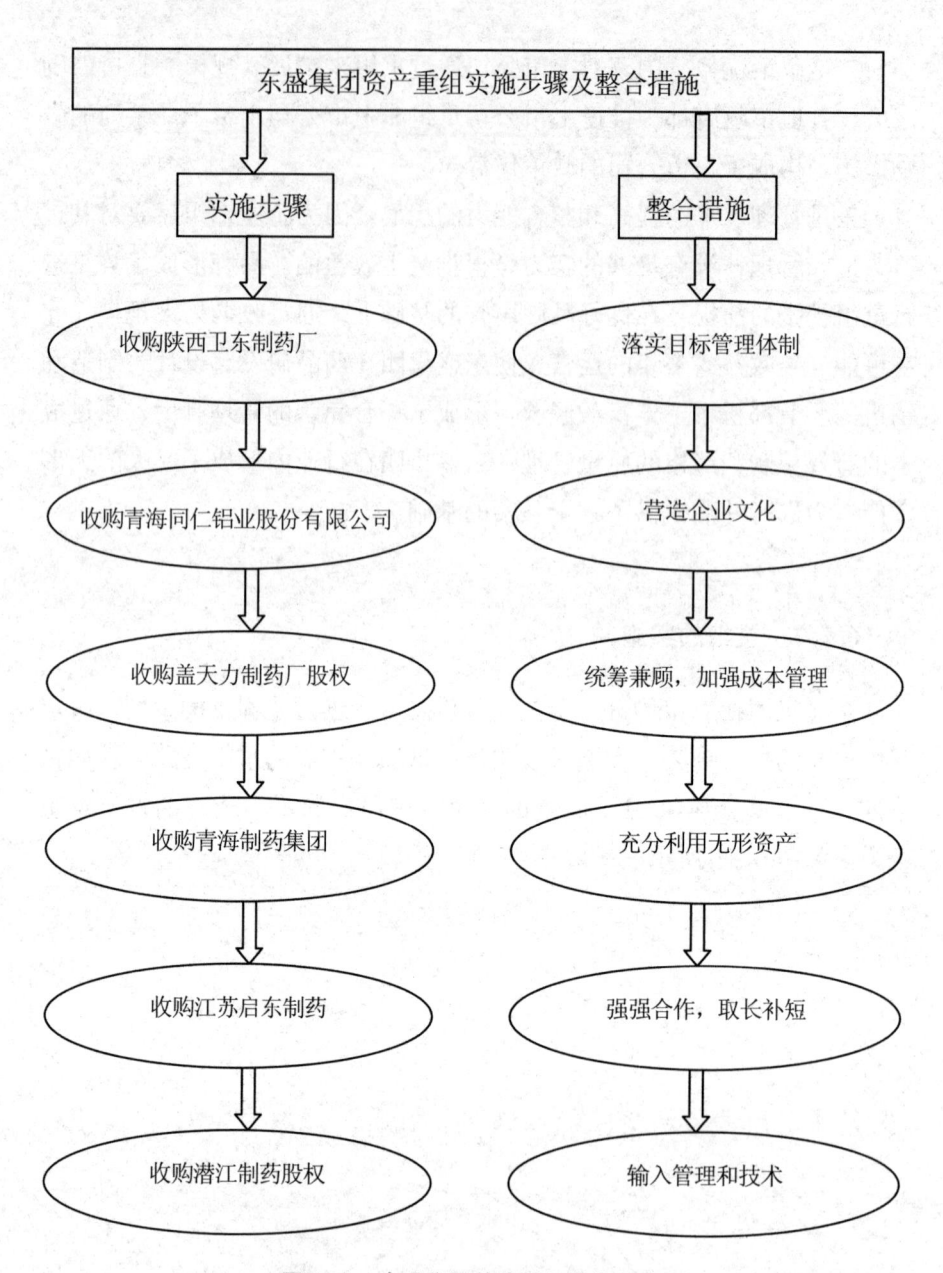

```
                东盛集团资产重组实施步骤及整合措施
                    ↓                        ↓
                ┌─────────┐              ┌─────────┐
                │ 实施步骤 │              │ 整合措施 │
                └─────────┘              └─────────┘
                    ↓                        ↓
              收购陕西卫东制药厂          落实目标管理体制
                    ↓                        ↓
           收购青海同仁铝业股份有限公司      营造企业文化
                    ↓                        ↓
              收购盖天力制药厂股权       统筹兼顾，加强成本管理
                    ↓                        ↓
              收购青海制药集团           充分利用无形资产
                    ↓                        ↓
              收购江苏启东制药           强强合作，取长补短
                    ↓                        ↓
              收购潜江制药股权           输入管理和技术
```

图 6-1　东盛集团并购重组操作程序

　　1996 年底，东盛集团通过收购陕西卫东制药厂进入医药行业。
　　1999 年 11 月成功受让青海同仁铝业股份有限公司国家股股权而成

186

为该上市公司的第一大股东,成为上市公司,更名为"东盛科技"。

2000年8月,东盛科技控股青海制药集团有限公司,使企业获得了进军管制药品的资格。

2000年受让盖天力制药厂80%的国有股股权。

2001年收购潜江制药后,拥有了两个国家级的生产基地,为未来发展积累了又一优势的战略资源。

2002年收购江苏启东制药,使其获得了较好的利润增长点。

东盛企业并购一般有战略研究部、战略合作部、产业整合部、审计、会计事务部几个部门协调配合完成。产业整合部配备了一套生产型企业的领导班子,包括许多生产、财务、营销、文化、品牌方面的管理专家。企业战略研究部主要是进行企业发展方面的研究,对企业的发展制定战略规划。东盛的企业并购一般先由战略研究部的高级分析师经过价值分析、综合分析,提出可能合作的企业,然后交给战略合作部洽谈合作,同时,由审计、会计事务部对可能合作开展尽职调查,提出建议,倘若具备合作条件,交给产业整合部进行企业整合。产业整合部随之派出一支专业化水平较高的整合队伍进驻企业3个月。派出人员进驻企业3个月间的主要任务是实现该企业的管理模式、企业文化统一化,帮助该企业建设营销队伍和销售网络,带动人力资源全面运转,帮助该企业建立科学、规范、透明的管理体系。另外,企业整合的同时,其他部门比如人力资源部会对所整合的企业的人力资源等某方面进行调查,随时查漏补缺。东盛企业的这套整合思想、理念,现在看来还是较为先进,企业并购战略优先,并购理念超前,曾被业内人士誉为"创造医药行业并购流水线"。

在单个收购对象的选择上,一直奉行低价收购国有制药企业最好是受行业保护和垄断的企业,被收购的企业可以经营不善,但一定要拥有核心产品或者技术。这样的公司进行重组后,可以很快获得高回报。东盛集团重视对其生产经营状况的分析。根据行业生产过剩、很多企业经营不善的特点,在前期的并购对象上,东盛集团选择了收购劣势企业、低成本扩张的策略。这些劣势企业基本上处于亏损状况,在谈判的过程中,被收购方几乎没有筹码可谈,价格方面基本是一锤定音。而东盛集团通过对这些企业的资产进行重组,对其管理进行提升,可以以最小的成本迅速获得效益。

6.2.3 重组后的战略规划（X）系数

作为一家通过资本手段借壳上市的医药企业,东盛集团近几年资本运作一直都比较成功,只要是和企业本身战略相关的,对目标公司都进行了收购。收购青海制药集团,使企业获得了进军管制药品的资格;收购江苏启东制药,又使其获得了较好的利润增长点,而且将启东的白加黑和盖天力两个主要产品培育成了公司的拳头产品;收购国怡药业则是看中该企业在原料药方面能与东盛医药目前某些相关产品配套;收购潜江则主要是看中其在眼科药物方面的优良背景。

随着全球医药产业竞争格局的变化,以及国内市场竞争的日益加剧,医药行业企业兼并购的目的已不再是为了扭亏。优势资源的整合与市场竞争能力的提高应该成为并购的首选,这是医药企业走向强大的基础。我国医药上市公司以东盛企业代表的上市公司将会成为并购重组的主角。

6.2.4 重组后的整合效应（Y）系数

东盛集团起初入主上市公司后,先将同仁铝业更名为东盛科技,并调换了主要负责人,将上市公司的经营范围由单一的铝冶炼及铝型材加工销售扩大到天然药物、基因工程药物、生物工程药物、化学合成药物的研发生产销售、医药电子商务和网络技术的研发及其他应用。接着,实施10送3转增7股的方案,将总股本扩大了一倍。同时发行9000万元企业债券进行融资。

东盛科技开始大规模向生物医药业进军，加大了资本运作力度：在同仁县建立生物制药厂；收购青海制药集团49%的股权；组建"陕西杨凌生物科学有限公司"；收购启东盖天力80%的股份；投资共建北京东盛天网网络技术有限公司，开通与医药有关的"康易"健康网站。

为了对"壳"进行彻底改造，东盛科技提出"将其所属的铝冶炼、铝型材加工销售相关的资产、负债及黄南铝业有限公司、中色（南海）恒达发展有限公司、青海省庆泰信托投资有限公司的投资与第二大股东陕西东盛药业股份有限公司所属的部分存货、固定资产、在建工程、无形资产进行置换"。这个方案的顺利通过，表明上市公司"完全从传统的铝冶炼、铝型材加工产业中退出，全力进军生物制药领域"。

从与各方拥有的资源来看，协同效应明显，这也是东盛最后胜出的关键。潜江制药主要产品有滴眼剂、针剂、片剂、胶囊剂、冻干针粉针剂等，是国家唯一的眼药基地。"眼药水市场是一座尚未开挖的金矿"，这已经形成制药行业的共识。潜江制药共有30多个眼药产品，此外在抗病毒药物领域也有一定的市场。潜江制药上市募集资金时账上现金尚有1.33亿元。这对于对资金需求比较迫切的东盛来说，无疑是雪中送炭。而东盛在经营管理、销售渠道、并购整合方面的优势弥补了潜江制药的软肋。特别是东盛收购后的企业产品品牌整合经营经验丰富。作为一家通过资本手段借壳上市的企业，东盛集团近几年资本运作一直都比较成功，收购青海制药集团，使企业获得了进军管制药品的资格。鉴于此，东盛集团重组后的整合采取了如下措施：

一是及时更新领导班子，落实目标管理体制。东盛在收购完成后立即派出人员对企业进行重新改造。领导班子成员全部换掉，由总部指挥，原来的领导班子降级使用。对于管理基础特别差的企业，包括部门经理，乃至主要岗位的班长都由总部派任，从而保证将集团公司的目标管理体制推行到被收购企业。

二是营造企业的文化。东盛人都有一个共同的认识，即他们的成功是建立在东盛发展的基础之上的。东盛力图为每个人都提供一个舞台，以结果为导向，提倡全体员工"尽心尽力，尽善尽美"。通过外派干部对被收购企业进行改造，把东盛的文化渗透过去，实现双方的融合。

三是统筹兼顾，加强成本管理。东盛集团采取了直接控制、统一计划、统一分配、统一核算、集中管理的方式，有效地降低生产成本。药材运输成本很高，通过并购扩张后，东盛充分利用其在中国三大区域都有生产基地、布局均衡的优势，统一下达生产任务，降低运输成本，效果十分显著。

四是充分利用无形资产。在重组战略实施过程中，东盛还通过利用无形资产降低收购成本，积累了丰富的股权运作经验。东盛在长期经营过程中，积累了巨大的商誉。公司成功利用无形资产，在收购过程中占据主动地位，减少了收购费用，获得了实际利益。

6.2.5 重组后的品牌效应（B）系数

江苏启东盖天力制药股份有限公司在行内许多人的印象中都称得上是个"名角"，它曾被国务院发展研究中心评为"中国500家最佳经济效益工业企业"，被国家科技部评为"国家重点高新技术企业"，具有年产片剂25亿片、小针剂1.5亿支、冲剂8000万包、胶囊1.5亿粒、输液500万瓶、糖浆剂500万瓶的生产规模。其主导产品白加黑在国内第一次采用日夜分开的给药方法，这在所有感冒类药物中首开先河，完成了一次感冒药革命，广告语"白天吃白片，不瞌睡；晚上吃黑片，睡得香"家喻户晓，被称为"白加黑"震撼，形成了巨大的市场冲击。据南方医药经济研究所市场调研部2000年上半年的一份调查报告显示：1998年白加黑全国总销售额为12108万元，1999年销售15234万元；2000年第一季度则销售4670万元（按企业年终销售回款金额来统计）。调查还显示，自去年下半年以来，江苏启东盖天力制药缩小了白加黑的广告投放量并减缓了促销力度，致使白加黑的销售受到一定影响，幸好由于白加黑在消费者心目中仍有很高的知名度，受到的影响还不算大。

什么原因让启东盖天力缩小广告投放量和减缓促销力度，我们不得而知，但是可以肯定的是，东盛控股收购启东盖天力之后，对于白加黑等知名品牌的维护不会放松，启东盖天力打造了品牌的基础，而东盛将把"品牌营销"这一工作有计划、分步骤地长期进行下去。启东盖天力有科技研发优势，而且已经把科技成功地转化为生产力。因此东盛科技此次收购盖天力并进行资产重组，绝对可以称得上是强强联合，可实现东盛科技与盖天力在资本市场和产品品质、市场网络和名牌效应上的两大嫁接。收购江苏启东制药，使东盛集团获得了较好的利润增长点，而且将启东的白加黑和盖天力两个主要产品培育成了公司的拳头产品。

短短几年内，东盛集团在医药产业领域内迅速建立起"白加黑""盖天力""四季三黄软胶囊""维奥欣""小白""'青海牌麻醉药""宝鉴堂国药""济生大输液"等知名品牌。通过品牌整合经营，东盛药品的销售毛利率在国内同行中一直居于前列，平均达到了80.5%以上，其中如"白加黑""盖天力"和"维奥欣"的市场毛利率分别高达81.97%、85.88%和91.67%。2001年，仅盖天力主推的一个非处方药"白加黑"销售额就达到了2.39亿元。实现了企业重组后的多品牌的整合经营和投资的高回报。此次收购潜江制药，在拥有国家眼药基地资源的基础上，其对潜江制药包括眼药在内的产品品牌的整合空间巨大，将为企业的快速增长培养新的利润增长点。

2003年5月，东盛集团受让了国内老字号中药企业——山西广誉远中药有限公司95%的股权，进入了传统中药及保健用药领域；6月受让上市公司——湖北潜江制药29.5%的股权，成为其第一大股东，从此东盛进入了眼科用药领域，丰富了集团的产品线，增强了企业的竞争能力；7月整体受让国药集团国怡有限公司100%的股权。

6.2.6 重组后的核心竞争力（C）系数

纵观东盛集团的企业并购全部，东盛集团的战略扩张与企业并购独具特点。凡东盛所并购的企业，基本上都是低价购得的国有企业，但是这些国有企业都具有明显的特色优势。虽然有的企业经营不善，但大多都有核心技术或者核心产品，要么就是受行业保护和垄断的企业。这样的企业，经过企业整合，可以较快地获得较高的回报。例如青海制药是国家麻醉基地；潜江制药是国家眼药基地，而且前者还属国家管制领域，行业优势得天独厚，另外又可以得到国家政策方面的不少优惠待遇。所以，东盛集团企业并购的特点是投入资金少，并购特殊的制药企业，回报要求快而高。

其实东盛集团所并购的企业，大部分企业所缺少的并非资金，而是缺乏东盛集团优秀的企业文化、优秀的管理、超前的理念以及强大的营销网络和品牌运营能力。而东盛集团的企业并购，对象的选择主要是从企业自身战略发展方面出发，要求所并购的企业能够和东盛企业实现优势互补、强强联合，提高销售收入，提高市场占有率，使资源得到合理的配置，优化资源，实现资产效率最大化，最终提高整个企业的核心竞争力。

东盛集团加速医药产业的重组、联合，组建旗舰式企业，通过做大做强，增强企业核心竞争力。制药行业是一个集约化、国际化程度极高的产业，自20世纪90年代初以来，全球制药行业就掀起了并购重组浪潮，通过资产集中、经营统一、产业整合等方式，以提高企业核心竞争力。

就我国目前所有的医药行业产业结构，很难参与国际上激烈的竞争和挑战，对现有企业进行重组是大势所趋。通过参股、联合、兼并、收购等形式，至少削减三分之一到一半数量的小企业，组建旗舰式企业，通过做大做强，提高企业的核心竞争力，这将是中国医药企业未来发展的方向。

6.2.7 重组的法律环境（L）系数

国有及国有控股企业在全行业占有很大比重，其中化学制药和生物制药领域国有经济的比重更高。而当时国有企业加快改革的重点是实现国有经济的战略性调整和重组,因此,在引进非国有经济促进国有经济改革和布局调整的过程中,医药行业的资产重组一直是国家重点支持的行业之一。按当时"十五"规划明确的医药产业发展方向是,培养技术优势和规模优势,发展大公司、大集团、大医药格局,并提出了扶持建立5~10个年销售额达50亿元的特大型医药流通企业,建立40个左右年销售额达20亿元的大型企业,合计销售额要达到全国医药销售额70%以上的发展目标。这些产业政策和规划,对于推动医药行业资产重组是尤为关键的。

另外,零售市场开放和知识产权保护的加强,使国内制药企业面临着较大的发展压力。这种压力推动着行业内部必须进行资源优化配置。同时,医药行业属于高增长行业,预期的发展前景和利润空间相对较大,对资本流入有较强的吸引力,而业外资本为尽快占领医药市场,进入的途径越来越多地采取了并购重组的形式。

除此以外,当时医药行业准备全面推行的GMP、GSP、GAP认证使市场形成了优胜劣汰的氛围,并购成为企业生存发展的一种自救行为,也给投资者创造了许多机会。在国有资产退出和市场无情的挤压下,各级地方政府也都出台支持国有资产进行改制政策。

2001年加入WTO后大背景下,在对外资开放的同时,民营资本也获得了投资的机会。中医药、保健品、生物工程、化学制剂、医疗服务等领域相继成为国内民营资本的投资热点。从行业特征看,医药行业大部分都属于竞争性行业,因此,国有资本存在很大的退出空间,这无疑给民营资本提供了很好的投资机会。

证监会于2002年9月出台了《上市公司收购管理办法》,对上市公司的收购方法、操作程序、信息披露原则等进行了详细的规定。该《办法》的出台,使上市公司的要约收购成为协议收购、二级市场竞价收购之后又一个重要手段。同时该《办法》对于管理层和员工的收购行为也进行了约定,使医药上市公司中出现管理层收购,从而加快医药行业的民营化发展步伐。

6.2.8 重组后的价值（V_{AB}）

东盛集团并购后企业之间整合、发挥协同效应、凝聚核心竞争力、实施品牌战略，成为实现有效快速扩张的关键因素。为实现战略目标打下了基础。同时在构筑医药产业的发展战略时，公司的产业布局开始转向和集中到生物工程药物、麻醉精神类药品、中药西制品种、OTC产品和软包装输液及医药电子商务六个方面。在关系到并购成败的后期整合方面，东盛集团几个成功的以产品品牌塑造为突破口整合运作，不仅解决了重组的协同效应，而在国有资源以市场为纽带的越来越理性化的转让中，也为其以较少的资本获得优质的战略资源奠定了良好的基础。

1999年年报显示，上市公司获得医药销售利润723.4万元，占公司利润总额的近20%，而2000年年报显示，药品销售业务毛利已占总营业毛利的80%，对公司的业绩贡献已经占到相当高的比例。与1999年同期，公司各项财务指标有了巨额的增幅，其中主营业务利润和净利润分别增长了近3倍和10倍，在1999年12月施行10送3转增7股的方案后，公司每股收益从0.02元增长到0.10元。

例如东盛并购江苏启东盖天力，随后便对"白加黑""盖天力"这两个品牌进行了整合，品牌整合比较成功。"盖天力"每年为企业带来5亿~6亿现金流，"白加黑"2000年销售只有2300万，2001东盛整合后当年一下子就达到了2.9亿的销售，2001年销售会超过4个亿。作为国家唯一的麻醉药基地的青海制药，东盛集团总并购成本是7000万元人民币。自2001年并购以来，公司2002年的纯利润增加了1000万元。

在2003年实现营业收入100亿元，资产总额达到150亿以元以上，到2012年，实现营业收入100亿美元以上，跨入世界500强。世界最大的私人制药企业德国勃林格殷格翰执行董事会主席兼世界制药行业协会主席罗尔夫·克莱伯教授曾经说过，对于制药业这一传统行业的企业，收购后一定要达到 1+1>2 的效果。据美国哥伦比亚大学著名的管理学家斯特格勒教授通过对世界 500 强的企业研究表明：世界 500 强的企业无一家不是通过企业并购发展而崛起的。

6.2.9 实证分析结论

(1) 资产有效整合出效益

资产重组运作对双方企业来说，都是涉及大笔资产转移的重大行为，因此需要相应的理财手段和经营管理策略相配合，重组后的理财问题，即资产的整合是实现重组目的的核心问题。是剥离不良资产，还是注入优良资产后套利出售；是追加投资、进行整改，还是继续进行生产经营；是根据企业发展战略，将对方的一些项目加以改造，为我所用等。这些都需要企业的经营管理者有远见卓识，制订出严密的重组计划和管理计划，这样才能真正救活一个企业，充实自己企业的实力，实现重组预定目标。而资产重组的基本功能，是通过重组达到生产要素的有机整合，发挥物质资本的基础功能，使其以资本化的形式运动起来，使生产要素在整合功能的推动下向边际效益最大化方向流动，产生重组的乘数效应。从东盛集团微观分析，通过资产重组盘活了资产存量，通过资产整合拉长了产业链条，实现了低成本扩张，增强了公司的市场竞争力，创造出新的综合优势。

(2) 提升以人力为本的核心竞争力

在资产重组中，人力资源的整合非常重要，这是重组完成后首先要解决的问题。因为人是任何企业生产经营的主体，是企业"活"的资源，拥有优秀人才，企业才有希望。具体工作包括：①被重组企业主管人员的选派；②重组后人员的沟通；③进行必要人事调整安排。

太极集团通过选派优秀的忠诚可靠的管理人员前往被重组企业负责经营管理，才能保证直接控制企业。同时，加强与被重组企业员工的沟通，使他们了解公司的变化及未来的经营方向等，这样才能稳定人心，留住人才，消除两企业间的障碍，才能保证政令畅通，充分发挥整合的效果，取得 1+1>2 的效应。进行必要的人事调整，则是重组方进行具体管理时针对实际情况作出的有利于企业发展的管理决定。如图 6-2 所示。

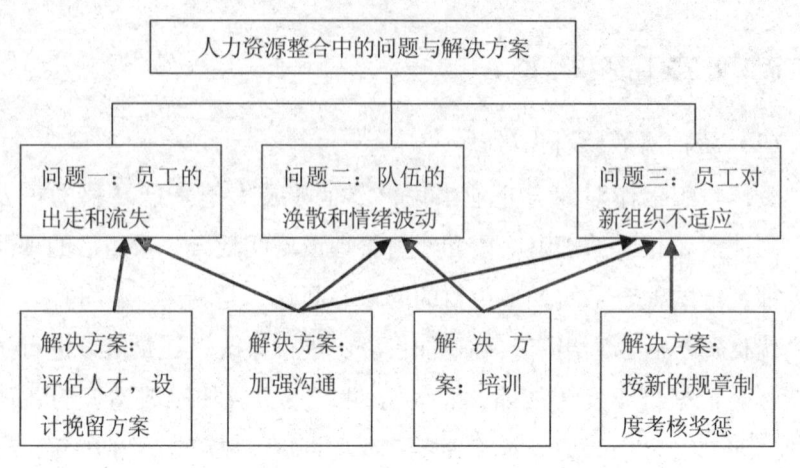

图 6-2　人力资源整合中的问题与解决方案示意图

(3) 管理方面协同

东盛集团企业资产重组后，在内部管理方面的整合与协调，主要是在管理制度、经营方式及企业文化等方面的融合，主要涉及企业内部各项新旧业务的协调、解决，来重组双方的管理机制。鉴于重组前双方管理方法都有一定差别，这就必然有一个改革旧的管理运行机制、引进新的运行机制的过程。企业组织是企业资源与人力资源的配置机构，是企业资源有效发挥的保证。一般而言，组织重整是根据企业的具体情况和市场的固有规律，通过组织结构的重构与优化，重新设定企业的组织指挥系统，重新制定企业的组织制度，降低重组后的生产成本。东盛集团一系列收购后，注重管理机制的引进与整合，具体体现在解决原有被收购企业管理体制衍生出来的种种问题，使重组后的东盛集团焕发出勃勃生机。

(4) 注重文化"软重组"

相对资产整合与管理整合而言,文化整合则是一个典型的"软重组"过程,是资产重组的灵魂。如表 6-4 所示。

每个企业都有自己的企业文化与经营理念,这里一个关键问题是将双方企业的文化融为一体,从而保证企业经营运行。企业领导层应注意这个问题的重要性。为此,必须采取切实可行的办法,做好宣传教育和沟通工作,使全体员工对企业文化达成共识,消除心理障碍,充分发挥员工的主观能动性,形成符合中国国情的市场经济现代企业文化。

第一,企业文化整合是伴随着资产重组和经济结构调整而出现并不断深化的,是对原有各企业文化进行重整重构,融汇组合。

文化整合是对传统企业文化各要素的汰劣扬优、开拓创新的过程,它使重组企业从"文化障碍"达到"文化沟通",从"文化冲突"达到"文化协调",使其各种文化资源得到最优化的配置,进而有效地促进资产重组发展,提升企业凝聚力和竞争力。

针对资产重组后的各企业之间的价值观念冲突和被重组企业员工的心理特征,在实施文化整合、推进企业价值的更新中,要着力把握和坚持如下价值观原则:

①一体原则。参与资产重组的各企业,无论是重组方还是被重组方,都是重组企业这个"大家庭"的支柱,是不可分割的整体。没有高低之分,没有内外之别。使所有员工真正感受到"企业有我的一部分,我是企业的一分子";"企业靠我生产,我靠企业生存"的"一体感"氛围。

②相融原则。重组企业与被重组企业,企业领导者与企业员工,都要彼此信任,相互理解,相互尊重,坚持做到感情相融。以无形的纽带,把企业、组织、个人、管理者和员工紧紧联结起来,形成一股强大的合力。

③进取原则。"穷则变,变则通,通则久。"对资产重组后的各企业要实施以"变"救"变"的战略。要使重组企业的所有员工了解资

产重组的必要性、重要性，懂得资产重组后只有通过广大员工的主动应变、共同创造才能摆脱困境的道理。

④以人为本的原则。把重组企业内部的人力资源视为企业的最宝贵资源，把人的生产积极性、主动性和创造性的发挥当做提高企业经济效益，增强企业活力的动力系统；充分地尊重人、关心人、爱护人，为每一位员工提供参与决策、参与管理、发挥才能的公平机会，把促进企业员工的人格完善和发展，视为企业经营活动的最高宗旨之一；在企业内部形成一种良好的人际关系，把价值的认同、目标的共识、心灵的沟通和感情的交融，作为形成企业凝聚力，提高企业员工责任感、自豪感和使命感的主要因素。

第二，在一个现代、开放和多元的社会里，在由多家企业并归在一起的重组企业里，增加作为重组企业主导文化——企业文化的开放性和宽容性至关重要。

如果企业主导文化与重组企业发展的现实相脱离，与重组企业特别是与被重组企业员工的思想实际格格不入，就会造成主导文化在教育与引导企业员工的作用上有效程度不高，并引起他们的怀疑和不信任，由此导致员工特别是被重组企业员工的逆反心理，加剧企业价值观的混乱现象。因此，重组企业的主导文化要增加面向实际的开放性，结合变化了的社会环境、企业新情况、被重组企业员工价值观念、心理素质等实际，来及时调整主导文化的内容和方式，接纳一些合理化程度较高的新观念和新规范。增加主导文化的宽容性，就是要实现价值评价标准从冲突性观念模式向多元化观念模式的转变，也就是要改变那种非此即彼的两分法评价模式为三分法模式。要承认存在一个文化价值观念的广阔地带，存在着既不高尚也不卑鄙、既不大公无私也不损人利己这类属于合理和正当范畴的价值观念，从而使重组企业的主导文化更适应多种经济成分、多种利益格局和多元化并存的社会现实。增强主导文化的宽容性，要特别正视企业次文化。它们有时与主文化一致，有时则不一致甚至相矛盾。一个强有力文化的企业会有意识地发展次文化，因为当大集团的利益与小集团的利益互相投合时，就会成为一个强有力的经营管理工具。

第三，一个企业就是一个群体，企业效益的大小、竞争力的高低、财富的强弱，与其说取决于人员的多寡，不如说是取决于群体合力的大小。

企业文化的功能就在于尽可能地在组织中"整合"群体智慧，"放大"群体合力，来获取企业的最佳效益。在资产重组中，要凝聚群体力量，产生整体合力，首先必须使员工特别是被并购企业员工在思想上对重组企业产生一种共存共荣的认同感和归属感。这既是消除文化冲突的根本措施，也是资产重组得以顺利进行和成功运作的有力保障。增强员工对重组企业的认同感和归属感，需要循序渐进，多管齐下；需要"虚功"实做，扎实推进。

①抓正面宣传。充分发挥宣传思想工作的优势，正面引导，释疑解惑，使广大员工逐步达成共识。

②抓人格感化。通过被派驻到被重组企业中的人员的言行，传播一种优秀企业行为规范、企业形象的美好信息，以自己的人格力量去感化、去征服。

③抓继续教育。以发展重组企业为方向，以岗位成才为基点，以被重组企业中的党员和中层以上管理人员为重点，建立全方位、全过程、立体式的教育培训体系。

④抓系列活动，精心组织和积极开展具有鲜明重组企业特色的诸如各类文化、技术比赛和各项文艺演出等系列文化活动，营造良好氛围。

⑤抓办实事。特别要注重解决员工所关注的共同性问题，每年办几件作用大、影响大、员工欢迎的事情，以"企业为大家"营造出"大家为企业"共存共荣的共同体。

⑥抓企业形象再造。以良好的重组企业新形象激励全体员工奋发向上，使广大员工对重组企业的认同感和归属感不断得以巩固和强化。

第四，机制是企业管理的主体，是战略和文化的载体。一个面向市场、适应市场,具有立体网络式结构特色的科学的内部管理机制,对于企业的发展有着特殊重要的意义。

在实施文化整合的过程中,待其被重组企业及其员工的观念文化走上正轨后,随即就要将主导文化中的制度文化、行为规范与之对接,以建立顺畅的、充满弹性和张力的管理新机制作为主攻方向。人力资源管理科学化,归根到底是要使企业形成有效的激励与约束相对称的运行机制,在广大企业员工既是企业主人又是企业被管理者之间寻求合适的约束与激励主线,以此来解决企业发展的动力问题。要按照重组企业的实际情况,从人文主义管理出发,对资产重组后企业员工的激励(特别是知识型员工激励机制)与约束措施的结合点是推行各种形式的目标管理制度,并制定相应的奖罚措施,以此强化广大员工的责任感和成就感。与目标管理相适应,对重组企业的人事、劳动、分配三项制度等也要进行一系列调整和改革,目的是形成职工能进能出、管理人员能上能下、收入能增能减的动态管理机制。要以资产重组为契机,逐步把主导企业的机构设置模式移植到被并购企业中去。

第五,在资产重组中实施文化整合,其实质是重建重构优秀企业文化的过程。优秀企业文化本身就是重组企业的一种整体优势和竞争资本。

重塑重组企业的优秀企业文化是一项宏大的系统工程,涉及企业两个文明建设的方方面面。笔者认为,塑造重组企业的优秀企业文化,不是参与重组企业的企业文化简单叠加和拼凑,而是其优秀部分的提炼和升华,是在一个更高层次上的具有超前意识的整合、接纳和发展。其主要内容可概括为如下"五为"。

①以重组企业的战略定位为依据。

重组后的企业,必须因应形势的发展变化和自身的改革和发展需要,重新确定企业的定位,包括发展战略和目标、产品路线、营销策略等,依此而确定对原来企业里的企业文化各构成要素和内容的取舍。在这里,企业的发展战略定位尤为重要。

②以核心企业的优秀企业文化为主体。

重组企业中的占核心优势的主导企业,是市场竞争中的优胜者,它除了具有适应"两个根本性转变"的好机制,较强的经济实力、较好的经济效益外,还往往具有较好的精神风貌、价值取向、道德准则、行为规范和文化氛围,而这些文化方面的优势正是它们能够在社会主义市场经济大环境中得以生存和发展的重要原因,同时它理应成为重组企业优秀文化体系的主体。

③与被重组企业的企业文化的优秀内容相融合。

被重组企业在历史上有过辉煌,曾经产生过与那个历史时期相适应的积极的企业文化,只是后来由于企业或者未能因应"两个根本性转变"而转变,或者因决策上的失误或管理不力,导致生产经营陷入困境。而其企业文化亦未能作出有效对策或发挥其积极作用,致使企业的两个文明建设都相继走入低谷。但是这不能说这些企业的企业文化就一无是处,恰恰相反,其中可能包含着不少积极的、有益的成分。问题就在于我们能否运用它、挖掘它、吸纳它,使之融汇成重组企业的优秀文化体系的重要组成部分。挖掘、吸纳和融汇被重组企业中的企业文化的优秀内容,对丰富重组企业的优秀企业文化内涵,形成富有活力的"优势膨胀"的态势,消除被重组企业员工的心理失衡,增强他们对重组企业的认同感和归属感,具有十分重要的意义。

表6-4 文化整合模式比较

文化整合模式 维度	一体化的文化 整合模式	吸融式的文化 整合模式	隔离式的文化 整合模式
战略重组的目标 驱动类型	产业整合型重组	产业整合型重组/ 产业扩展型重组	产业扩展型重组/ 新产业构建型重组
企业文化差异的 管理假设	利用化管理假设	最小化管理假设	忽略管理假设
重组和被重组企业 的文化包容度	重组和被重组企业 双方的文化包容 度强	重组企业的文化包 容度弱,被重组企 业的文化包容度强	重组和被重组企业 双方的文化包容 度弱

（5）整合过程中容易出现的错误

一是企业重组的具体目标并不明确，并缺乏有效的操作手段，导致"不安定阶段"持续过长。

二是客户和供应商的不安以及得不到足够透明的信息使已经建立的关系受到负面影响。原有结构惯性没有加以充分的分析，影响了合作的开展，对企业新面临的特殊性和客户的类别往往注意不够充分。

三是对原有各种管理体系和手段之间的配合性、相融性研究不透彻。

四是外部环境的变化和对动态决策的要求常常被忽视，原有结构中对员工特别是管理层积极性调动、管理和评估的重要因素常常被忽略。

五是在不同单位中员工素质、思维和行为方式的不同难以在短期内加以调整，而且有时常常低估了整合中权力之争，以及行为和观念冲突带来的负面影响。

根据以上有关整合的阐述，本书得出：整合过程中需要专业化的管理，需要一体化的管理，需要快速的决策反应，而整合阶段又是一个非连续性的过程。因此，在整合过程中企业要尽早获得成功并减少冲突的损失，要向员工提供透明可理解的流程，减少其情绪的波动性，在取得一定成绩之后，再将成功整合的经验应用到其他领域中去。包括建立新企业（制定企业目标愿景，确定基本的核心业务能力，建立决策框架，草拟公司章程）；设计管理组织结构（确定公司固定组织结构，重要岗位管理人员到位，制订整合阶段的管理组，引入管理方案）；明确责任和权力划分（准备内部业务流程和任务分配制度，明确客户管理责任，防止重复，尽早同客户保持联系，制订基本业务过程责任，建立"热线电话"及时解决公司营运中的问题和决策的不完善）；按时间和内容制订整合水平；确定整合目标的内容和时间（制订并量化目标和标准，制订有关流程，确定计划和每天的基本目标，详细时间进度表）；确定整合领域和范围（整合管理、战略、过程、组织结构、人事管理体系、信息交流和文化转变）；制订项目组织（确定董事会和管理层的责任，建立过渡项目小组，引入总体项目协调方法）；系统地对完成目标领域的整合（确保严格的项目管理，对项目结果同目标进行比较，立即实施项目结果，精简多余的资源和生产能力，挖掘协同效益，重点放在能增强核心领域的竞争优势）；及时总结整合成果，大力宣传并应用到其他领域；引入目标组织结构（将具体的任务、授权和责任落实到每一个人，解决每个人的不确定性，建立并及时公布激励等机制）。如图6-3所示。

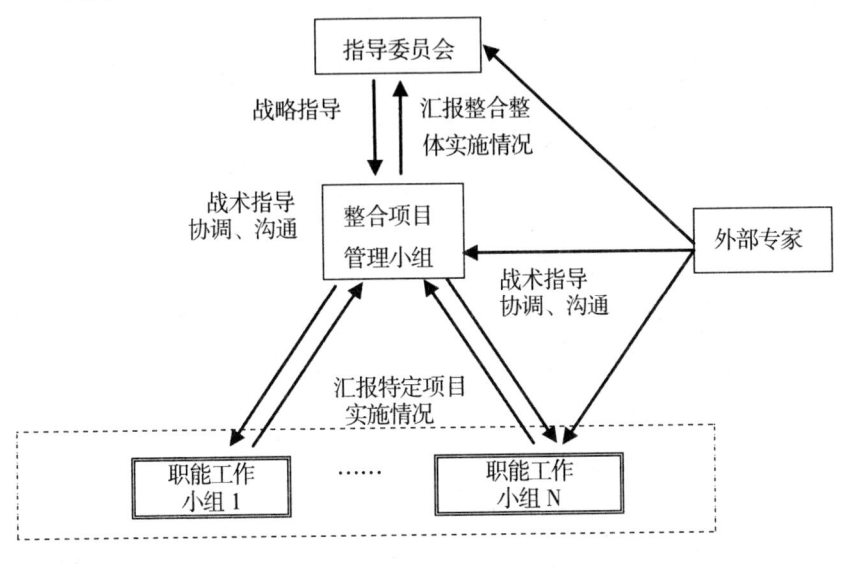

图6-3 整合组织关系图

6.3 案例建议

综上两例实证所述，医药企业资产重组的运作是一把利弊兼有的双刃剑。资产重组不等于规模扩张，只有对重组后的企业进行资产、人力、文化等多方面的整合达到最佳配置，才能获得资产重组的最佳效益，达到重组的预期目的。重组绝不是一时的热闹，重组是要使医药企业出效益，使医药企业资产重组后有绩效。

(1) 勿将重组运作视为简单的规模扩张

医药企业重组的根本目的在于优化企业的资产配置，增强企业的生产能力和盈利能力，提高企业的竞争力，实现企业利润最大化。由于企业缺乏集约经营的观念和受企业管理者才能的限制，不能正确估计重组对企业本身的影响，所以，在实践中有的企业以为经济规模扩大后，企业盈利自然提高，慢慢地形成"盲目自大"的心态，片面追求资产数量的扩张，结果造成资产数量越来越大，盈利能力越来越差的不良后果，出现资本运营中的粗放经营。另外，有些医药企业领导者缺乏战略眼光，无法把握企业多元化经营。虽然企业的多元化经营有利于企业分散经营风险，提高现有资源配置效率，增强企业的应变盈利能力，但实践中，一些企业在重组过程中，兼并一些与现有医药企业生产无关的企业或资产，更有甚者，盲目通过重组涉足陌生行业，结果由于各产业间缺乏必要的联系和相互支撑，主业和副业争夺企业有限的资源，造成企业规模扩大，主业被拖累，副业难以发展，资产效益越来越差的局面。本来是优质的企业可能因此出现经营困难，企业长期不得翻身，企业资源浪费极大。

(2) 不能将重组运作当做主业看待

对于企业来说，生产经营是基础，是企业存在、生财的根本，是企业盈利并创造社会财富的途径。而资本运营只是企业吸收外部资源、增强竞争能力、为生产经营及业务经营服务的手段，所以，它不是最终目的。可我们见到许多企业特别是股份制改造后，一方面把股份制作为"圈钱"的手段，一方面玩起"资产重组"的游戏，凭空制造许多所谓的题材，而实际的经营被抛在了脑后，企业陷入虚拟资本的漩涡，出现"假、大、空"恶劣现象。这样一来，不仅有限的社会资源没能得到很好的利用，国家的产业政策也无法落实。虚假的繁荣下，国力受到侵蚀，后果严重。针对规范上市公司的资产重组，中国证监会近几年发布了一系列新的监管条例，目的是遏制数字游戏，鼓励实质性重组，促进上市公司重组后的经营和规范运作，使上市公司通过重组做大做强。

(3) 要重视重组后盈利能力的提高

重组是企业最常用的扩张方式,一个公司往往通过收购兼并来拓展新产品市场份额,或进入其他经营领域。这种重组方式的特点之一就是其效果受被收购兼并方生产及经营现状影响较大,磨合期较长,因而见效可能较慢。统计数据表明,有相当一部分企业在实施收购兼并后,主营业务收入增长的幅度要小于净利润的增长幅度,每股收益和净资产收益率仍是负增长。这说明,重组后,虽然公司的规模扩大了,虽然主营业务收入和净利润有一定程度增长,但其盈利能力并没有同步提高。

(4) 注重资产质量实质改善的持续性

资产置换也是一种常见和见效较快的重组运作方式,其方式就是用公司的"劣质"资产交换外部优质资产,由于是采取整体置换形式,因而公司资产质量往往短期内迅速提高,收益也可立竿见影。统计数据表明,资产置换类上市公司重组之后,主营业务收入的平均值有较大幅度增长,其利润、每股收益和净资产收益率更是成倍增长,这说明资产置换重组模式见效快,成效显著。但需要指出的是,这种方式的资产重组关联交易较多,交易的市场化程度低,短期收益较多,公司的长期盈利能力还有待观察。无论从哪个角度分析,都要涉及重组后的长期绩效,主要包括以下几个方面:①重组后主营业务状况;②重组后每股收益、每股净资产及净资产收益率的增减状况;③一次性重组收益对每股收益产生的影响;④业绩与重组方式的关系;⑤业绩与重组后整合的关系;⑥运用优惠政策的重组对业绩的影响;⑦关联重组是否造成了业绩误区;⑧重组时对目标资产的选择是否严格;⑨重组中是否只注重了资本经营而忽视了产品创新。

(5) 亟待健全配套的法律、法规

目前我国对企业资产重组的法律问题予以了高度重视,但对企业资产重组法律的研究和实践毕竟刚刚起步,难免存在着各种各样的问题。具体地说:存在法律体系不健全、法律之间缺乏内在的协调与衔接、缺少配套法律制度等。所以,政府应制定和完善有关资产重组的约束性法规,如制定有关企业兼并法等。同时结合产业重整和产业升级的实际和规划，对鼓励性行业的资产重组予以相应的政策支持，对不实的投机性资产重组予以约束。

企业资产重组大多涉及产权的变更，企业的资产、负债的账面价值与实际价值往往相差较大，而企业的资产重组活动（尤其是跨国重组行为）直接涉及企业的所有者（国家、法人、个人）和债权人（银行、其它债权人）的利益。所以时常就有以资产重组为幌子变相造成国有资产流失的严重问题。因此，在资产重组过程中，要对涉及的资产和负债等进行依法评估，评估要聘请专业的评估机构依据国家的法规进行。资产重组过程实际上是塑造全新的市场主体的过程，同时也是企业转换经营机制建立现代企业制度的过程，但是，不少公司的资产重组存在着重实物资产重组轻制度创新的现象。资产重组不是两块或多块生产要素搭配在一起就能大功告成，要把资产重组与推进企业建立现代企业制度、转换经营机制相结合，在管理、机制、观念上提高企业的素质。

(6) 重组应注重时效法则

一般的资本投资，尤其是固定资产投资，从投入到产出（包括收获），时间是必不可少的条件。如果只能遵守一般的时间法则，那么企业生产力的先进与落后岂不是成了静止固定的表现形态，永远也不可能改变了吗？事实上，经过资产重组，企业可以出现由小变大、由弱变强、由后进变先进的奇迹。原因就在于，资产重组充分运用了改变资本时空表现形态的方法，将他人的成果变成为我所有，使关于未来的梦想提前实现。这种方法，就是资产重组的时效法则。

资产重组中时效法则的运用大致有如下几种：

一是吸收利用。原来投资扩大生产能力需要较高的投资成本和较长的工程建设时间，投资回收周期也很长，但通过并购重组，不仅可以实行低成本扩张，而且吸收利用他人经过一定时间积累所形成的价值来实现，可以大大缩短投资目标实现的时间。例如：太极集团吸收合并桐君阁企业"中华老字号"品牌。

二是选择时机。企业在资产重组时，应注意选择时机，宜早则早，宜迟则迟，案例东盛集团选择的资产重组时机非常合适。

三是超前运作。太极集团收购桐君阁企业并不能给该上市公司带来即期效益，但对长期效益的预期，是导致太极集团超前运作这一购并活动的内在动机。

四是同时并举。要不拘泥于一种时间方面的调度方法，而是以资产重组为主导，综合采用合资联营、技术改造等多种方法同时并举，以加速实现经营战略的调整目标。

总之，医药企业靠高投资实现的规模扩张和市场份额，并不一定能带来利润最大化，相反，由于资本支出过高，企业负债累累，结果造成投资回报率不断降低。很多一般竞争行业中的企业喜欢扩大生产规模而不是去兼并同行业中的企业，去吸收它们的生产能力。现在，这类企业应当意识到，这种传统的做法既不经济，又缺乏时效，是很不高明的。在市场经济时代，无论是生产企业，还是经营性企业和服务性企业，都存在着时效竞争。那些能比竞争对象更快地满足市场需求的医药企业，会比同一领域里的其他企业增长得更快，获得更多的利润。时效竞争已经成为现实，并且将成为普遍遵循的原则，而不只是偶尔一用的工具。所以，如何在资产重组中更好地体现时效法则是医药企业必须加以重视的课题。

本章小结

（1）太极集团通过资产重组活动实现产业整合的过程为我国许多企业的可持续发展提供了有益的借鉴和启示。其成功之处体现在：围绕公司发展战略选择并购目标是确保重组成功的首要条件；整合双方的优势资源是重组成功的主要保证；实施战略性重组是迅速提高企业实力的有效途径。

（2）东盛集团在对市场进行了全面分析之后，进行了周密的策划，决定利用自身的核心优势，走通过并购进行低成本扩展的发展之路。东盛集团这种低成本的扩张模式依赖于生产要素可以更有效地转移和重组。

（3）实证分析结论得出人力资源整合、资产的整合、管理方面整合、文化整合至关重要。同时也得出医药企业资产重组行为勿将重组运作视为简单的规模扩张；不能将重组运作当做主业看待；要重视重组后盈利能力的提高；注重资产质量实质改善的持续性；亟待健全配套的法律、法规；医药企业重组应注重时效法则。

第 7 章

全书总结与研究展望

7.1 全书总结

资产重组在国外的实施既有"链接"企业所有者和经营者利益，全面提升企业业绩的一面，同时又由于其负面效应的存在而使人喜忧参半。资产重组在我国毕竟是一个新生事物，是一种企业资源新的再配置形式，许多问题还有待作深层次的探索和研究。特别是医药资产重组在我国这样不成熟的市场经济条件实施就更具有特殊的风险，如何使资产重组趋利避害，如何在我国现有的不断完善的企业环境中，提高医药资产重组的操作和实施质量，规范资产重组管理，研究资产重组的基本规律，就显得更为重要。本书的研究目的就是为我国医药企业设计出切实可行的资产重组模式，充分发挥资产重组对医药企业良性运作，为企业的资源优化建设提供科学的依据。本书在吸收国内外研究成果的基础上，综合运用多学科的理论与方法，对资产重组的理论与医药资产重组实践问题进行了较为系统的研究，本书的主要研究内容和结论如下：

（1）归纳梳理了国内外学者对医药企业资产重组的研究成果

（2）阐述了企业资产重组的理论基础

介绍了效率理论、委托代理理论、交易费用理论、价值低估理论、市场势力理论。

(3) 对医药企业资产重组相关模式的特征进行了研究

①回顾了国外尤其是在以美国为主的西方市场经济国家企业资产重组的发展过程，指出其主要经历了五次浪潮，每次浪潮都促进了垄断资本的发展，同时也给资产重组的发展带来了新的模式，值得我们学习借鉴。

②介绍了国内企业资产重组的运作模式，主要包括：新中国成立前的企业资产重组模式；改革前的我国企业资产重组模式；改革后的我国企业资产重组模式；所经历的各阶段历程模式的经验和教训。

③剖析了上市医药企业资产重组的运作模式：股权转让模式；资产置换模式；资产剥离性模式；整体收购模式；二级市场并购模式；上市公司的股权收购模式。

④剖析了非上市医药企业资产重组的运作模式：扩张型购并模式；调整型购并模式；控制权变更型购并模式；企业托管模式；破产处理模式；集团内部分解无效资产模式；国有企业与民营企业实行强强联合模式；不同所有者之间的置换资产模式；租赁经营模式；合资经营模式。特别对国有医药企业资产重组模式特有的动因、目的及应注意的问题，进行了专题分析。

⑤对上市医药企业资产重组"真假相"模式的特征进行研究，有助于识别有效率的资产重组行为。

(4) 医药企业资产重组运作的风险管理

①国内医药企业资产重组的风险及防范。对资产合并型风险及防范、债务剥离型风险及防范、买壳上市型风险及防范进行了阐述分析。

②重组风险管理决策模型的建立。包括：企业资产重组风险分层及分类模型；基于战略重组集成风险管理决策模型；实施重组风险管理决策模型的方法。

(5) 我国医药企业资产重组评价的绩效模型构建

①国外资产重组的有效性分析。西方学者是从企业资产重组对于双方公司的股价短期影响和长期经营业绩影响等两个方面入手的。对于我

国的医药企业资产重组有效性模式的研究在总体上具有指导和借鉴意义。

②我国资产重组模式的有效性综述。就公开发表文献总括来看，国内企业资产重组实证研究中有关重组有效性部分的成果可分为两个阶段，即：第一阶段 1998 年至 2003 年 11 月；第二阶段 2003 年 12 月至今。对国内企业资产重组实证研究中有关并购有效性部分的评述进行阐述，并对研究方法进行介绍：超常收益法；会计研究法。

③我国医药企业资产重组评价的绩效模型设计

构建了医药企业资产重组评价的绩效模型：

$$V_{AB} = X \times Y \times B \times C \times (V_A + V_B) + L$$

阐述了医药企业资产重组评价的绩效模型设计原则，分析研究了分模型系数变量因素的选择原则、分模型系数变量因素取决的设定、模型的有待完善之处。

（6）医药企业资产重组的实证分析

利用上市医药企业资产重组"真假相"模式的特征研究的结果，运用战略重组集成风险管理决策和医药企业资产重组评价的绩效模型，对重庆太极实业股份有限公司资产重组案例和东盛集团重组案例进行了实证分析。

①重庆太极实业股份有限公司资产重组的实证分析。太极集团通过并购重组活动实现产业整合的过程为我国许多企业的可持续发展提供了有益的借鉴和启示。其成功之处体现在：围绕公司发展战略选择重组目标是确保重组成功的首要条件；整合双方的优势资源是资产重组成功的主要保证；实施战略性重组是迅速提高企业实力的有效途径。

②东盛集团资产重组的实证分析。东盛集团的资产重组行为主要是横向并购，这种低成本的扩张模式依赖于生产要素可以更有效地转移和重组。

③分析结论与建议。案例分析结论得出人力资源整合、资产的整合、管理方面整合、文化整合至关重要。同时也得出医药企业资产重组

勿将重组运作视为简单的规模扩张；不能将重组运作当做主业看待；要重视重组后盈利能力的提高；注重资产质量实质改善的持续性；亟待健全配套的法律、法规及重组应注重时效法则。

7.2 本书创新点

本书主要在下述几个方面进行了创新。

（1）对医药企业上市公司资产重组"真假相"模式的特征进行了研究。对有效性的医药企业资产重组运作模式给予肯定，对虚假或无效率的资产重组运作模式给予揭示。

（2）构建了医药企业重组风险的管理决策模型。资产重组理想模式是建立在政策环境、资本市场、交易市场完全有效，企业治理状态完善、法律法规和社会文化环境匹配的一套组合假设条件基础之上，而真实的经济社会不可能完全达到上述的组合假设条件，这就必然造成资产重组理想模式的有效性和最优化的弱化，甚至失效，并继而引发重组双方的运作风险。本书通过分析医药企业资产重组的运作模式产生的风险，构建了基于重组风险的管理决策模型，以增强医药企业资产重组的有效性。

（3）建立了医药企业资产重组的绩效评价模型。基于西方学者对医药企业资产重组对于公司的经营业绩影响方面的研究成果的借鉴，基于对国内医药企业资产重组实证研究中有效性部分的成果的吸收，基于利用医药企业重组风险的管理决策模型对风险的防范，本文研究建立了企业资产重组绩效评价模型：$V_{AB} = X \times Y \times B \times C \times (V_A + V_B) + L$。

7.3 研究展望

尽管本书在资产重组的基本概念、资产重组的基本理论、医药企业资产重组运作绩效评价模型的设计和案例实证分析方面做了部分研究工作。但总体来看，这些工作还处于探索阶段，取得的成果也是初步的，在资产重组的理论研究和实证研究方面还需要进一步展开讨论，与本书关系密切的相关研究展望如下。

（1）医药企业资产重组下公司治理结构的研究。资产重组获得巨大成功，是不可辩驳的事实。但同时，不成功案例的出现也为大家瞩目。然而，资产重组仍不失为迄今为止最佳的运作手段。有待进一步研究的问题是如何强化资产重组下公司治理结构。在企业内部从制度上建立其"防护墙"，以确保公司治理有效，使资产重组机制得以充分发挥作用。

（2）医药企业资产重组运作有效性模式的进一步研究。如重组有效性的进一步阐述，所选系数及系数细化、量化的经济学、管理学意义上的研究。以使资产重组的实施更具有操作层面的指导意义。

（3）医药企业资产重组风险理论的进一步研究。即便是西方发达国家企业资产重组风险也并非总是有效规避的，处于向市场经济转制中的中国更是如此。如何使资产重组扬长避短，优化企业集成风险管理系统的整个信息流程，建立一种全方位立体性的信息网络，将是风险管理信息系统发展的一个新领域。

（4）我国医药企业资产重组的实证研究。众所周知，我国目前的市场经济处于转轨时期，基本属于半有效性市场，所以，关于资产重组效果的实证研究，目前在很大程度上失去其实证研究的基础。但是，随着我国市场机制的逐步完善，加之资本市场的企业价值确认功能逐渐增强，届时，对我国资产重组的实证研究将成为众多学者的研究领域。这也是本书稍有欠缺和今后应继续努力的研究方向。

（5）金融危机后的企业资产重组走势研究。从2008年开始由美国次贷危机引致的全球性金融风暴，已开始逐步触及实体经济。企业如何在危机中抓住机遇，实施资产重组壮大自身来抵御周期性的经济风险，笔者应与时俱进地加以研究。

（6）新的理论和新的研究方法在资产重组研究中的应用。在本书中，笔者运用经济学、管理学理论对资产重组进行了研究，这仅仅是一种尝试和抛砖引玉，在将来会有更多的学者将自然科学的原已成形的理论运用到对企业资产重组运作模式机理的研究中。

当然，医药企业资产重组所涉及的理论和实践问题很多，而本书的研究只是沧海之一粟，因此本书中的提法和阐述或许存在诸多不足之处，还有很多复杂、深入的研究有待于今后去努力完成。

参考文献

[1] 十八大报告:《坚定不移沿着中国特色社会主义道路前进为全面建设小康社会而奋斗》,《人民日报》,2012年11月8日。

[2] 吴静芳:《国际并购给中国带来的机遇和风险》,《上海行政学院学报》,2007年第3期。

[3] 陈岩:《全球性兼并的冲击》,《中国证券报》,2007年8月6日。

[4] Ewing. Current Trends in State Antitrust Enforcement: *Overview of State Antitrust Law*. Antitrus Law Journal, 1987, 56.

[5] Bradley. Inter Firm Tender Offer and the Market for Corporate Control. Journal of business, 1980, 53.

[6] Lajoux A. R. The Art of M&A Integration: *A Guide to Merging Resources, Processes, and Responsibilities*. New York: McGraw-Hill, 1998.

[7] Shleifer, Vishny. *Large Shareholders and Corporate Control*. Journal of Political Economy, 1986, 94.

[8] Magenheim E. B., D. C. Muller. Are acquiring firm Shareholders Better off Aftter an Acqusiition. In: J. Coffee, Jr., L. Lowenstein, and S. Rose-Ackerman, eds., Knights, Raider and Targets, Oxford, UK: *Oxford University Press*. 1988.

[9] Deepak, K. Datta. Organizational Fit and Acquisition Performance: *Effects of Post-acquisition Integration*. Strategic Management Journal, 1991, 5.

[10] Philippe C. Haspeslagh, David B. Jemison. Managing Acquisition: *Creating Value through Corporate Renewal*. New York: The Free Press, 1991.

[11] Tony Grundy. Strategy: *Acquisitions and Value*. European Management Journal, 1996.

[12] Marc J. Epstein. *The Determinants and Evaluation of Merger Success*. Business Ho-

rizons, 2002, 48.

[13] George Bittlingmayer. Did Antitrust Policy Cause the Great Manager Wave? *Journal of Law and Economics and Organization*, 1985, 28.

[14] Devlin G. *The Effective Development and Evaluation of Strategic Options*. European Management Journal, 1989, 7.

[15] Fisher, Lande. *Efficiency Consideration in Merger Enforcement*. California Law Journal, 1983, 71: 1580~1596.

[16] Baker, Bresnahan. *The Gains from Merger or Collusion in Product differentiated Industries*. Journal of Industrial Economics, 1985, 33.

[17] Fisher, Lande. *Efficiency Consideration in Merger Enforcement*. California Law Journal, 1983, 71: 1580~1596.

[18] Jemson D. B., Sitkin, S. B. Corporate Acquisitions: *A Process Perspective*. Academy of Management Review, 1986, 11.

[19] 李茂生：《中国证券市场透析》，中国社会科学出版社2002年版。

[20] 李必强：《西方发达国家资产重组的历史经验对我国的启示》，载《武汉汽车工业大学学报》，2000年第1期。

[21] 张维：《企业并购理论研究评述》，载《南开管理评述》，2006年第2期。

[22] 邱明：《关于提高并购成功率的思考》，载《管理世界》，2004年第9期。

[23] 秦远建、胡继灵、林根祥：《企业战略管理》，武汉理工大学出版社2006年版。

[24] 程国平：《经营者激励》，经济管理出版社2002年版。

[25] 马金辉：《资产大重组》，南海出版社2006年版。

[26] 王慧娟：《资产重组的经验研究》，载《南方金融》，2007年第4期。

[27] 张维、齐安甜：《企业并购理论研究评述》，载《南开经济评论》，2002年第2期。

[28] 李茂生：《国有制改革：困境、陷阱和前景》，载《经济研究》，1999年第9期。

[29] 陈冬：《西方企业购并理论综述》，载《经济学动态》，1997年第2期。

[30] Peteraf M. A. The Cornerstones of Competitive Advantage: *A Resources_Based View*. Strategic Management Journal, 1993, 14.

[31] Stalk G., Evans P., Shulman L. E. Competing on Capabilities: *The New Rules of Corporate Strategy*. Harvard Business Review, 1992, Mar/Apr.

［32］Ulrich D. Intellectual Capital ＝ Copetence × Competence. *Sloan Management review*, 1998.

［33］邱尊社：《公司并购论》，中国书籍出版社2002年版。

［34］王松奇：《金融学》，中国金融出版社2000年版。

［35］刘保华：《企业购并战略模式的选择与构建》，载《经济管理》，2006年第7期。

［36］于兆吉：《我国企业并购的动因及存在问题的探讨》，载《财经问题研究》，2006年第12期。

［37］孙秋伯、孙耀唯：《企业并购的动因与效应》，载《东北大学学报》，2007年第4期。

［38］李福祥：《国企重组战略选择》，载《中国证券报》，2006年4月6日。

［39］曹秋菊、唐自平：《论企业跨国投资的风险与防范》，载《湖南商学院学报》，2007年第5期。

［40］李茂生：《关于发展中国证券市场的战略思考》，载《经济研究》，1995年第9期。

［41］杨乃定：《企业风险管理发展的新趋势》，载《中国软科学》，2007年第6期。

［42］梁岚雨：《中国上市公司并购绩效的实证分析》，载《世界经济文汇》，2007年第6期。

［43］李茂生：《投资银行的起源和发展》，载《中国社会科学院研究生院学报》，1999年第3期。

［44］刘平：《国外企业并购绩效理论及实证研究评述》，载《外国经济及管理》，2007年第7期。

［45］魏海燕：《如何防范企业并购风险》，载《企业经济》，2004年第1期。

［46］李茂生：《中国股票市场风险论》，载《中国期货》，1997年第12期。

［47］张军、陈宏民：《企业兼并模式抉择策略》，载《系统工程理论与方法应用》，1997年第3期。

［48］Prahalad C. K. and Hamel G. *The Core Competence of the Corporation*. Harvard Business Review, 1990, 66（May-June）.

［49］马金辉：《企业资产重组运作中的"真假相"研究》，载《经济师》，2008年第4期。

［50］李扬、王国刚：《资本市场导论》，经济管理出版社2000年版。

[51] 张新：《并购重组是否创造价值》，载《经济管理》，2007年第6期。

[52] 胡爱荣：《企业并购的风险分析及对策》，载《技术经济》，2003年第10期。

[53] MaGrath R. G., MacMillan I. C., Venkataraman, S. Defining and Developing Competence: *A Stratrgic Process Paradigm.* Strategic Management Journal, 1995, 16: 251～275

[54] 周琳：《企业并购中价值评估方法综述》，载《交通财会》，2006年第7期。

[55] 程国平、刁兆峰、李必强：《管理学原理》，武汉理工大学出版社2006年版。

[56] 周隆斌、岳金桂：《企业并购：市场机制下的动因和效应》，载《河海大学学报（哲学社会科学版）》，2002年第9期。

[57] Ma Jinhui. *Thinking Enterprise Group of Restructured Management Mode.* Educational Science and Technology Publisher USA, 2007, 6.

[58] 褚东凤、黄汉江：《面对跨国并购中国亟待解决的几个问题》，载《国民经济管理》，2001年第6期。

[59] Hernandez. L. R. *Integrated Risk Management in the Internet Age.* Risk Management, 2000, 47.

[60] 谢科范、袁明鹏、彭华涛：《企业风险管理》，武汉理工大学出版社2004年版。

[61] 侯汉坡：《中国企业战略并购熵决策理论与应用研究》，知识产权出版社2007年版。

[62] 王敏：《企业并购风险及其避让》，载《企业改革与管理》，2007年第1期。

[63] 楼迎军：《企业并购中的风险管理》，载《陕西财经大学学报》，2006年第6期。

[64] 王雪青、刘俊颖：《企业兼并中的风险评估》，载《中国软科学》，2006年第9期。

[65] 马金辉：《企业资产重组运作的风险研究》，载《经济师》，2008年第5期。

[66] 吕筱萍：《企业兼并风险及其评价模型》，载《管理工程学报》，2007年第3期。

[67] 赵敏：《企业并购的风险及并购后的整合》，载《商业经济与管理》，2006年第5期。

[68] 胥朝阳：《企业并购风险的因素识别与模糊度量》，载《商业时代》，2006年第15期。

[69] Laurence Capron, Will Mitchell. *Outcomes of International Telecommunications Ac-*

quisitions: *Analysis of Four Cases with Implications for Acquisitions Theory*. European Management Journal, 1997, 15.

[70] Hamel G. and Heene A. *Competence_ Based Competition*. New York: John Wiley & Sons. 1994.

[71] Hedlund G. A. *Model of Knowledge Management and the N-Form Corporation*. Strategic Management Journal, 1994, 15.

[72] 王广谦:《经济发展中金融的贡献与效率》,中国人民大学出版社1997年版。

[73] 李茂生:《金融工程及其在我国的运用前景问题》,载《东北财经大学学报》,1999年第1期。

[74] Ascari A., Rock M., Dutta S. Reengineering and Organizational Change: *Lessons form A Comparative Analysis of Company Experiences*. European Manangement Journal, 1995, 13.

[75] Anslinger, P. L. & Copeland, T. E. Growth through Acquisitions: *A Fresh Look*, Harvard Business Review, 1996, Jan. / Feb.

[76] 黄速健、令狐谙:《并购后整合:企业并购成败的关键因素》,载《经济管理》,2006年第15期。

[77] 范如国:《企业并购理论》,武汉大学出版社2004年版。

[78] 邱明:《企业并购的有效性研究》,中国人民大学出版社2006年版。

[79] 马金辉:《试析企业资产重组运作的新模式》,载《北方经济》,2008年第5期。

[80] 杨大楷:《中国企业并购整合管理研究》,载《财经论从》,2002年第1期。

[81] 邱明:《整合经理在并购整合中的角色和职责》,载《中央财经大学学报》,2003年第4期。

[82] 周琳:《企业并购的资源协同》,中国经济出版社2007年版。

[83] 李健:《新世纪中国医药行业兼并重组趋势试探——兼析太极集团购并案例》,复旦大学经管系博士学位论文,2007年。

[84] 任俊杰:《重庆太极集团的并购与核心竞争力》,重庆大学工商系博士学位论文,2007年。

[85] 侯汉坡:《基于项目管理的企业并购模式研究》,载《生产力研究》,2004年第6期。

[86] Chatterjee Lubatkin. *Cultural Differences and Shareholder Value in Related Mergers Linking Equity and Human Capital*. Stratrgic Management Review, 1992, 13.

[87] Kabir R., Cantrijn D. and Jeunink, A. *Takeover Defenses, Ownership Structure and Strock Returns in the Netherlands: An Empirical Analysis.* Strategic Management, 1997, 8.

[88] Ma Jinhui. *Human Resources Management and Innovation for China's Enterprises M&A.* In: Hu Shuhua, Hamsa Thota, eds., Proceedings of the 3rd International Conference on Product Innovation Management, Wuhan: Hubei People's Press, 2008.

[89] Barney J. B. *Returns to Bidding Firms in Mergers and Acquisitions: Reconsidering the Relatedness Hypothesis.* Strategic Management Journal, 1998, 9.

[90] 徐彬:《企业并购后的整合和协同》,载《学习与探索,2006(4)

[91] 谢文辉:企业并购中的文化整合,陕西财经大学学报》,2007年第4期。

[92] Paine Juli Beth, Organ Dennis W. *The Cultural Matrix of Organizational Citizenship Behavior: Some Preliminary Conceptual and Empirical Observations.* European Management Journal, 2000, 10.

[93] Capron L., Dussauge P., Mitchell W. *Resources Redeployment Following Horizontal Acquisitions in Europe and North America*, 1998~1992. Strategic Management Journal, 1998, 19: .

[94] 马金辉:《企业资产重组运作后的知识型员工激励机制模式研究》,载《经济师》,2008年第3期。

[95] 程兆谦、徐金发:《企业文化与购并研究》,载《外国经济与管理》,2001年第9期。

[96] Andrew D. James, Georghiou Luke, Metcalfe J Stanley. *Integrating Technology into Merger and Acquisition Decision Making.* Technovation, 1998, 18.

[97] 石积冰:《企业并购中的文化整合问题》,载《哈尔滨学院学报》,2006年第5期。

[98] 姚水洪:《企业并购后的管理整合系统性分析》,载《科学技术与辩证法》,2002年第10期。

[99] Niden C. M. *An Empirical Examination of White Knight and Corporate Takeover: Synergy and Overbidding.* Financial Management/ winter, 1993, 4.

[100] 焦长勇、项保华:《战略并购的整合研究》,载《科研管理》,2007年第7期。

[101] 郑海隆:《基于企业并购的整合管理研究》,载《中国管理科学》,2006年第8期。

[102] Chi T. *Trading in strategic Resources: Necessary Conditions, Tranasction Cost*

Problem, and Choice of Exchange Structure. Strategic Management Journal, 1994, 15.

[103] Hull J. *Options, Futures and Other derivatives Securities*. London: Prentics Hall, 1985.

[104] Tom Copeland, Tim Koller, Jack Murrin. *Valuation: Measuring and Managing the Value of Companies*. New York: John Wiley&Sons, Inc, 2000.

[105] 叶建木、邓明然：《跨国并购的驱动轮模型研究》，载《科技管理研究》，2003年第3期。

[106] 黄湘源：《重组应注重时效法则》，载《上海证券报》，2006年6月9日.

[106] 黄志红、干荣富：《我国制药企业面临挑战》，载《中国医药工业杂志》，2008年第5期。

[107] 张毅：《我国医药行业并购重组现状研究》，载《科技情报开发与经济》，2006年第7期。

[108] 袁方、邱家学：《运用企业集群优化我国医药产业布局》，载《中国药业》，2006年第9期。

[109] 陈玲、邹栩：《全球制药企业兼并与重组策略》，载《中国医药导报》，2008年第7期。

[110] 王勇、宋维谊：《中国制药企业的宏观环境分析》，载《企业家天地·理论版》，2007年。

[111] 刘皓、钟素艳、徐长影等：《中国医药产业怎样实施跨国经营》，载《中国药业》，2002年第5期。

后 记

　　2016年是国家"十三五"开局之年，在国家倡导"医养结合"的大背景下，健康管理显得尤为重要。本书中有关学术观点在实践中需要不断的"去伪存真"。

　　正值海南医学院更名"医科大学"之际，作为学校专业负责人之一，谨以此书，作为献礼。

　　这是我持续研究的课题。在这里，感谢国内知名学者邱明、侯汉坡，他们在此领域研究的学术思想，对本书的写作有提示、借鉴作用。

　　我还要感谢海南医学院管理学院的同道们，是他们在我的写作过程中给我以鼓励、支持和帮助。

马金辉
2016年8月16日于海南医学院